# A ARTE DA FELICIDADE

# A ARTE
# DA FELICIDADE
## *Um manual para a vida*

DE SUA SANTIDADE,

O DALAI-LAMA

e

HOWARD C. CUTLER

Tradução
WALDÉA BARCELLOS

## Martins Fontes
São Paulo 2001

Esta obra foi publicada originalmente em inglês com o título
THE ART OF HAPPINESS por Riverhead Books.
Copyright © 1998 by HH Dalai Lama and Howard C. Cutler, M.D.
Copyright © 2000, Livraria Martins Fontes Editora Ltda.,
São Paulo, para a presente edição.

1ª edição
fevereiro de 2000
10ª tiragem
janeiro de 2001

Tradução
WALDÉA BARCELLOS

Revisão gráfica
Ivany Picasso Batista
Márcia da Cruz Nóboa Leme
Produção gráfica
Geraldo Alves
Paginação/Fotolitos
Studio 3 Desenvolvimento Editorial (6957-7653)
Capa
Lisa Amoroso
Foto da capa
His Holiness the Dalai Lama © Don Farber

Dados Internacionais de Catalogação na Publicação (CIP)
(Câmara Brasileira do Livro, SP, Brasil)

Bstan-'dzin-rgya-mtsho, Dalai Lama XIV, 1935-
A arte da felicidade : um manual para a vida / de sua santidade o
Dalai Lama e Howard C. Cutler ; tradução Waldéa Barcellos. – São
Paulo : Martins Fontes, 2000.

Título original: The art of happiness.
ISBN 85-336-1201-X

1. Budismo – Doutrinas 2. Felicidade – Aspectos religiosos –
Budismo 3. Vida religiosa – Budismo I. Cutler, Howard C. II. Título.

00-0290                                                     CDD-294.3444

Índices para catálogo sistemático:
1. Vida religiosa : Budismo    294.3444

Todos os direitos para o Brasil reservados à
Livraria Martins Fontes Editora Ltda.
Rua Conselheiro Ramalho, 330/340
01325-000 São Paulo SP Brasil
Tel. (11) 239-3677 Fax (11) 3105-6867
e-mail: info@martinsfontes.com
http://www.martinsfontes.com

Dedicado ao leitor:
Que você encontre a felicidade

# ÍNDICE

# NOTA DO AUTOR

Neste livro estão relatadas longas conversas com o Dalai-Lama. Os encontros pessoais com o Dalai-Lama no Arizona e na Índia, que constituem a base desta obra, foram realizados com o objetivo expresso da colaboração num projeto que apresentaria suas opiniões sobre como levar uma vida mais feliz, acrescidas das minhas próprias observações e comentários a partir da perspectiva de um psiquiatra ocidental. O Dalai-Lama permitiu com generosidade que eu escolhesse para o livro o formato que a meu ver transmitiria melhor suas idéias. Considerei que a narrativa encontrada nestas páginas proporcionaria uma leitura mais agradável e ao mesmo tempo passaria uma noção de como o Dalai-Lama põe em prática suas idéias na própria vida diária. Com a aprovação do Dalai-Lama, organizei este livro de acordo com o tema tratado; e assim, ocasionalmente, decidi combinar e associar material que pode ter sido extraído de conversas variadas. Da mesma forma, também com a permissão do Dalai-Lama, nos trechos em que considerei necessário para fins de clareza e compreensão, entremeei trechos de algumas das suas palestras ao público no Arizona. O intérprete do Dalai-Lama, o dr. Thupten Jinpa, gentilmente fez a revisão da versão final dos originais com o intuito de se assegurar de que não houvesse, em decorrência do processo de organização, nenhuma distorção inadvertida das idéias do Dalai-Lama.

Uma série de descrições de casos e relatos pessoais foi apresentada para ilustrar as idéias em pauta. Com o objetivo de manter a confidencialidade e proteger a privacidade dos envolvidos, em todos os casos alterei os nomes, detalhes e outras características particulares, de modo que impedisse a identificação dos indivíduos.

DR. HOWARD C. CUTLER

# INTRODUÇÃO

Encontrei o Dalai-Lama sozinho num vestiário de basquetebol pouco antes da hora em que se apresentaria para falar a uma multidão de seis mil pessoas na Arizona State University. Bebericava calmamente seu chá, em perfeita serenidade.

– Se Vossa Santidade estiver pronto...

Ele se levantou, animado, e saiu do vestiário sem hesitar, dando com a turba apinhada nos bastidores, composta de repórteres da cidade, fotógrafos, seguranças e estudantes – os que procuram, os curiosos e os céticos. Caminhou em meio à multidão com um largo sorriso; e cum-

◆

1

primentava as pessoas à medida que avançava. Finalmente, passou por uma cortina, apareceu no palco, fez uma reverência, uniu as mãos e sorriu. Foi recebido com um aplauso ensurdecedor. A pedido seu, a iluminação não foi reduzida, de modo que ele pudesse ver a platéia com nitidez. E, por alguns instantes, ficou simplesmente ali parado, observando o público em silêncio com uma expressão inconfundível de carinho e boa vontade. Para quem nunca tinha visto o Dalai-Lama antes, suas vestes de monge de um marrom-avermelhado e da cor do açafrão podem ter causado uma impressão um pouco exótica. No entanto, sua notável capacidade para estabelecer contato com o público logo se revelou quando ele sentou e começou a palestra.

– Creio ser esta a primeira vez que vejo a maioria de vocês. Mas, para mim, não faz mesmo muita diferença se estou falando com um velho amigo ou com um novo porque sempre acredito que somos iguais: somos todos seres humanos. É claro que pode haver diferenças de formação cultural ou estilo de vida; pode haver diferenças quanto à nossa fé; ou podemos ser de uma cor diferente; mas somos seres humanos, constituídos do corpo humano e da mente humana. Nossa estrutura física é a mesma; e nossa mente e nossa natureza emocional também são as mesmas. Onde quer que eu conheça pessoas, sempre tenho a sensação de estar me encontrando com outro ser humano, exatamente igual a mim. Creio ser muito mais fácil a comunicação com os outros nesse nível. Se dermos ênfase a características específicas, como a de eu ser tibetano ou de ser budista, nesse caso há diferenças. Mas esses aspec-

◆

2

tos são secundários. Se conseguirmos deixar de lado as diferenças, creio que poderemos nos comunicar, trocar idéias e compartilhar experiências com facilidade.

Foi assim que, em 1993, o Dalai-Lama deu início a uma semana de palestras abertas ao público no Arizona. Planos para sua visita ao Arizona haviam começado a se delinear mais de dez anos antes. Foi naquela época que nos conhecemos, quando eu estava visitando Dharamsala, na Índia, graças a uma pequena bolsa de pesquisa para estudar a medicina tradicional tibetana. Dharamsala é um lugarejo lindo e tranqüilo, empoleirado na encosta de um monte nos contrafortes do Himalaia. Há quase quarenta anos, essa é a sede do governo tibetano no exílio, desde quando o Dalai-Lama, acompanhado por cem mil tibetanos, fugiu do Tibete após a brutal invasão pelas forças chinesas. Durante minha estada em Dharamsala, conheci alguns familiares do Dalai-Lama; e foi através desses familiares que foi marcado meu primeiro encontro com ele.

Em sua palestra ao público em 1993, o Dalai-Lama falou da importância do relacionar-se como um ser humano diante de outro; e era essa mesma qualidade que havia sido a característica mais surpreendente da nossa primeira conversa na sua casa em 1982. Ele parecia ter uma capacidade incomum para deixar as pessoas totalmente à vontade, para criar com rapidez um vínculo simples e direto com outro ser humano. Nosso primeiro encontro durou cerca de quarenta e cinco minutos; e, como tantas outras pessoas, saí daquele primeiro encontro com excelente estado de espírito, com a impressão de ter acabado de conhecer um homem verdadeiramente extraordinário.

◆

Com o passar dos anos, à medida que meu contato com o Dalai-Lama se ampliou, vim aos poucos a perceber suas numerosas qualidades especiais. Ele dispõe de uma inteligência perspicaz, mas sem artifícios; uma benevolência, mas sem sentimentalismo em excesso; um humor maravilhoso, mas sem frivolidade; e, como muitos descobriram, a capacidade de inspirar as pessoas em vez de intimidá-las.

Convenci-me, com o tempo, de que o Dalai-Lama havia aprendido a viver com uma noção de realização pessoal e um nível de serenidade que eu nunca tinha visto em outras pessoas. Determinei-me a identificar os princípios que lhe permitiam conseguir isso. Embora ele seja um monge budista com toda uma vida de estudos e formação budistas, comecei a me perguntar se seria possível isolar um conjunto das suas crenças ou práticas que pudesse ser utilizado por não-budistas também – práticas que pudessem ter aplicação direta à nossa vida, para simplesmente nos ajudar a ser mais felizes, mais fortes, talvez a ter menos medo.

Acabei tendo a oportunidade de examinar suas opiniões em maior profundidade em encontros diários com ele durante sua estada no Arizona e, dando continuidade a essas conversas, em outras mais longas na sua casa na Índia. Enquanto trocávamos idéias, logo descobri que havia alguns obstáculos a superar no esforço para harmonizar nossas perspectivas diferentes: a dele a de um monge budista, a minha a de um psiquiatra ocidental. Comecei uma das nossas primeiras sessões, por exemplo, propondo-lhe certos problemas humanos comuns, que ilustrei com alguns relatos cansativos sobre casos reais. Depois de descrever uma mulher que persistia em comportamentos autodestrutivos apesar do tremendo impacto negativo sobre sua vida, perguntei-lhe se ele teria uma explicação para esse comportamento e que conselho poderia oferecer. Fiquei pasmo quando, depois de uma longa pausa para reflexão, ele simplesmente disse que não sabia e, dando de ombros, soltou uma risada afável.

Ao perceber meu ar de surpresa e decepção por não receber uma resposta mais concreta, o Dalai-Lama explicou:

– Às vezes é muito difícil explicar por que as pessoas fazem o que fazem... Com freqüência, a conclusão é que não há explicações simples. Se entrássemos nos detalhes da vida de cada indivíduo, tendo em vista como a mente do ser humano é tão complexa, seria muito difícil compreender o que está acontecendo, o que ocorre exatamente.

Achei que ele estava usando evasivas.

– Mas, na qualidade de psicoterapeuta, minha função é descobrir os motivos pelos quais as pessoas fazem o que fazem...

Mais uma vez, ele caiu naquela risada que muitas pessoas consideram extraordinária – um riso impregnado de humor e boa vontade, sem afetação, sem constrangimento, que começa com uma ressonância grave e, sem esforço, sobe algumas oitavas para terminar num tom agudo de prazer.

– Considero extremamente difícil tentar descobrir como funciona a mente de cinco bilhões de pessoas – disse ele, ainda rindo. – Seria uma tarefa impossível! Do ponto de vista do budismo, são muitos os fatores que contribuem para um dado acontecimento ou situação... Na realidade, pode haver tantos fatores em jogo que às vezes é possível que nunca se tenha uma explicação completa para o que está acontecendo, pelo menos não em termos convencionais.

Ao perceber uma certa perturbação de minha parte, ele prosseguiu com suas observações.

– No esforço de determinar a origem dos problemas de cada um, parece que a abordagem ocidental difere sob muitos aspectos do enfoque budista. Subjacente a todas as variedades de análise ocidental, há uma tendência racionalista muito forte, um pressuposto de que tudo pode ser explicado. E ainda por cima existem restrições decorrentes de certas premissas tidas como líquidas e certas. Por exemplo, eu recentemente me reuni com alguns médicos numa faculdade de medicina. Estavam falando sobre o cérebro e afirmaram que os pensamentos e os sentimentos resultam de diferentes reações e alterações químicas no cérebro. Por isso, propus uma pergunta. É possível conceber a seqüência inversa, na qual o pensamento dê ensejo à seqüência de ocorrências químicas no cérebro? Mas a parte que considerei mais interessante foi a resposta dada pelo cientista. "Partimos da premissa de que todos os pensamentos são produtos ou funções de reações químicas no cérebro." Quer dizer que se trata simplesmente de uma espécie de rigidez, uma decisão de não questionar o próprio modo de pensar.

Ficou calado por um instante e depois prosseguiu.

– Creio que na sociedade ocidental moderna parece haver um forte condicionamento cultural baseado na ciência. No entanto, em alguns casos, as premissas e os parâmetros básicos apresentados pela ciência ocidental podem limitar sua capacidade para lidar com certas realidades.

◆

Por exemplo, vocês sofrem as limitações da idéia de que tudo pode ser explicado dentro da estrutura de uma única vida; e ainda associam a isso a noção de que tudo pode e deve ser explicado e justificado. Porém, quando deparam com fenômenos que não conseguem explicar, cria-se uma espécie de tensão. É quase uma sensação de agonia.

Muito embora eu percebesse que havia alguma verdade no que ele dizia, de início considerei difícil aceitar suas palavras.

– Bem, na psicologia ocidental, quando deparamos com comportamentos humanos que na superfície são difíceis de explicar, temos algumas abordagens que podemos utilizar para entender o que está ocorrendo. Por exemplo, a idéia do aspecto inconsciente ou subconsciente da mente tem um papel de destaque. Para nós, às vezes, o comportamento pode resultar de processos psicológicos dos quais não estamos conscientes. Por exemplo, poderíamos agir de uma determinada forma a fim de evitar um medo oculto. Sem que percebamos, certos comportamentos podem ser motivados pelo desejo de impedir que esses temores venham à tona no consciente, para que não tenhamos de sentir o mal-estar associado a eles.

O Dalai-Lama refletiu por um instante antes de responder.

– No budismo, existe a idéia de disposições e registros deixados por certos tipos de experiência, o que é meio parecido com a noção do inconsciente na psicologia ocidental. Por exemplo, um determinado tipo de acontecimento pode ter ocorrido num período anterior na sua vida e ter deixado um registro muito forte na sua mente, registro este que pode permanecer oculto e mais tarde afetar seu comportamento. Portanto, há essa idéia de algo que pode ser inconsciente: registros dos quais a pessoa pode nem ter consciência. Seja como for, creio que o budismo tem como aceitar muitos dos fatores que os teóricos ocidentais podem apresentar, mas a esses ele somaria outros fatores. Por exemplo, ele acrescentaria o condicionamento e os registros de vidas passadas. Já na psicologia ocidental há na minha opinião uma tendência a superestimar o papel do inconsciente na procura das origens dos problemas de cada um. A meu ver, isso deriva de alguns pressupostos básicos a partir dos quais a psicologia ocidental opera. Por exemplo, ela não aceita a idéia de que registros possam ser herdados de uma vida passada. E ao mesmo tempo há um pressuposto de que tudo deve ser explicado dentro do período desta vida. Assim, quando não se consegue explicar o que está provocando certos comportamentos ou problemas, a tendência é sempre atribuir o motivo ao inconsciente. É mais ou menos como se a pessoa tivesse perdido algum objeto e decidisse que esse objeto estaria nesta sala. E, uma vez que se tenha tomado essa decisão, já se fixaram os parâmetros. Já se excluiu a possibilidade de o objeto estar fora daqui ou em outro aposento. Com isso, a pessoa não pára de procurar, mas não encontra nada. E, mesmo assim, continua a pressupor que o objeto ainda esteja escondido em algum lugar neste recinto!

Quando comecei a conceber este livro, imaginei um formato convencional de auto-ajuda no qual o Dalai-Lama apresentaria soluções claras e simples para todos os problemas da vida. Minha impressão era que eu poderia, recorrendo à minha formação em psiquiatria, classificar suas opiniões num conjunto de instruções fáceis sobre como conduzir a vida no dia-a-dia. Antes do final da nossa série de encontros, eu já havia desistido da idéia. Descobri que seu enfoque abrangia um paradigma muito mais amplo e multifacetado, que englobava todas as sutilezas, a riqueza e a complexidade que a vida tem a oferecer.

Aos poucos, porém, comecei a ouvir a nota única que ele constantemente fazia soar. É uma nota de esperança. Sua esperança tem como base a crença de que, embora não seja fácil alcançar a felicidade genuína e duradoura, mesmo assim, ela é algo que se pode realizar. Subjacente a todos os métodos do Dalai-Lama há um sistema básico de crenças que funciona como um substrato para todos os seus atos: a crença na docilidade e bondade essencial de todos os seres humanos, a crença no valor da compaixão, a crença numa política de benevolência e uma percepção do que há de comum entre todas as criaturas vivas.

À medida que sua mensagem se revelava, foi ficando cada vez mais claro que suas crenças não se baseiam na fé cega ou no dogma religioso mas, sim, no raciocínio sólido e na experiência direta. Sua compreensão da mente e do comportamento humano tem como sustentação toda uma vida de estudos. Suas opiniões estão enraizadas numa tradição que remonta a mais de dois mil e quinhentos anos e no entanto é amenizada pelo bom senso e por uma sofisticada compreensão dos problemas modernos. Sua apreciação de questões contemporâneas moldou-se a partir da posição singular que ele ocupa como figura mundial, o que lhe permitiu viajar pelo mundo muitas vezes, expondo-se a muitas culturas diferentes e a pessoas de todos os campos de atuação, trocando idéias com cientistas de renome, bem como com líderes religiosos e políticos. O que surge, em última análise, é um enfoque cheio de sabedoria para lidar com os problemas humanos, uma abordagem ao mesmo tempo otimista e realista.

Neste livro, procurei apresentar a abordagem do Dalai-Lama a um público essencialmente ocidental. Nele incluí longos trechos dos seus ensinamentos públicos e das nossas conversas particulares. Em obediência ao meu objetivo de procurar dar mais ênfase ao material que for mais aplicável à nossa vida no dia-a-dia, em certas passagens preferi omitir partes das palestras do Dalai-Lama que se dedicavam a alguns dos aspectos mais filosóficos do budismo tibetano. O Dalai-Lama já escreveu uma série de livros excelentes a respeito de vários aspectos do caminho budista. Podem-se encontrar títulos selecionados no final deste livro, e quem estiver interessado num estudo mais profundo do budismo tibetano encontrará muita informação de valor nesses livros.

*Primeira Parte*

# O PROPÓSITO
# DA VIDA

## Capítulo 1

# O DIREITO À FELICIDADE

—Para mim o próprio objetivo da vida é perseguir a felicidade. Isso está claro. Se acreditamos em religião, ou não; se acreditamos nesta religião ou naquela; todos estamos procurando algo melhor na vida. Por isso, para mim, o próprio movimento da nossa vida é no sentido da felicidade...

Com essas palavras, pronunciadas diante de uma platéia numerosa no Arizona, o Dalai-Lama expôs o cerne da sua mensagem. No entanto, sua afirmação de que o propósito da vida era a felicidade levantou na minha cabeça uma questão.

♦

– *O senhor* é feliz? – perguntei-lhe mais tarde, quando estávamos sozinhos.

– Sou – respondeu ele e depois acrescentou. – Decididamente... sou. – Havia na sua voz uma sinceridade tranqüila que não deixava dúvidas, uma sinceridade que se refletia na sua expressão e nos seus olhos.

– Mas será que a felicidade é um objetivo razoável para a maioria de nós? – perguntei. – Será que ela realmente é possível?

– É. Para mim, a felicidade pode ser alcançada através do treinamento da mente.

Num nível básico de ser humano, eu não podia deixar de me sensibilizar com a idéia da felicidade como um objetivo atingível. Como psiquiatra, porém, eu estava sobrecarregado com idéias como a opinião de Freud de que se sente a "propensão a dizer que a intenção de que o homem seja 'feliz' não faz parte dos planos da 'Criação'". Esse tipo de formação levou muitos na minha profissão à conclusão sombria de que o máximo que se poderia esperar era "a transformação da aflição histérica em mera infelicidade". A partir dessa perspectiva, a afirmação de que havia um caminho bem definido até a felicidade parecia ser uma idéia totalmente radical. Quando voltei meu olhar para os anos que passei na formação psiquiátrica, raramente consegui me lembrar de ter ouvido a palavra "felicidade" ser sequer mencionada como objetivo terapêutico. Naturalmente, havia bastante conversa sobre o alívio dos sintomas de depressão ou ansiedade do paciente, de resolver conflitos interiores ou problemas de relacionamento; mas jamais com o objetivo expresso de tornar o paciente feliz.

◆

No Ocidente, o conceito de alcançar a verdadeira felicidade sempre pareceu mal definido, impalpável, esquivo. Até mesmo a palavra *happy* é derivada do termo *happ* em islandês, que significa sorte ou oportunidade. Parece que a maioria de nós encara da mesma forma a misteriosa natureza da felicidade. Naqueles momentos de alegria que a vida proporciona, a felicidade dá a impressão de ser algo que caiu do céu. Para minha cabeça de ocidental, ela não parecia ser o tipo de aspecto que se pudesse desenvolver e sustentar, apenas com o "treinamento da mente".

Quando levantei essa objeção, o Dalai-Lama deu a explicação de imediato.

– Quando falo em "treinar a mente" neste contexto, não estou me referindo à "mente" apenas como a capacidade cognitiva da pessoa ou seu intelecto. Estou, sim, usando o termo no sentido da palavra *Sem*, em tibetano, que tem um significado muito mais amplo, mais próximo de "psique" ou "espírito"; um significado que inclui o intelecto e o sentimento, o coração e a mente. Por meio de uma certa disciplina interior, podemos sofrer uma transformação da nossa atitude, de todo o nosso modo de encarar e abordar a vida.

"Quando falamos dessa disciplina interior, é claro que ela pode envolver muitos aspectos, muitos métodos. Mas em geral começa-se identificando aqueles fatores que levam à felicidade e aqueles que levam ao sofrimento. Depois desse estágio, passa-se gradativamente a eliminar os que levam ao sofrimento e a cultivar os que conduzem à felicidade. É esse o caminho."

◆

O Dalai-Lama afirma ter atingido certo grau de felicidade pessoal. E, ao longo da semana que passou no Arizona, eu testemunhei com freqüência como essa felicidade pessoal pode se manifestar como uma simples disposição para entrar em contato com o outro, para gerar uma sensação de afinidade e boa vontade, até mesmo nos encontros mais curtos.

Um dia de manhã, depois da sua palestra aberta ao público, o Dalai-Lama seguia por um pátio externo no caminho de volta ao seu quarto no hotel, cercado pelo séquito de costume. Ao perceber uma camareira do hotel parada perto dos elevadores, ele parou para perguntar de onde ela era. Por um instante, ela pareceu surpresa com aquele homem de aparência exótica, de vestes marrom-avermelhadas, e demonstrou estar intrigada com a deferência do séquito. Depois, ela sorriu.

– Do México – respondeu com timidez. O Dalai-Lama fez uma rápida pausa para falar alguns instantes com ela e então seguiu adiante, deixando-a com uma expressão de enlevo e prazer. No dia seguinte, à mesma hora, ela apareceu no mesmo local com outra integrante da equipe de camareiras, e as duas o cumprimentaram calorosamente enquanto ele ia entrando no elevador. A interação foi rápida, mas as duas pareciam radiantes de felicidade enquanto voltavam ao trabalho. Todos os dias daí em diante, reuniam-se a elas mais algumas camareiras no local e horário designado, até que no final da semana já havia ali dezenas de camareiras, nos seus uniformes engomados em cinza e branco, formando uma linha de recepção que se estendia ao longo do trajeto até os elevadores.

◆

Nossos dias são contados. Neste exato momento, muitos milhares de pessoas vêm ao mundo, algumas fadadas a viver apenas alguns dias ou semanas, para depois sucumbirem tragicamente com alguma doença ou outra desgraça. Outras estão destinadas a abrir caminho até a marca dos cem anos, talvez até a ultrapassá-la um pouco, e a provar cada sabor que a vida tem a oferecer: a vitória, o desespero, a alegria, o ódio e o amor. Nunca sabemos. Quer vivamos um dia, quer um século, sempre resta uma pergunta crucial: qual é o propósito da vida? O que confere significado à nossa vida?

*O propósito da nossa existência é buscar a felicidade.* Parece senso comum, e pensadores ocidentais como Aristóteles e William James concordaram com a idéia. No entanto, será que uma vida baseada na busca da felicidade pessoal não seria, em si, egocêntrica, até mesmo comodista? Não necessariamente. Na realidade, pesquisas e mais pesquisas revelaram que são as pessoas *infelizes* que costumam ser mais centradas em si mesmas e que, em termos sociais, com freqüência são retraídas, ensimesmadas e até mesmo hostis. Já as pessoas felizes são em geral consideradas mais sociáveis, flexíveis, criativas e capazes de suportar as frustrações diárias com maior facilidade do que as infelizes. E, o que é mais importante, considera-se que sejam mais amorosas e dispostas ao perdão do que as infelizes.

Pesquisadores desenvolveram algumas experiências interessantes que revelaram que as pessoas felizes demonstram um certo tipo de abertura, uma disposição a estender a mão e ajudar os outros. Eles conseguiram, por exemplo, induzir um estado de espírito de felicidade numa pessoa que se submeteu ao teste, criando uma situação em que ela inesperadamente encontrava dinheiro numa cabine telefônica. Fingindo ser um desconhecido, um dos participantes da experiência passou então por ali e deixou cair "acidentalmente" uma pilha de papéis. Os pesquisadores queriam saber se o objeto da experiência pararia para ajudar o desconhecido. Em outra situação, levantou-se o ânimo dos objetos da experiência com um disco de piadas, e eles depois foram abordados por alguém que passava por necessidade (também de conluio com os pesquisadores) e queria apanhar dinheiro emprestado. Os pesquisadores concluíram que os objetos da experiência que estavam se sentindo felizes tinham maior probabilidade de ajudar alguém ou de emprestar dinheiro do que indivíduos num "grupo de controle", a quem era apresentada a mesma oportunidade de ajudar, mas cujo estado de espírito não havia sido estimulado com antecedência.

Embora esses tipos de experiência contradigam a noção de que a procura e a realização da felicidade pessoal de algum modo levam ao egoísmo e ao ensimesmamento, todos nós podemos conduzir nossa própria experiência no laboratório do nosso próprio dia-a-dia. Suponhamos, por exemplo, que estejamos parados num congestionamento. Depois de vinte minutos, o trânsito volta a fluir, ainda a uma velocidade muito baixa. Vemos alguém em outro carro fazendo sinais de que quer passar para nossa faixa à nossa frente. Se estivermos de bem com a vida, é maior a probabilidade de reduzirmos a velocidade para deixar a pessoa entrar. Se estivermos nos sentindo péssimos, nossa

◆

18

reação pode ser simplesmente a de aumentar a velocidade e fechar o espaço. "Ora, se eu estou aqui parado esperando todo esse tempo, por que os outros não podem esperar?"

Partimos, então, da premissa básica de que o propósito da nossa vida é a busca da felicidade. É uma visão da felicidade como um objetivo verdadeiro, um objetivo para a realização do qual podemos dar passos positivos. E, à medida que começarmos a identificar os fatores que levam a uma vida mais feliz, estaremos aprendendo como a busca da felicidade oferece benefícios não só ao indivíduo, mas à família do indivíduo e também à sociedade como um todo.

## Capítulo 2

# AS FONTES DA FELICIDADE

Dois anos atrás, uma amiga minha teve um ganho inesperado. Um ano e meio antes daquela época, ela havia abandonado o emprego de enfermeira, para ir trabalhar para dois amigos que estavam abrindo uma pequena empresa de atendimento de saúde. A companhia teve um sucesso meteórico e em um ano e meio foi comprada por um grande conglomerado por um valor altíssimo. Tendo participado da empresa desde o início, minha amiga saiu da venda cheia de opções de compra de ações – o suficiente para conseguir aposentar-se aos trinta e dois anos de idade. Eu a vi há não muito tempo e perguntei se estava gostando de estar aposentada.

◆

– Bem – disse ela – é ótimo poder viajar e fazer o que eu sempre quis fazer. Mas o estranho é que, depois que me recuperei da emoção de ganhar todo aquele dinheiro, as coisas mais ou menos voltaram ao normal. Quer dizer, tudo está diferente, comprei uma casa nova e tudo o mais, mas em geral acho que não estou muito mais feliz do que era antes.

Por volta da mesma época em que minha amiga estava recebendo os lucros inesperados, outro amigo da mesma idade descobriu que era soropositivo. Nós conversamos sobre como ele estava lidando com seu estado.

– É claro que a princípio fiquei arrasado – disse ele. – E demorei quase um ano só para aceitar o fato de estar com o vírus. Mas ao longo do último ano, as coisas mudaram. Parece que aproveito cada dia mais do que jamais aproveitei antes. E, se analisarmos de momento a momento, estou mais feliz agora do que nunca fui. Parece simplesmente que aprecio mais o dia-a-dia; e sinto gratidão por não ter até agora apresentado nenhum sintoma grave da AIDS e por poder realmente aproveitar o que tenho. E, muito embora eu preferisse não ser soropositivo, devo admitir que, sob certos aspectos, a doença transformou minha vida... para melhor...

– Em que termos? – perguntei.

– Bem, por exemplo, você sabe que eu sempre tive a tendência a ser um materialista inveterado. Só que ao longo do último ano, a procura da aceitação da minha mortalidade descortinou todo um mundo novo. Comecei a explorar a espiritualidade pela primeira vez na minha vida, lendo um monte de livros e conversando com as pessoas...

◆

descobrindo tantas coisas nas quais nunca havia pensado antes. Fico empolgado só de acordar de manhã, de pensar no que o dia pode me trazer.

Essas duas pessoas ilustram o ponto essencial de que a *felicidade é determinada mais pelo estado mental da pessoa do que por acontecimentos externos.* O sucesso pode produzir uma sensação temporária de enlevo, ou a tragédia pode nos mandar para um período de depressão, mas mais cedo ou mais tarde nosso nível geral de felicidade acaba migrando de volta para uma certa linha de referência. Os psicólogos chamam esse processo de *adaptação*; e nós podemos ver como esse princípio atua no nosso dia-a-dia. Um aumento, um carro novo ou um reconhecimento por parte dos colegas podem nos deixar animados por um tempo; mas logo voltamos ao nosso nível costumeiro de felicidade. Da mesma forma, uma discussão com um amigo, um automóvel na oficina ou um pequeno ferimento podem nos deixar de péssimo humor, mas em questão de dias nosso espírito volta ao que era antes.

Essa tendência não se limita a acontecimentos triviais, de rotina, mas persiste mesmo sob condições mais extremas de sucesso ou catástrofe. Pesquisadores que estudavam os ganhadores da loteria estadual no Illinois e da loteria britânica descobriram, por exemplo, que a empolgação inicial ia passando com o tempo e os ganhadores voltavam à sua faixa habitual de felicidade de cada momento. E outros estudos demonstraram que, mesmo aquelas pessoas que são vítimas de acontecimentos catastróficos, como por exemplo o câncer, a cegueira ou a paralisia, tipicamente recuperam seu nível normal ou quase normal de felicidade de rotina depois de um período adequado de ajuste.

◆

Portanto, se nossa tendência é voltar para o nível de referência de felicidade que nos é característico, não importa quais sejam as condições externas, o que então determina esse nível de referência? E, o que é mais importante, será que ele pode ser modificado, fixado numa faixa mais alta? Alguns pesquisadores defenderam recentemente a tese de que o nível de felicidade ou bem-estar característico de um indivíduo é determinado geneticamente, pelo menos até certo ponto. Estudos como, por exemplo, um que concluiu que gêmeos idênticos (que têm a mesma constituição genética) tendem a apresentar níveis muito semelhantes de bem-estar – independentemente do fato de terem sido criados juntos ou separados – levaram esses pesquisadores a postular a existência de um ponto biológico fixo para a felicidade, instalado no cérebro desde o nascimento.

Entretanto, mesmo se a constituição genética desempenhar um papel no que diz respeito à felicidade – e ainda não foi dada a última palavra quanto à extensão desse papel – há um consenso geral entre os psicólogos de que qualquer que seja o nível de felicidade que nos é conferido pela natureza, existem passos que podem ser dados para que trabalhemos com o "fator mental", a fim de aumentar nossa sensação de felicidade. Isso, porque nossa felicidade de cada momento é em grande parte determinada por nosso modo de encarar a vida. Na realidade, o fato de nos sentirmos felizes ou infelizes a qualquer dado momento costuma ter muito pouco a ver com nossas condições absolutas mas é, sim, uma função de *como percebemos nossa situação, da satisfação que sentimos com o que temos.*

◆

## A MENTE QUE COMPARA

O que determina nossa percepção e nosso nível de satisfação? *Nossa sensação de contentamento sofre forte influência da nossa tendência à comparação.* Se comparamos nossa situação atual com nosso passado e concluímos que estamos em melhor situação, sentimo-nos felizes. Isso ocorre, por exemplo, quando nossos rendimentos anuais sobem de repente de US$ 20.000 para US$ 30.000, mas não é o valor *absoluto* da renda que nos deixa felizes, como logo descobrimos quando nos acostumamos ao novo patamar e percebemos que só voltaremos a ser felizes quando ganharmos US$ 40.000 por ano. Também olhamos à nossa volta e nos comparamos com os outros. Por maior que seja nossa renda, nossa tendência é sentir insatisfação se nosso vizinho estiver ganhando mais. Atletas profissionais queixam-se amargamente de salários anuais de um, dois ou três milhões de dólares, mencionando o salário mais alto de um colega da equipe como justificativa para seu descontentamento. Essa tendência parece corroborar a definição de H. L. Mencken de um homem rico: aquele cuja renda superar em cem dólares a renda do marido da irmã da sua mulher.

Logo, pode-se ver como nosso sentimento de satisfação com a vida muitas vezes depende da pessoa com quem estamos nos comparando. Naturalmente, comparamos outros aspectos além da renda. A comparação constante com quem é mais inteligente, mais bonito ou mais bem-sucedido do que nós também costuma gerar inveja, frustração e infelicidade. No entanto, podemos usar esse mesmo princípio de modo positivo. Podemos *aumentar* nossa sensação de satisfação com a vida comparando-nos com os que são menos afortunados do que nós e refletindo sobre tudo o que temos.

Pesquisadores realizaram uma série de experiências e demonstraram que o nível de satisfação com a vida de uma pessoa pode ser elevado através de uma simples mudança de perspectiva e da visualização de como as coisas poderiam ser piores. Num estudo, mostraram-se a mulheres na University of Wisconsin em Milwaukee imagens das condições de vida extremamente duras vigentes em Milwaukee na virada do século passado, ou pediu-se às mulheres que imaginassem tragédias pessoais, como sofrer queimaduras ou ficar deformada, e escrevessem a respeito. Depois de terminado esse exercício, foi pedido às mulheres que avaliassem a qualidade das suas próprias vidas. O exercício resultou num aumento da sensação de satisfação com a vida. Em outra experiência na State University of New York, em Buffalo, pediu-se aos objetos da pesquisa que completassem a frase "Fico feliz por não ser..." Depois de repetir esse exercício cinco vezes, os participantes apresentaram uma nítida elevação nos seus sentimentos de satisfação. Pediu-se a outro grupo que completasse a frase "Eu gostaria de ser..." Dessa vez, a experiência deixou as pessoas sentindo uma insatisfação maior com a vida.

Essas experiências, que demonstram nossa possibilidade de aumentar ou diminuir nossa sensação de satisfação com a vida por meio de uma mudança de perspectiva, sugerem com clareza a supremacia da nossa disposição mental no que diz respeito a levar uma vida feliz.

◆

– Embora seja possível alcançar a felicidade – explica o Dalai-Lama –, ela não é algo simples. Existem muitos níveis. No budismo, por exemplo, há uma referência aos quatro fatores de realização, ou felicidade: riqueza, satisfação material, espiritualidade e iluminação. Juntos eles abarcam a totalidade da busca do indivíduo pela felicidade.

"Deixemos de lado por um momento as aspirações máximas espirituais ou religiosas, como a perfeição e a iluminação, e lidemos com a alegria e a felicidade como as entendemos num sentido rotineiro ou material. Dentro desse contexto, há certos elementos essenciais que convencionamos reconhecer como propiciadores da alegria e da felicidade. Por exemplo, considera-se que a saúde é um dos fatores necessários para uma vida feliz. Outro fator que encaramos como fonte de felicidade são nossos recursos materiais, ou a riqueza que acumulamos. Outro fator é ter amigos ou companheiros. Todos nós reconhecemos que, a fim de levar uma vida realizada, precisamos de um círculo de amigos com quem possamos nos relacionar emocionalmente e em quem confiemos.

"Ora, todos esses fatores são, no fundo, fontes de felicidade. No entanto, para que um indivíduo possa fazer pleno uso delas com o intuito de levar uma vida feliz e realizada, *sua disposição mental é essencial*. Ela tem importância crucial.

"Se utilizarmos nossas circunstâncias favoráveis, como nossa saúde ou fortuna, de modo positivo, na ajuda aos outros, elas poderão contribuir para que alcancemos uma vida mais feliz. E, naturalmente, nós apreciamos esses aspectos: nossos recursos materiais, nosso sucesso e assim por diante. Porém, sem a atitude mental correta, sem a atenção ao fator mental, esses aspectos terão pouquíssimo impacto na nossa sensação de felicidade a longo prazo. Por exemplo, se a pessoa nutre pensamentos rancorosos ou muita raiva bem no fundo de si mesma, isso acaba com a saúde e, assim, destrói um dos fatores. Da mesma forma, quando se está infeliz ou frustrado no nível mental, o conforto físico não ajuda muito. Por outro lado, se a pessoa conseguir manter um estado mental calmo e tranqüilo, poderá ser muito feliz apesar de sua saúde ser frágil. Ou ainda, quando está vivendo um momento de raiva ou ódio intenso, mesmo quem tem bens maravilhosos sente vontade de atirá-los longe, de quebrá-los. Naquele instante, os bens não significam nada. Hoje em dia, há sociedades bastante evoluídas em termos materiais, e no entanto em seu seio muitas pessoas não são muito felizes. Logo abaixo da bela aparência de afluência há uma espécie de inquietação mental que leva à frustração, a brigas desnecessárias, à dependência de drogas ou álcool e, no pior dos casos, ao suicídio. Não há, portanto, nenhuma garantia de que a riqueza em si possa proporcionar a alegria ou a realização que buscamos. Pode-se dizer também o mesmo a respeito dos amigos. Quando se está num estado exacerbado de raiva ou ódio, até mesmo um amigo íntimo parece de algum modo meio frio ou gélido, distante e perfeitamente irritante.

"Tudo isso indica a tremenda influência que o estado da mente, o fator mental, exerce sobre nossa experiência do dia-a-dia. Naturalmente, devemos encarar esse fator com muita seriedade.

♦

"Portanto, deixando de lado a perspectiva da prática espiritual, mesmo em termos terrenos, no que diz respeito a levarmos uma existência feliz no dia-a-dia, quanto maior o nível de serenidade da mente, maior será nossa paz de espírito e maior nossa capacidade para levar uma vida feliz e prazerosa."

O Dalai-Lama parou por um instante como que para deixar que essa idéia assentasse e depois prosseguiu.

– Eu deveria mencionar que, quando falamos de um estado mental sereno ou de paz de espírito, não deveríamos confundir isso com um estado mental totalmente insensível, apático. Ter um estado de espírito tranqüilo ou calmo não significa ser completamente desligado ou ter a mente totalmente vazia. A paz de espírito ou a serenidade têm como origem o afeto e a compaixão. Nisso há um nível muito alto de sensibilidade e sentimento.

"Desde que falte a disciplina interior que traz a serenidade mental", disse ele, para resumir "não importa quais sejam as condições ou meios externos que normalmente se considerariam necessários para a felicidade, eles nunca nos darão a sensação de alegria e felicidade que buscamos. Por outro lado, quando dispomos dessa qualidade interior, uma serenidade mental, uma certa estabilidade interna, nesse caso, mesmo que faltem vários recursos externos que normalmente se considerariam necessários para a felicidade, ainda é possível levar uma vida feliz e prazerosa."

## O CONTENTAMENTO INTERIOR

Ao atravessar o estacionamento para ir me encontrar com o Dalai-Lama numa tarde, parei para admirar um Toyota Land Cruiser novinho em folha, o tipo de carro que vinha querendo havia muito tempo. Ainda com o carro na cabeça quando comecei minha sessão, fiz uma pergunta.

– Às vezes parece que toda a nossa cultura, a cultura ocidental, se baseia nas aquisições materiais. Vivemos cercados, bombardeados, por anúncios das últimas novidades a comprar, do último modelo de automóvel e assim por diante. É difícil não ser influenciado por isso. São tantas as coisas que queremos, que desejamos. Parece que não têm fim. O senhor poderia falar um pouco sobre o desejo?

– Creio que há dois tipos de desejo – respondeu o Dalai-Lama. – Certos desejos são positivos. O desejo da felicidade. É absolutamente certo. O desejo da paz. O desejo de um mundo mais harmonioso, mais amigo. Certos desejos são muito úteis.

"Mas, a certa altura, os desejos podem tornar-se absurdos. Isso geralmente resulta em problemas. Ora, por exemplo, eu às vezes visito supermercados. Realmente adoro supermercados porque posso ver muita coisa bonita. E assim, quando olho para todos aqueles artigos diferentes, surge em mim uma sensação de desejo, e meu impulso inicial poderia ser: 'Ah, eu quero isso e mais aquilo'. Brota então um segundo pensamento e eu me pergunto: 'Ora, será que eu preciso mesmo disso?' Geralmente a resposta é 'não'. Se obedecermos àquele primeiro desejo, àquele impulso

◆

inicial, muito em breve estaremos de bolsos vazios. No entanto, o outro nível de desejo, baseado nas nossas necessidades essenciais de alimentação, vestuário e moradia, é algo mais razoável.

"Às vezes, determinar se um desejo é excessivo ou negativo é algo que depende das circunstâncias ou da sociedade em que se vive. Por exemplo, para quem vive numa sociedade afluente na qual é preciso um carro para ajudar a pessoa a cumprir a rotina diária, nesse caso não há nada de errado em querer ter um carro. Porém, se a pessoa mora num lugarejo pobre na Índia, onde se pode viver muito bem sem um carro, e ainda sente o desejo de ter um, mesmo que disponha do dinheiro para comprá-lo, essa compra pode acabar causando problemas. Pode gerar um sentimento de perturbação entre os vizinhos, entre outras coisas. Ou, caso se viva numa sociedade mais próspera e se tenha um carro mas não se pare de querer carros sempre mais caros, isso também leva ao mesmo tipo de problema."

– Mas eu não consigo ver como querer ou comprar um carro mais caro causa problemas para o indivíduo, desde que ele tenha condições para isso. Ter um carro mais caro do que os de seus vizinhos poderia ser um problema para eles (pois poderiam sentir inveja ou algo semelhante) mas ter um carro novo daria à pessoa, em si, uma sensação de satisfação e prazer.

O Dalai-Lama abanou a cabeça e respondeu com firmeza.

– Não... A satisfação pessoal em si não pode determinar se um desejo ou ato é positivo ou negativo. Um assassino pode ter uma sensação de satisfação no momento em que comete o assassinato, mas isso não justifica o ato. To-das as ações condenáveis, a mentira, o roubo, o adultério, entre outras, são cometidas por pessoas que podem na ocasião ter um sentimento de satisfação. O que distingue um desejo ou ato positivo de um negativo não é a possi-bilidade de ele lhe proporcionar uma satisfação imediata mas, sim, se ele acaba gerando conseqüências positivas ou negativas. Por exemplo, no caso do anseio por bens mais caros, se ele estiver baseado numa atitude mental que simplesmente quer cada vez mais, a pessoa acaba atingindo um limite daquilo que consegue adquirir e se defronta com a realidade. E, quando ela chega a esse limite, perde toda a esperança, mergulha na depressão e assim por diante. É um perigo inerente a essa espécie de desejo.

"E, para mim, esse tipo de desejo excessivo gera a ga-nância, manifestação exagerada do desejo, baseada na exa-cerbação das expectativas. E, quando refletimos sobre os excessos da ganância, concluímos que ela conduz o indi-víduo a uma sensação de frustração, decepção, a muita confusão e muitos problemas. Quando se trata de lidar com a ganância, um aspecto perfeitamente característico é que, embora ela decorra do desejo de obter alguma coisa, ela não se satisfaz com a obtenção. Torna-se, portanto, algo meio sem limites, como um poço sem fundo, e isso gera pertur-bação. Um traço interessante da ganância é que, apesar de seu motivo subjacente ser a busca da satisfação, mesmo de-pois da obtenção do objeto do seu desejo, a pessoa ainda não está satisfeita, o que é uma ironia. *O verdadeiro antí-doto para a ganância é o contentamento.* Se a pessoa tiver um forte sentido de contentamento, não faz diferença se consegue o objeto desejado ou não. De uma forma ou de outra, ela continua contente."

Como podemos, então, alcançar esse contentamento íntimo? Há dois métodos. Um consiste em obter tudo o que se quer e deseja – todo o dinheiro, todas as casas, os automóveis, o parceiro perfeito e o corpo perfeito. O Dalai-Lama já salientou a desvantagem dessa abordagem. Se nossos desejos e vontades permanecerem desenfreados, mais cedo ou mais tarde vamos deparar com algo que queremos e não podemos ter. O segundo método, que é mais confiável, consiste em não ter o que queremos mas, sim, em querer e apreciar o que temos.

Há pouco tempo, assisti a uma entrevista na televisão com Christopher Reeve, o ator que caiu de um cavalo em 1994 e teve lesões na medula espinhal que o deixaram totalmente paralisado do pescoço para baixo e exigem que ele respire com aparelhos em caráter permanente. Quando o entrevistador perguntou como ele lidava com a depressão decorrente da sua invalidez, Reeve confessou ter vivido um curto período de total desespero enquanto estava na unidade de terapia intensiva do hospital. Prosseguiu, porém, dizendo que esse sentimento de desespero passou com relativa rapidez e que agora ele francamente se considerava "um cara de sorte". Mencionou a felicidade de ter mulher e filhos amorosos, mas também falou com gratidão do veloz progresso da medicina moderna (que, por seus cálculos, descobrirá uma cura para as lesões na medula espinhal dentro dos próximos dez anos), e afirmou que, se seu acidente tivesse sido apenas alguns anos antes, ele provavelmente teria morrido em decorrência das lesões. Enquanto descrevia o processo de adaptação à paralisia, Reeve disse que, embora seu desespero se tivesse dissolvido com bastante rapidez, de início ele ainda era perturbado por crises intermitentes de inveja que podiam ser detonadas por alguma frase inocente como, por exemplo, "Vou subir correndo para apanhar isso". Ao aprender a lidar com esses sentimentos, ele disse ter percebido que o único jeito de seguir pela vida é olhar para o que se tem, ver o que ainda se pode fazer. No seu caso, felizmente, ele não havia sofrido nenhuma lesão cerebral, e ainda tinha uma mente que podia usar. Ao concentrar a atenção dessa forma nos recursos de que dispõe, Reeve decidiu usar sua mente para aumentar a conscientização do público e informá-lo a respeito das lesões na medula espinhal, para ajudar outras pessoas; e tem planos para continuar a falar em público assim como para escrever e dirigir filmes.

## O VALOR INTERIOR

Já vimos como trabalhar com nosso modo de encarar a vida é um meio mais eficaz para alcançar a felicidade do que procurá-la através de fontes externas, tais como a riqueza, a posição social ou mesmo a saúde física. Outra fonte interna de felicidade, estreitamente ligada a uma sensação íntima de contentamento, é uma noção de amor-próprio. Ao descrever a base mais confiável para desenvolver esse sentido de amor-próprio, o Dalai-Lama deu a seguinte explicação.

– Agora, no meu caso, por exemplo, suponhamos que eu não tivesse nenhum sentimento humano profundo, nenhuma capacidade para fazer bons amigos com facilidade. Sem isso, quando perdi meu próprio país, quando minha autoridade política no Tibete chegou ao fim, tornar-me um refugiado teria sido muito difícil. Enquanto eu estava no Tibete, em virtude da estrutura do sistema político, havia um certo grau de respeito concedido ao posto do Dalai-Lama; e as pessoas me tratavam de acordo, independentemente de sentirem ou não verdadeiro afeto por mim. Porém, se essa fosse a única base da relação do povo comigo, então, quando perdi meu país, tudo teria sido dificílimo. Só que existe outra fonte de valorização e dignidade a partir da qual podemos nos relacionar com outros seres humanos. *Podemos nos relacionar com eles porque ainda somos um ser humano, dentro da comunidade humana. Compartilhamos esse vínculo. E esse vínculo humano é suficiente para dar ensejo a uma sensação de valorização e dignidade. Esse vínculo pode tornar-se uma fonte de consolo na eventualidade de se perder tudo o mais.*

O Dalai-Lama parou por um instante para bebericar o chá, abanou a cabeça e prosseguiu.

– Lamentavelmente, quando se estuda história, encontram-se casos de imperadores ou reis no passado que perderam sua posição em decorrência de alguma convulsão política e foram forçados a abandonar seu país, mas daí em diante sua história não foi positiva. Creio que, sem aquele sentimento de afeto e ligação com outros seres humanos, a vida passa a ser muito difícil.

"Em termos gerais, podem existir dois tipos diferentes de indivíduos. Por um lado, pode-se ter uma pessoa rica e bem-sucedida, cercada de parentes e assim por diante. Se a fonte de dignidade e sentido de valor dessa pessoa for apenas material, então, enquanto sua fortuna persistir, talvez essa pessoa possa manter uma sensação de segurança. Porém, no momento em que a fortuna minguar, a pessoa sofrerá por não haver nenhum outro refúgio. Por outro lado, pode-se ter outra pessoa que goze de sucesso financeiro e situação econômica semelhante, mas que ao mesmo tempo seja carinhosa, afetuosa e tenha o sentimento da compaixão. Como essa pessoa tem outra fonte de valorização, outra fonte que lhe confere uma noção de dignidade, outra âncora, há menos probabilidade de essa pessoa se deprimir se sua fortuna por acaso desaparecer. Através desse tipo de raciocínio, pode-se ver o valor prático do afeto e calor humano no desenvolvimento de uma sensação íntima de valor."

## A FELICIDADE × O PRAZER

Alguns meses após as palestras do Dalai-Lama no Arizona, fui visitá-lo em casa em Dharamsala. Era uma tarde muito quente e úmida em julho, e cheguei à sua casa empapado de suor depois de uma curta caminhada a partir do lugarejo. Por eu vir de um clima seco, a umidade naquele dia me parecia quase insuportável, e eu não estava com o melhor dos humores quando nos sentamos para começar a conversar. Já ele parecia estar animadíssimo. Pouco depois do início da conversa, nós nos voltamos para o tópico do prazer. A certa altura, ele fez uma observação crucial.

◆

– Agora, as pessoas às vezes confundem a felicidade com o prazer. Por exemplo, há não muito tempo eu estava falando a uma platéia indiana em Rajpur. Mencionei que o propósito da vida era a felicidade, e alguém da platéia disse que Rajneesh ensina que nossos momentos mais felizes ocorrem durante a atividade sexual e que, logo, é através do sexo que podemos nos tornar mais felizes. – O Dalai-Lama deu uma risada gostosa. – Ele queria saber o que eu achava da idéia. Respondi que, do meu ponto de vista, a maior felicidade é a de quando se atinge o estágio de Liberação, no qual não mais existe sofrimento. Essa é a felicidade genuína, duradoura. A verdadeira felicidade está mais relacionada à mente e ao coração. A felicidade que depende principalmente do prazer físico é instável. Um dia, ela está ali; no dia seguinte, pode não estar.

Em termos superficiais, sua observação parecia bastante óbvia. É claro que a felicidade e o prazer são sensações diferentes. E no entanto, nós, os seres humanos, costumamos ter um talento especial para confundi-las. Não muito depois de voltar para casa, durante uma sessão de terapia com uma paciente, eu viria a ter uma demonstração concreta de como pode ser importante essa simples percepção.

Heather era uma jovem profissional liberal solteira que trabalhava como psicóloga na região de Phoenix. Embora gostasse do emprego que tinha, no qual trabalhava com jovens problemáticos, já havia algum tempo ela vinha se sentindo cada vez mais insatisfeita com a vida na região. Costumava queixar-se da população crescente, do trânsito e do calor sufocante no verão. Fizeram-lhe a oferta de um emprego numa linda cidadezinha nas montanhas. Na realidade, ela já visitara a cidadezinha muitas vezes e sempre sonhara em se mudar para lá. Era perfeito. O único problema era que o emprego que lhe ofereciam envolvia o trabalho com uma clientela adulta. Havia semanas, ela lutava com a decisão de aceitar ou não o novo emprego. Simplesmente não conseguia se decidir. Tentou fazer uma lista de prós e contras, mas dela resultou um empate irritante.

– Eu sei que não gostaria do trabalho lá tanto quanto do daqui, mas isso seria mais do que compensado pelo mero prazer de morar naquela cidade! Eu realmente adoro aquilo lá. Só estar lá já faz com que eu me sinta bem. E estou tão cansada do calor aqui que simplesmente não sei o que fazer.

Seu uso do termo "prazer" me fez lembrar as palavras do Dalai-Lama; e, procurando me aprofundar um pouco, fiz uma pergunta.

– Você acha que mudar para lá lhe traria maior felicidade ou maior prazer?

Ela ficou calada um instante, sem saber como encarar a pergunta.

– Não sei... – respondeu afinal. – Sabe de uma coisa? Acho que me traria mais prazer do que felicidade... Em última análise, acho que não seria realmente feliz trabalhando com aquela clientela. Acho que é *mesmo* muito gratificante trabalhar com os jovens no meu emprego...

A simples reformulação do seu dilema em termos de "Será que isso vai me trazer felicidade?" pareceu conferir uma certa clareza. De repente, ficou muito mais fácil para ela tomar a decisão. E resolveu permanecer em Phoenix. É claro que ainda se queixava do calor do verão. No entanto, decidir em plena consciência ficar em Phoenix, com base naquilo que ela achava que acabaria por fazê-la mais feliz, de algum modo tornou o calor mais suportável.

Todos os dias deparamos com inúmeras decisões e escolhas. E, por mais que tentemos, é freqüente não escolhermos aquilo que sabemos ser "bom para nós". Em parte isso está relacionado ao fato de que "a escolha certa" costuma ser a difícil – aquela que envolve algum sacrifício do nosso prazer.

Em todos os séculos, homens e mulheres dedicaram grande esforço à tentativa de definir o papel adequado que o prazer desempenharia na nossa vida – uma verdadeira legião de filósofos, teólogos e psicólogos, todos estudando nossa ligação com o prazer. No século III a.C., Epicuro baseou seu sistema ético na ousada afirmação de que "o prazer é o início e o fim de uma vida abençoada". Mas até mesmo Epicuro reconheceu a importância do bom senso e da moderação, e admitiu que a devoção desenfreada a prazeres sensuais poderia, pelo contrário, resultar em sofrimento. Nos anos finais do século XIX, Sigmund Freud dedicava-se a formular suas próprias teorias sobre o prazer. De acordo com Freud, a força motivadora fundamental de todo o aparelho psíquico era o desejo de aliviar a tensão causada por impulsos instintivos não realizados. Em outras palavras, nossa motivação oculta é a busca do prazer. No século XX, muitos pesquisadores optaram por deixar de lado especulações mais filosóficas; e, em vez disso, um exército de neuroanatomistas passou a dedicar-se a espetar o hipotálamo e as regiões límbicas do cérebro com eletrodos, à procura daquele ponto que produz o prazer quando recebe estimulação elétrica.

Nenhum de nós realmente precisa de filósofos gregos mortos, de psicanalistas do século XIX ou de cientistas do século XX para nos ajudar a entender o prazer. Nós sabemos quando o sentimos. Nós o reconhecemos no toque ou no sorriso de um ser amado, na delícia de um banho quente de banheira numa tarde fria e chuvosa, na beleza de um pôr-do-sol. Entretanto, muitos de nós também conhecem o prazer no arroubo frenético da cocaína, no êxtase da heroína, na folia de uma bebedeira, na delícia do sexo sem restrições, na euforia de uma temporada de sorte em Las Vegas. Esses também são prazeres muito verdadeiros – prazeres com os quais muitos na nossa sociedade precisam aprender a conviver.

Embora não haja soluções fáceis para evitar esses prazeres destrutivos, felizmente temos por onde começar: o simples lembrete de que o que estamos procurando na vida é a felicidade. Como o Dalai-Lama salienta, esse é um fato inconfundível. Se abordarmos nossas escolhas na vida tendo isso em mente, será mais fácil renunciar a atividades que acabam nos sendo prejudiciais, mesmo que elas nos proporcionem um prazer momentâneo. O motivo pelo qual costuma ser tão difícil adotar o "É só dizer não!" encontra-se na palavra "não". Essa abordagem está associada a uma noção de rejeitar algo, de desistir de algo, de nos negarmos algo.

◆

Existe, porém, um enfoque melhor: enquadrar qualquer decisão que enfrentemos com a pergunta "Será que ela me trará felicidade?" Essa simples pergunta pode ser uma poderosa ferramenta para nos ajudar a gerir com habilidade todas as áreas da nossa vida, não apenas na hora de decidir se vamos nos permitir o uso de drogas ou aquele terceiro pedaço de torta de banana com creme. Ela permite que as coisas sejam vistas de um novo ângulo. Lidar com nossas decisões e escolhas diárias com essa questão em mente desvia o foco daquilo que estamos nos negando para aquilo que estamos buscando – a máxima felicidade. Uma felicidade definida pelo Dalai-Lama como estável e persistente. Um estado de felicidade que, apesar dos altos e baixos da vida e das flutuações normais do humor, permanece como parte da própria matriz do nosso ser. A partir dessa perspectiva, é mais fácil tomar a "decisão acertada" porque estamos agindo para dar algo a nós mesmos, não para negar ou recusar algo a nós mesmos – uma atitude de movimento na direção de algo, não de afastamento; uma atitude de união com a vida, não de rejeição a ela. Essa percepção subjacente de estarmos indo na direção da felicidade pode exercer um impacto profundo. Ela nos torna mais receptivos, mais abertos, para a alegria de viver.

*Capítulo 3*

# O TREINAMENTO DA MENTE PARA A FELICIDADE

## O CAMINHO DA FELICIDADE

Quando se identifica o estado mental como o fator primordial para alcançar a felicidade, naturalmente não se está negando que nossas necessidades físicas fundamentais de alimentação, vestuário e moradia não sejam satisfeitas. Entretanto, uma vez atendidas essas necessidades básicas, a mensagem é clara: *não precisamos de mais dinheiro, não precisamos de mais sucesso ou fama, não precisamos do corpo perfeito, nem mesmo do parceiro perfeito — agora mesmo, neste momento exato, dispomos da mente, que é todo o equipamento básico de que precisamos para alcançar a plena felicidade.*

Assim começou o Dalai-Lama, ao apresentar sua abordagem ao trabalho com a mente.

– Quando nos referimos à "mente" ou à "consciência", há muitas variedades diferentes. Da mesma forma que acontece com as condições ou objetos externos, alguns aspectos são muito úteis, outros muito prejudiciais e outros são neutros. E, quando lidamos com assuntos externos, geralmente tentamos primeiro identificar quais dessas diferentes substâncias ou produtos químicos são benéficos para que possamos nos dedicar a cultivá-los, propagá-los e usá-los. E das substâncias que são danosas nós nos livramos. De modo similar, quando falamos sobre a mente, há milhares de pensamentos diferentes ou de "mentes" diferentes. Entre eles, alguns são muito úteis. Esses, deveríamos nutrir. Alguns são negativos, muito prejudiciais. Esses deveríamos tentar reduzir.

*"Portanto, o primeiro passo na busca da felicidade é o aprendizado.* Antes de mais nada, temos de aprender como as emoções e comportamentos negativos nos são prejudiciais e como as emoções positivas são benéficas. E precisamos nos conscientizar de como essas emoções negativas não são prejudiciais e danosas somente para nós mesmos mas perniciosas para a sociedade e para o futuro do mundo inteiro também. Esse tipo de conscientização aumenta nossa determinação para encará-las e superá-las. Em seguida, vem a percepção dos aspectos benéficos das emoções e comportamentos positivos. Uma vez que nos demos conta disso, tornamo-nos determinados a valorizar, desenvolver

◆

e aumentar essas emoções positivas por mais difícil que seja. Há uma espécie de disposição espontânea que vem de dentro. Portanto, através desse processo de aprendizado, de análise de quais pensamentos e emoções são benéficos e quais são nocivos, aos poucos desenvolvemos uma firme determinação de mudar, com a sensação de que 'Agora o segredo da minha própria felicidade, do meu próprio futuro, está nas minhas mãos. Não posso perder essa oportunidade'.

"No budismo, o princípio da causalidade é aceito como uma lei natural. Ao lidar com a realidade, é preciso levar essa lei em consideração. Por exemplo, no caso de experiências do dia-a-dia, se houver certos tipos de acontecimentos que a pessoa não deseje, o melhor método de garantir que tais acontecimentos não ocorram consiste em certificar-se de que não mais se dêem as condições causais que normalmente propiciam aquele acontecimento. De modo análogo, caso se deseje que ocorra um acontecimento ou experiência específica, a atitude lógica a tomar consiste em procurar e acumular as causas e condições que dêem ensejo a ele.

"O mesmo vale para experiências e estados mentais. Quem deseja a felicidade deveria procurar as causas que a propiciam; e se não desejamos o sofrimento, o que deveríamos fazer é nos certificarmos de que as causas e condições que lhe dariam ensejo não mais se manifestem. É muito importante uma apreciação desse princípio causal.

"Ora, já falamos da suprema importância do fator mental para que se alcance a felicidade. Nossa próxima tarefa é, portanto, examinar a variedade de estados mentais que

◆

vivenciamos. Precisamos identificar com clareza diferentes estados mentais e fazer distinção entre eles, classifican-do-os segundo sua capacidade de levar à felicidade ou não."

– O senhor pode dar alguns exemplos específicos de diferentes estados mentais e descrever como os classifica-ria? – perguntei.

– Por exemplo, o ódio, o ciúme, a raiva, entre outros, são prejudiciais – explicou o Dalai-Lama. – Nós os consi-deramos estados mentais negativos porque eles destroem nossa felicidade mental. Uma vez que abriguemos senti-mentos de ódio ou rancor contra alguém, uma vez que nós mesmos estejamos cheios de ódio ou de emoções ne-gativas, outras pessoas também nos parecerão hostis. Logo, disso resultam mais medo, maior inibição e hesitação, as-sim como uma sensação de insegurança. Essas sensações se desdobram e, com elas, a solidão em meio a um mundo visto como hostil. Todos esses sentimentos negativos deri-vam do ódio. Por outro lado, estados mentais como a bon-dade e a compaixão são decididamente positivos. São muito úteis...

– Eu só queria saber... – disse eu, interrompendo-o. – O senhor diz que existem milhares de estados mentais di-ferentes. Qual seria sua definição de uma pessoa saudável ou equilibrada em termos psicológicos? Nós poderíamos usar uma definição dessas como uma diretriz para determinar quais estados mentais cultivar e quais suprimir?

Ele riu antes de responder com sua humildade carac-terística.

– Como psiquiatra, você poderia ter uma definição me-lhor de uma pessoa saudável em termos psicológicos.

◆

– Mas o que eu quero dizer é do seu ponto de vista.

– Bem, eu consideraria saudável uma pessoa bondosa, carinhosa, cheia de compaixão. *Se mantemos um sentimento de compaixão, de generosidade amorosa, algo automaticamente abre nossa porta interior. Através dela, podemos nos comunicar com os outros com uma facilidade muito maior. E essa sensação de calor humano gera uma espécie de abertura. Concluímos que todos os seres humanos são exatamente como nós e, assim, podemos nos relacionar com eles com maior facilidade.* Isso nos confere um espírito de amizade. Há então menos necessidade de esconder coisas e, por conseguinte, os sentimentos de medo, de dúvida e de insegurança se dissolvem automaticamente. Da mesma forma, isso gera nos outros uma sensação de confiança. Do contrário, por exemplo, poderíamos encontrar alguém que é muito competente e saber que podemos confiar na competência daquela pessoa. No entanto, se sentirmos que essa pessoa não é generosa, ficamos com um pé atrás. Nossa sensação é "Ah, eu sei que essa pessoa é capaz, mas posso mesmo confiar nela?", e assim sempre temos uma certa apreensão, que gera uma forma de distanciamento.

"Portanto, seja como for, na minha opinião, cultivar estados mentais positivos como a generosidade e a compaixão decididamente conduz a uma melhor saúde mental e à felicidade."

## A DISCIPLINA MENTAL

Enquanto ele falava, descobri algo muito interessante na abordagem do Dalai-Lama para alcançar a felicidade. Ela era absolutamente prática e racional: identificar e cultivar estados mentais positivos; identificar e eliminar estados mentais negativos. Embora sua sugestão de começar pela análise sistemática da variedade dos estados mentais que experimentamos me parecesse de início um pouco árida, aos poucos fui me encantando com a força da sua lógica e raciocínio. E gostei do fato de que, em vez de classificar os estados mentais, as emoções ou desejos com base em algum julgamento moral imposto de fora, como "a cobiça é um pecado" ou "o ódio é condenável", ele distingue as emoções como positivas ou negativas atendo-se apenas ao fato de elas acabarem levando ou não à felicidade.

— Se a felicidade é uma simples questão de cultivar mais estados mentais positivos, como a generosidade entre outros, por que tanta gente é infeliz? – perguntei-lhe ao retomar nossa conversa na tarde do dia seguinte.

– Alcançar a verdadeira felicidade pode exigir que efetuemos uma transformação na nossa perspectiva, nosso modo de pensar, e isso não é nada simples – respondeu ele. – É necessária a aplicação de muitos fatores diferentes provenientes de direções diferentes. Não se deveria ter a idéia, por exemplo, de que há apenas uma solução, um segredo; e de que, se a pessoa conseguir acertar qual é, tudo dará certo. É semelhante a cuidar direito do corpo físico. Precisa-se de uma variedade de vitaminas e nutrientes, não apenas de um ou dois. Da mesma forma, para alcançar a felicidade, precisa-se de uma variedade de abordagens e métodos para lidar com os vários e complexos estados mentais negativos, e para superá-los. E se a pessoa está procurando superar certos modos negativos de pensar, não é possível conseguir isso apenas com a adoção de um pensamento específico ou a prática de uma técnica uma vez ou duas. A mudança demora. Mesmo a mudança física leva tempo. Por exemplo, se a pessoa está mudando de um clima para outro, o corpo precisa de tempo para se adaptar ao novo ambiente. E, da mesma forma, transformar a mente leva tempo. São muitos os traços mentais negativos, e é necessário lidar com cada um deles e neutralizá-los. Isso não é fácil. Exige a repetida aplicação de várias técnicas e a dedicação de tempo para a familiarização com as práticas. É um processo de aprendizado.

"Creio, porém, que à medida que o tempo vai passando, podemos realizar mudanças positivas. Todos os dias, ao acordar, podemos desenvolver uma motivação positiva sincera, pensando, 'Vou utilizar este dia de um modo mais positivo. Eu não deveria desperdiçar justamente este dia.' E depois, à noite, antes de nos deitarmos, poderíamos verificar o que fizemos, com a pergunta 'Será que utilizei este dia como planejava?' Se tudo correu de acordo com o planejado, isso é motivo para júbilo. Se não deu certo, deveríamos lamentar o que fizemos e passar a uma crítica do dia. Assim, através de métodos como esses, é possível aos poucos fortalecer os aspectos positivos da mente.

"Agora, no meu caso como monge budista, por exemplo, acredito no budismo e através da minha própria experiência sei que essas práticas budistas me são muito úteis. Contudo, em decorrência do hábito, ao longo de muitas vidas anteriores, certos aspectos podem brotar, como a raiva ou o apego. E nesse caso o que eu faço é o seguinte: em primeiro lugar, o aprendizado do valor positivo das práticas; em segundo, o fortalecimento da determinação; e, finalmente, a tentativa de implementar as práticas. No início, a implementação das práticas positivas é muito fraca. Com isso, as influências negativas ainda detêm grande poder. Porém, com o tempo, à medida que vamos gradativamente implantando as práticas positivas, os comportamentos negativos se reduzem automaticamente. Portanto, a prática do *Dharma** é de fato uma constante batalha interior, que substitui o antigo condicionamento ou hábito negativo por um novo condicionamento positivo."

E prosseguiu.

– Não importa qual seja a atividade ou a prática a que queiramos nos dedicar, não há nada que não se torne mais fácil com o treinamento e a familiaridade constantes. Por meio do treinamento, podemos mudar, podemos nos trans-

---

* O termo *Dharma* tem muitas conotações, mas nenhum equivalente exato em inglês. É usado com maior freqüência para fazer referência aos ensinamentos e à doutrina do Buda, abrangendo a tradição dos textos sagrados assim como o modo de vida e as realizações espirituais que resultam da aplicação dos ensinamentos. Às vezes, os budistas usam a palavra num sentido mais geral – querendo dizer práticas religiosas ou espirituais em geral, a lei espiritual universal ou a verdadeira natureza dos fenômenos – e usam o termo *Buddhadharma* para se referir de modo mais específico aos princípios e práticas do caminho budista. O termo *Dharma* em sânscrito deriva da raiz etimológica que significa "segurar"; e nesse contexto, a palavra tem um significado mais amplo: o de qualquer comportamento ou entendimento que sirva para "refrear a pessoa" ou para protegê-la evitando que passe pelo sofrimento e suas causas.

formar. Dentro da prática budista, há vários métodos voltados para o esforço de manter a mente calma quando acontece algo de perturbador. Através da prática repetida desses métodos, podemos chegar ao ponto em que alguma perturbação possa ocorrer, mas os efeitos negativos exercidos sobre nossa mente permanecem na superfície, como ondas que podem agitar a superfície do oceano mas que não têm grande impacto nas profundezas. E, embora minha experiência possa ser muito limitada, descobri a confirmação disso na minha própria prática. Portanto, se recebo alguma notícia trágica, naquele momento posso experimentar alguma perturbação na minha mente, mas ela desaparece muito depressa. Ou ainda, posso me irritar e gerar alguma raiva; mas, da mesma forma, ela se dissipa com rapidez. Não há nenhum efeito nas profundezas da mente. Nenhum ódio. Esse ponto foi alcançado através do exercício gradual. Não aconteceu da noite para o dia.

Claro que não. O Dalai-Lama vem se dedicando ao treinamento da mente desde os quatro anos de idade.

O treinamento sistemático da mente – o cultivo da felicidade, a genuína transformação interior através da seleção deliberada de estados mentais positivos, seguida da concentração neles, além do questionamento dos estados mentais negativos – é possível graças à própria estrutura e função do cérebro. Nascemos com cérebros que já vêm equipados geneticamente com certos padrões de comportamentos instintivos. Somos predispostos mental, emocional e fisicamente para reagir ao ambiente com atitudes que permitam nossa sobrevivência. Esses sistemas básicos de instruções estão codificados em inúmeros modelos inatos de ativação de células nervosas, combinações específicas de células do cérebro que atuam em resposta a algum dado acontecimento, experiência ou pensamento. No entanto, a configuração dos nossos cérebros não é estática, não é irrevogavelmente fixa. Nossos cérebros também são adaptáveis. Neurocientistas documentaram o fato de que o cérebro pode projetar novos modelos, novas combinações de células nervosas e de neurotransmissores (substâncias químicas que transmitem mensagens entre as células nervosas) em resposta a novos estímulos. Na realidade, nosso cérebro é maleável e sempre está mudando, reconfigurando seus circuitos de acordo com novos pensamentos e experiências. E, em decorrência do aprendizado, a função dos próprios neurônios individuais muda, o que permite que os sinais elétricos transitem por eles com maior rapidez. Os cientistas chamam de "plasticidade" a capacidade de mudar inerente ao cérebro.

Essa capacidade de redefinir a configuração do cérebro, de desenvolver novas conexões neurais, foi demonstrada em experiências como, por exemplo, uma realizada pelos drs. Avi Karni e Leslie Underleider nos National Institutes of Mental Health. Nessa experiência, os pesquisadores fizeram com que os objetos desempenhassem uma tarefa simples de coordenação motora, um exercício de batucar com os dedos, e identificaram por meio de um exame de ressonância magnética quais as partes do cérebro envolvidas na tarefa. Os objetos da pesquisa passaram então a praticar o exercício dos dedos todos os dias ao longo de

◆

quatro semanas, tornando-se pouco a pouco mais eficientes e rápidos. Ao final do período de quatro semanas, foi repetido o exame do cérebro, e ele revelou que a área do cérebro envolvida na tarefa havia expandido. Isso indicou que a prática regular e a repetição da tarefa haviam recrutado novas células nervosas e haviam mudado as conexões neurais que originalmente estavam envolvidas na tarefa.

Essa notável característica do cérebro parece ser o embasamento fisiológico para a possibilidade de transformação da nossa mente. Com a mobilização dos nossos pensamentos e a prática de novos modos de pensar, podemos remodelar nossas células cerebrais e alterar o modo de funcionar do nosso cérebro. Ela é também a base para a idéia de que a transformação interior começa com o aprendizado (novos estímulos) e envolve a disciplina de substituir gradativamente nosso "condicionamento negativo" (correspondente aos nossos padrões atuais característicos de ativação de células nervosas) por um "condicionamento positivo" (com a formação de novos circuitos neurais). Assim, a idéia de treinar a mente para a felicidade passa a ser uma possibilidade real.

## A DISCIPLINA ÉTICA

Em conversa posterior relacionada ao treinamento da mente para a felicidade, o Dalai-Lama salientou o seguinte ponto.

– Creio que o comportamento ético é outra característica do tipo de disciplina interior que leva a uma existência mais feliz. Ela poderia ser chamada de disciplina ética. Grandes mestres espirituais, como o Buda, aconselham-nos a realizar atos saudáveis e a evitar o envolvimento com atos prejudiciais. Se nossa ação é saudável ou prejudicial, depende de essa ação ou ato ter como origem um estado mental disciplinado ou não disciplinado. A percepção é que uma mente disciplinada leva à felicidade; e uma mente não disciplinada leva ao sofrimento. E, na realidade, diz-se que *fazer surgir a disciplina no interior da mente é a essência do ensinamento do Buda.*

"Quando falo de disciplina, refiro-me à autodisciplina, não à disciplina que nos é imposta de fora por outros. Além disso, refiro-me à disciplina que é aplicada com o objetivo de superar nossas qualidades negativas. Uma gangue de criminosos pode precisar de disciplina para efetuar um roubo com êxito, mas essa disciplina é inútil."

O Dalai-Lama parou de falar por um instante e pareceu estar refletindo, organizando os pensamentos. Ou talvez estivesse apenas procurando uma palavra em inglês. Não sei. No entanto, pensando na nossa conversa enquanto ele fazia a pausa naquela tarde, algum aspecto de toda essa história relativa à importância do aprendizado e da disciplina começou a me parecer bastante entediante em comparação com os sublimes objetivos da verdadeira felicidade, da evolução espiritual e da completa transformação interior. Parecia-me que a busca da felicidade deveria de algum modo ser um processo mais espontâneo. Levantei essa questão com um aparte.

– O senhor descreve as emoções e comportamentos negativos como sendo "prejudiciais" e os comportamentos positivos como "salutares". Além disso, afirma que uma mente sem treinamento ou disciplina geralmente resulta em comportamentos negativos ou prejudiciais, de modo que precisamos aprender a nos treinar para aumentar nossos comportamentos positivos. Até aí, tudo bem.

"Mas o que me perturba é que sua própria definição de comportamentos negativos ou prejudiciais é a daqueles comportamentos que resultam em sofrimento. E define um comportamento salutar como o que resulte em felicidade. O senhor também parte da premissa básica de que todos os seres por natureza querem evitar o sofrimento e alcançar a felicidade. Esse desejo é inato. Não precisa ser aprendido. A questão é, portanto, a seguinte: se nos é natural querer evitar o sofrimento, por que não sentimos, de modo espontâneo e natural, uma repugnância maior pelos comportamentos negativos ou prejudiciais, à medida que amadurecemos? E se é natural querer alcançar mais felicidade, por que não somos cada vez mais atraídos, de modo espontâneo e natural, para comportamentos salutares, tornando-nos assim mais felizes à medida que nossa vida avança? Ou seja, se esses comportamentos salutares levam naturalmente à felicidade, e nós queremos a felicidade, isso não deveria ocorrer como um processo natural? Por que deveríamos precisar de tanta educação, treinamento e disciplina para que esse processo se desenrole?

– Mesmo em termos convencionais, no nosso dia-a-dia – respondeu o Dalai-Lama –, consideramos a educação um fator importantíssimo para a garantia de uma vida feliz e de sucesso. E o conhecimento não se obtém espontaneamente. É preciso treinamento; temos de passar por uma espécie de programa de treinamento sistemático e assim por diante. E consideramos essa instrução e treinamento convencional bastante árduos. Se não fosse assim, por que os alunos anseiam tanto pelas férias? E, no entanto, sabemos que esse tipo de instrução é vital para garantir uma vida feliz e bem-sucedida.

"Da mesma forma, realizar atos salutares pode não nos ocorrer naturalmente, mas temos de fazer um treinamento consciente nesse sentido. Isso acontece, especialmente na sociedade moderna, porque existe uma tendência a aceitar que a questão dos atos salutares e dos prejudiciais – o que se deve e o que não se deve fazer – é algo que se considera pertencer à esfera da religião. Tradicionalmente, considerou-se ser responsabilidade da religião prescrever quais comportamentos são salutares e quais não são. Contudo, na sociedade atual, a religião perdeu até certo ponto seu prestígio e influência. E, ao mesmo tempo, nenhuma alternativa, como por exemplo uma ética secular, veio substituí-la. Por isso, parece que se dedica menos atenção à necessidade de levar um estilo saudável de vida. É por isso que acredito que precisamos fazer um esforço especial e trabalhar com consciência com o objetivo de adquirir esse tipo de conhecimento. Por exemplo, embora eu pessoalmente acredite que nossa natureza humana é essencialmente benévola e compassiva, tenho a impressão de que não basta que essa seja nossa natureza fundamental; *devemos também desenvolver uma valorização e conscientização desse fato. E a transformação de como nos percebemos, através do aprendizado e do entendimento, pode ter um impacto muito verdadeiro no modo como interagimos com os outros e como conduzimos nosso dia-a-dia.*"

◆

– Mesmo assim, o senhor usa a analogia do treinamento e formação acadêmica tradicional – retruquei, no papel de advogado do diabo. – Isso é uma coisa. Porém, se estamos falando de certos comportamentos que o senhor chama de "salutares" ou positivos, que resultariam na felicidade, e outros comportamentos que resultariam em sofrimento, por que é necessário tanto tempo de aprendizado para identificar quais comportamentos se enquadram em qual categoria e tanto treinamento para implementar os comportamentos positivos e eliminar os negativos? Ou seja, se alguém põe a mão no fogo, ele se queima. A pessoa recolhe a mão, tendo aprendido que esse comportamento resulta em sofrimento. Não é preciso um longo aprendizado ou treinamento para que ela aprenda a não mais tocar no fogo.

"Ora, por que não são assim todos os comportamentos ou emoções que resultam em sofrimento? Por exemplo, o senhor alega que a raiva e o ódio são emoções nitidamente negativas e que acabam levando ao sofrimento. Mas por que é preciso que a pessoa seja instruída a respeito dos efeitos danosos da raiva e do ódio para eliminá-los? Como a raiva causa de imediato um estado emocional desagradável, e é sem dúvida fácil perceber diretamente essa perturbação, por que as pessoas não passam simplesmente a evitá-la no futuro de modo espontâneo e natural?"

Enquanto o Dalai-Lama ouvia atentamente meus argumentos, seus olhos inteligentes se arregalaram um pouco, como se ele estivesse levemente surpreso com a ingenuidade das minhas perguntas, ou até mesmo como se as considerasse divertidas. Depois, com uma risada vigorosa, cheia de boa vontade, ele respondeu.

◆

– Quando se diz que o conhecimento conduz à liberdade ou à solução de um problema, é preciso compreender que há muitos níveis diferentes. Digamos, por exemplo, que os seres humanos na Idade da Pedra não sabiam cozinhar a carne mas mesmo assim tinham a necessidade biológica de consumi-la. Por isso, comiam exatamente como um animal selvagem. À medida que evoluíram, aprenderam a cozinhar, a acrescentar temperos para tornar a comida mais saborosa e depois inventaram pratos mais diversificados. E até mesmo na atualidade, se estamos com alguma doença específica e, através do conhecimento, aprendemos que um certo tipo de alimento não é bom para nós, muito embora tenhamos o desejo de consumi-lo, nós nos refreamos. Portanto, está claro que quanto mais sofisticado for o nível do nosso conhecimento, com maior eficácia lidaremos com o mundo natural.

"É também preciso julgar as conseqüências dos nossos comportamentos a longo e a curto prazo, para ponderá-las. Por exemplo, no controle da raiva. Apesar de os animais poderem experimentar a raiva, eles não podem entender que a raiva é destrutiva. No caso dos seres humanos, porém, há um nível diferente, no qual se tem uma espécie de percepção de si mesmo que permite refletir e observar que, quando a raiva surge, ela prejudica a pessoa. Portanto, pode-se concluir que a raiva é destrutiva. É preciso ser capaz de fazer essa inferência. Logo, não se trata de algo tão simples quanto pôr a mão no fogo, queimar-se e aprender a nunca mais fazer isso no futuro. Quanto mais sofisticado for seu grau de instrução e de conhecimento a respeito do que leva à felicidade e do que provoca o sofri-

◆

mento, maior será seu sucesso em alcançar a felicidade. É por isso que eu considero a educação e o conhecimento cruciais."

Percebendo, suponho eu, minha persistente resistência à idéia da mera educação como meio de transformação interior, ele observou.

– Um problema da nossa sociedade atual é que temos uma atitude diante da educação como se ela existisse apenas para tornar as pessoas mais inteligentes, para torná-las mais criativas. Às vezes chega mesmo a parecer que aqueles que não receberam grande instrução, aqueles que são menos sofisticados em termos de formação acadêmica, são mais inocentes e honestos. Muito embora nossa sociedade não dê ênfase a esse aspecto, a aplicação mais valiosa do conhecimento e da instrução é a de nos ajudar a entender a importância da dedicação a atos mais salutares e da implantação da disciplina na nossa mente. A utilização correta da nossa inteligência e conhecimento consiste em provocar mudanças de dentro para fora, para desenvolver um bom coração.

*Capítulo 4*

# O RESGATE DO NOSSO ESTADO INATO DE FELICIDADE

## NOSSA NATUREZA FUNDAMENTAL

— Ora, fomos feitos para procurar a felicidade. E está claro que os sentimentos de amor, afeto, intimidade e compaixão trazem a felicidade. Creio que cada um de nós dispõe da base para ser feliz, para ter acesso aos estados mentais de amor e compaixão que produzem a felicidade – afirmou o Dalai-Lama. – Na realidade, é uma das minhas crenças fundamentais que nós não só possuímos inerentemente o potencial para a compaixão, mas também que a natureza básica ou essencial do ser humano é a serenidade.

◆

– Em que o senhor baseia essa crença?

– A doutrina budista da "Natureza do Buda" oferece alguns fundamentos para a crença de que a natureza essencial de todos os seres sencientes é basicamente serena e não agressiva*. Pode-se, entretanto, adotar esse enfoque sem que seja preciso recorrer à doutrina budista da "Natureza do Buda". Há também outros fatores nos quais baseio essa crença. Para mim o tema do afeto humano ou da compaixão não é apenas uma questão religiosa. Trata-se de um fator indispensável na vida do dia-a-dia.

"Para começar, se olharmos o próprio modelo da nossa existência desde a tenra infância até a morte, poderemos ver como somos nutridos pelo afeto dos outros. E isso a partir do nascimento. Nosso primeiro ato após o nascimento é o de mamar o leite da nossa mãe ou de outra mulher. É um ato de afeto, de compaixão. Sem ele, não podemos sobreviver. Isso é claro. E esse ato não pode ser realizado a menos que exista um sentimento mútuo de afeto. Por parte da criança, se não houver nenhum sentimento de afeto pela pessoa que estiver amamentando, se não houver nenhum vínculo, pode acontecer de a criança não mamar. E, sem o afeto por parte da mãe ou da outra pessoa, pode ser que o leite não flua livremente. E assim é a vida. Assim é a realidade.

"Além disso, nossa estrutura física parece ser mais adequada a sentimentos de amor e compaixão. Podemos ver

---

* Na filosofia budista, a "Natureza do Buda" refere-se a uma natureza da mente que é oculta, essencial e extremamente sutil. Esse estado da mente, que existe em todos os seres humanos, é totalmente imaculado por emoções ou pensamentos negativos.

◆

como uma disposição mental tranqüila, afetuosa e salutar produz efeitos benéficos para nossa saúde e bem-estar físico. Inversamente, sentimentos de frustração, de medo, agitação e raiva podem ser danosos à nossa saúde.

"Podemos ver também que nossa saúde emocional é beneficiada por sentimentos de afeto. Para entender isso, basta refletir sobre como nos sentimos quando os outros nos demonstram carinho e afeto. Ou ainda, observemos como nossos próprios sentimentos ou atitudes afetuosas de modo natural e automático nos afetam de dentro para fora, como fazem com que nos sintamos. Essas emoções mais suaves e os comportamentos positivos que as acompanham propiciam uma vida familiar e comunitária mais feliz.

"Por isso, creio que podemos deduzir que nossa natureza essencial como seres humanos é uma natureza meiga. E se é esse o caso, faz ainda mais sentido tentar levar uma vida que esteja mais em harmonia com essa doce natureza fundamental do nosso ser."

– Se nossa natureza essencial é gentil e cheia de compaixão – perguntei –, eu só gostaria de saber como o senhor explica todos os conflitos e comportamentos agressivos que nos cercam por todos os lados.

O Dalai-Lama baixou a cabeça, pensativo, por um instante antes de responder.

– Naturalmente não podemos ignorar o fato de que existem conflitos e tensões, não apenas dentro da mente de um indivíduo, mas também dentro da família, quando interagimos com outras pessoas, e na sociedade, no nível nacional e mundial. Pois, ao examinar tudo isso, algumas pessoas concluem que a natureza humana é basicamente agressiva. Elas podem apontar para a história da humanidade, sugerindo que, em comparação com o comportamento de outros mamíferos, o do ser humano é muito mais agressivo. Ou ainda, podem alegar, "É verdade, a compaixão faz parte da nossa mente. Mas a raiva também faz parte da nossa mente. Elas pertencem à nossa natureza em termos iguais. As duas se encontram mais ou menos no mesmo nível." Mesmo assim – disse ele, com firmeza, debruçando-se para a frente na cadeira, tenso com um ar alerta –, *ainda tenho a firme convicção de que a natureza humana é fundamentalmente bondosa, meiga. Essa é a característica predominante da natureza humana.* A raiva, a violência e a agressividade podem sem dúvida surgir, mas para mim isso ocorre num nível secundário ou mais superficial. Em certo sentido, elas surgem quando nos sentimos frustrados nos nossos esforços para alcançar o amor e o afeto. Não fazem parte da nossa natureza mais básica, mais fundamental.

"Portanto, embora a agressividade possa ocorrer, creio que esses conflitos não são necessariamente decorrentes da natureza humana, mas, sim, que resultem do intelecto humano – uma inteligência humana em desequilíbrio, o uso inadequado da nossa inteligência, das nossas faculdades imaginativas. Ora, ao examinar a evolução humana, creio que nosso corpo físico pode ter sido muito fraco em comparação com o de outros animais. No entanto, graças ao desenvolvimento da inteligência humana, fomos capazes de usar muitos instrumentos e descobrir muitos métodos para superar condições ambientais adversas. À medida que a sociedade humana e as condições ambientais foram aos poucos se tornando mais complexas, tornou-se necessário um papel cada vez maior da nossa inteligência e capacidade cognitiva para fazer frente às exigências cada vez maiores desse ambiente complexo. Por isso, creio que nossa natureza básica ou fundamental é a serenidade, e que a inteligência é um desdobramento posterior. Creio também que, se aquela capacidade humana, aquela inteligência humana, apresentar um desenvolvimento desequilibrado, sem que seja adequadamente compensada pela compaixão, nesse caso ela pode tornar-se destrutiva. Pode ter conseqüências desastrosas.

"Creio, porém, ser importante reconhecer que, se os conflitos humanos são criados pelo uso indevido da inteligência, também podemos utilizar a inteligência para descobrir meios e formas para superar esses conflitos. Quando a inteligência e a bondade ou afeto são usados em conjunto, todos os atos humanos passam a ser construtivos. Quando combinamos um coração amoroso com o conhecimento e a educação, podemos aprender a respeitar as opiniões e os direitos dos outros. Isso se torna a base de um espírito de reconciliação que pode ser usado para dominar a agressividade e resolver nossos conflitos."

O Dalai-Lama fez uma pausa e deu uma olhada de relance no relógio.

– Portanto – concluiu ele – por maior que seja a violência ou por mais numerosas que sejam as atrocidades pelas quais tenhamos de passar, creio que a solução definitiva para nossos conflitos, tanto internos quanto externos, reside na volta à nossa natureza humana básica ou fundamen-

◆

tal, que é meiga e cheia de compaixão. – Olhando mais uma vez para o relógio, ele deu um riso afável. – E então... vamos parar por aqui... Foi um longo dia! – Apanhou os sapatos, que havia descalçado durante a conversa, e se recolheu para seu quarto.

## A QUESTÃO DA NATUREZA HUMANA

Ao longo das últimas décadas, a concepção do Dalai-Lama da natureza compassiva latente nos seres humanos parece estar aos poucos ganhando terreno no Ocidente, embora tenha sido uma luta árdua. A noção de que o comportamento humano é essencialmente egocêntrico, de que no fundo é mesmo cada um por si, está profundamente enraizada no pensamento ocidental. A idéia de que não só nós somos inerentemente egoístas mas de que a agressividade e a hostilidade fazem parte da natureza humana essencial domina nossa cultura há séculos. Naturalmente, ao longo da história houve um bom número de pessoas com opinião contrária. Por exemplo, em meados do século XVIII, David Hume escreveu muito sobre a "benevolência natural" dos seres humanos. E um século depois, até mesmo Charles Darwin atribuiu um "instinto de solidariedade" à nossa espécie. No entanto, por algum motivo, a visão mais pessimista da humanidade está arraigada na nossa cultura, pelo menos desde o século XVII, sob a influência de filósofos como Thomas Hobbes, que tinha uma opinião bastante negativa da espécie humana. Ele considerava a humanidade violenta, competitiva, em constante conflito e preocupada apenas com interesses pessoais. Hobbes, que era famoso por descartar qualquer idéia de uma bondade humana essencial, foi uma vez flagrado dando esmola a um mendigo na rua. Quando questionado a respeito desse impulso generoso, ele alegou não estar fazendo aquilo para ajudar o mendigo; estava só aliviando sua própria consternação diante da pobreza do homem.

Da mesma forma, no início deste século, o filósofo espanhol George Santayana escreveu que impulsos generosos, atenciosos, embora possam existir, costumam ser fracos, efêmeros e instáveis na natureza humana, mas "cave um pouco abaixo da superfície e descobrirá um ser feroz, persistente, profundamente egoísta". Infelizmente, a psicologia e a ciência ocidental apoderaram-se de idéias como essa, deram sanção e até fomentaram essa visão do egoísmo. A partir dos primeiros tempos da moderna psicologia científica, houve uma pressuposição geral e fundamental de que toda a motivação humana é em última análise egoísta, baseada meramente no interesse pessoal.

Depois de aceitar implicitamente a premissa do nosso egocentrismo essencial, uma série de cientistas proeminentes ao longo dos últimos cem anos acrescentou a ela uma crença na natureza agressiva essencial dos humanos. Freud afirmou que "a inclinação à agressividade é uma disposição original, instintiva e que subsiste por seus próprios meios". Na segunda metade deste século, dois autores em especial, Robert Ardrey e Konrad Lorenz, observaram padrões de comportamento animal em certas espécies de predadores e concluíram que os seres humanos eram basicamente predadores também, providos de um impulso inato ou instintivo para lutar por território.

◆

Nos últimos anos, porém, a maré parece estar se voltando contra essa visão profundamente pessimista da humanidade, aproximando-se mais da percepção do Dalai-Lama da brandura e compaixão da nossa natureza latente. Ao longo das duas ou três últimas décadas, houve literalmente centenas de estudos científicos que indicaram que a agressividade *não* é essencialmente inata e que o comportamento violento é influenciado por uma variedade de fatores biológicos, sociais, situacionais e ambientais. Talvez a declaração mais abrangente sobre as pesquisas mais recentes esteja resumida na Declaração sobre a Violência de Sevilha de 1986, que foi redigida e firmada por vinte cientistas de renome, do mundo inteiro. Nesse texto, eles naturalmente reconheceram que o comportamento violento ocorre, sim, mas afirmaram categoricamente que *é incorreto em termos científicos dizer que temos uma tendência herdada para entrar em guerras ou para agir com violência. Esse comportamento não está programado geneticamente na natureza humana.* Disseram que, apesar de termos o sistema neural necessário para agir com violência, esse comportamento em si não é ativado de modo automático. Não há nada na nossa neurofisiologia que nos obrigue a agir com violência. Ao examinar o tema da natureza humana essencial, a maioria dos pesquisadores no campo percebe atualmente que no fundo temos o potencial para nos tornarmos pessoas serenas, atenciosas, ou pessoas violentas, agressivas. O impulso que acaba sendo realçado é em grande parte uma questão de treinamento.

Pesquisadores contemporâneos refutaram a idéia da agressividade inata da humanidade. Não só isso, mas a idéia de que os seres humanos têm um egoísmo inato também está sofrendo ataque. Estudiosos como C. Daniel Batson ou Nancy Eisenberg, da Arizona State University, realizaram numerosas pesquisas ao longo dos últimos anos que demonstram que os seres humanos têm uma tendência ao comportamento altruísta. Alguns cientistas, como a socióloga dra. Linda Wilson, procuram descobrir por que isso acontece. Ela propôs a hipótese de que o altruísmo pode fazer parte do nosso instinto básico de sobrevivência – o exato oposto de idéias de pensadores anteriores que postulavam que a hostilidade e a agressividade eram a principal característica do nosso instinto de sobrevivência. Ao examinar mais de cem catástrofes naturais, a dra. Wilson descobriu um forte padrão de altruísmo entre as vítimas, que parecia fazer parte do processo de recuperação. Descobriu que o trabalho em conjunto para ajudar uns aos outros costumava afastar a possibilidade de problemas psicológicos no futuro, problemas que poderiam ter resultado do trauma.

A tendência a criar fortes laços com outros, em ações destinadas ao bem-estar dos outros tanto quanto ao próprio, pode estar profundamente enraizada na natureza humana, tendo sido criada no passado remoto, quando aqueles que se uniam e faziam parte de um grupo tinham uma chance maior de sobreviver. Essa necessidade de fortes vínculos sociais persiste até hoje. Em estudos, como por exemplo um realizado pelo dr. Larry Scherwitz, com o objetivo de pesquisar os fatores de risco para a doença coronariana, descobriu-se que as pessoas que tinham o foco mais concentrado em si mesmas (aquelas que se referiam a si mesmas usando os pronomes "eu", "mim" e "meu" com maior freqüência numa entrevista) tinham maior probabilidade de desenvolver doença coronariana, mesmo quando outros comportamentos prejudiciais à saúde estavam sob controle. Cientistas estão descobrindo que as pessoas a quem faltam fortes laços sociais parecem ter a saúde frágil, níveis mais altos de infelicidade e uma maior vulnerabilidade ao estresse.

Tomar a iniciativa de ajudar os outros pode ser tão essencial à nossa natureza quanto a comunicação. Seria possível traçar uma analogia com o desenvolvimento da linguagem que, à semelhança da capacidade para a compaixão e o altruísmo, é uma das esplêndidas características da espécie humana. Determinadas áreas do cérebro são especificamente devotadas ao *potencial* para a linguagem. Se formos expostos às condições ambientais adequadas, ou seja, a uma sociedade que fala, essas áreas distintas do cérebro começam a se desenvolver e a amadurecer à medida que nossa capacidade para a linguagem for crescendo. Da mesma forma, todos os seres humanos podem ter como dom natural a "semente da compaixão". Quando exposta às condições adequadas – em casa, na sociedade como um todo e, mais tarde talvez, por meio dos nossos próprios esforços direcionados – essa "semente" vicejará. Com essa idéia em mente, pesquisadores estão agora procurando descobrir as condições ambientais ótimas que permitam que a semente da atenção e compaixão pelos outros amadureça em crianças. Já identificaram alguns fatores: ter pais capazes de moderar suas próprias emoções, que sejam modelos de comportamento atencioso, que estabeleçam limites adequados para o comportamento dos filhos, que comuniquem à criança que ela é responsável pelo seu próprio comportamento e que usem a argumentação para ajudar a direcionar a atenção da criança para estados emocionais ou afetivos bem como para as conseqüências do seu comportamento sobre os outros.

Uma revisão dos nossos pressupostos básicos acerca da natureza latente dos seres humanos, de hostil para solidária, pode abrir novas possibilidades. Se começamos por pressupor o modelo de todo o comportamento humano baseado no interesse pessoal, um bebê serve de exemplo perfeito, como "prova" dessa teoria. Ao nascer, os bebês parecem estar programados com apenas uma idéia na cabeça: *a gratificação das suas próprias necessidades* – alimento, conforto físico e assim por diante. Entretanto, se eliminarmos esse pressuposto egoísta básico, um quadro totalmente novo começa a surgir. Poderíamos com a mesma facilidade dizer que um bebê nasce programado para apenas uma coisa: *a capacidade e objetivo de trazer prazer e alegria aos outros.* Pela simples observação de um bebê saudável, seria difícil negar a meiga natureza latente dos seres humanos. E, a partir dessa nova perspectiva, poderíamos defender com sucesso a hipótese de ser inata a capacidade de dar prazer ao outro, a quem lhe devota cuidados. Por exemplo, num recém-nascido, o sentido do olfato é desenvolvido até talvez apenas 5% da capacidade de um adulto; e o sentido do paladar é pouquíssimo desenvolvido. Mas o que existe desses sentidos no recém-nascido está voltado para o cheiro e para o sabor do leite materno. O ato de amamentar não só fornece nutrientes ao bebê; ele também serve para aliviar a tensão nos seios. Logo, poderíamos dizer que o bebê nasce com uma capacidade inata para dar prazer à mãe, por meio do alívio da tensão nos seios.

Um bebê também está programado em termos biológicos para reconhecer e reagir a rostos; e são poucas as pessoas que deixam de sentir um prazer autêntico quando um bebê fita, inocente, seus olhos e sorri. Alguns etólogos formularam uma teoria a partir dessa constatação, propondo que, quando um bebê sorri para quem cuida dele ou olha direto para os olhos dessa pessoa, esse bebê está cumprindo um "projeto biológico" profundamente arraigado, que instintivamente ele está "liberando" comportamentos ternos, atenciosos, meigos, na pessoa que lhe presta cuidados, que por sua vez também está obedecendo a uma ordem instintiva igualmente irresistível. À medida que mais pesquisadores saem em campo para descobrir objetivamente a natureza dos seres humanos, a concepção do bebê como uma trouxinha de egoísmo, uma máquina de comer e dormir, está cedendo lugar a uma visão de um ser que vem ao mundo com um mecanismo inato destinado a dar prazer aos outros, exigindo apenas as condições ambientais adequadas para permitir que a "semente de compaixão" latente e natural germine e cresça.

Uma vez que cheguemos à conclusão de que a natureza básica da humanidade é bondosa em vez de agressiva, nosso relacionamento com o mundo à nossa volta muda de imediato. Encarar os outros como seres essencialmente bondosos, em vez de hostis e egoístas, nos ajuda a relaxar, a confiar, a viver tranqüilos. Essa atitude nos torna mais felizes.

## MEDITAÇÃO SOBRE O PROPÓSITO DA VIDA

Enquanto o Dalai-Lama permaneceu no deserto do Arizona naquela semana, voltado para o estudo da natureza humana e o exame da mente humana com a atenção minuciosa de um cientista, uma nítida verdade parecia refulgir e iluminar todas as conversas: *o propósito da vida é a felicidade.* Essa simples afirmação pode ser usada como uma ferramenta poderosa para nos ajudar a superar os problemas diários da vida. A partir dessa perspectiva, passa a ser nossa tarefa descartar o que provoca o sofrimento e acumular o que nos leva à felicidade. O método, a prática diária, envolve uma expansão gradual da nossa conscientização e entendimento do que *realmente* propicia a felicidade e do que não a propicia.

Quando a vida se torna muito complicada e nos sentimos assoberbados, costuma ser útil dar um simples passo atrás e lembrar a nós mesmos qual é nosso propósito geral, nosso objetivo. Quando deparamos com uma sensação de estagnação e confusão, pode ser valioso tirar uma hora, uma tarde ou mesmo alguns dias para apenas refletir sobre o que de fato nos trará a felicidade, e então reordenar nossas prioridades com base nessa reflexão. Isso pode pôr nossa vida de volta no contexto adequado, permitir uma nova perspectiva e nos possibilitar ver que direção tomar.

◆

De vez em quando, deparamos com decisões cruciais capazes de afetar toda a trajetória da nossa vida. Podemos, por exemplo, resolver que vamos nos casar, ter filhos ou iniciar estudos para nos tornarmos advogados, artistas ou eletricistas. A firme resolução de sermos felizes – de aprender sobre os fatores que conduzem à felicidade e de adotar medidas positivas para construir uma vida mais feliz – pode ser uma decisão exatamente desse tipo. *A adoção da felicidade como um objetivo legítimo e a decisão consciente de procurar a felicidade de modo sistemático podem exercer uma profunda mudança no restante das nossas vidas.*

O entendimento que o Dalai-Lama tem dos fatores que acabam propiciando a felicidade é baseado em toda uma vida de observação metódica da própria mente, de exames da natureza da condição humana e de investigação desses aspectos dentro de uma estrutura estabelecida pela primeira vez pelo Buda há mais de 25 séculos. E é a partir dessa tradição que o Dalai-Lama chegou a algumas conclusões explícitas sobre quais atividades e pensamentos são mais valiosos. Ele resumiu suas crenças nas seguintes palavras que podem ser usadas como uma meditação.

— Às vezes, quando me encontro com velhos amigos, lembro-me de como o tempo passa depressa. E isso faz com que eu me pergunte se utilizamos nosso tempo bem ou não. A utilização adequada do tempo é de extrema importância. Enquanto tivermos esse corpo e especialmente esse assombroso cérebro humano, creio que cada minuto é algo precioso. Nossa existência diária é repleta de esperança,

♦

embora não haja nenhuma garantia quanto ao nosso futuro. Não há nenhuma garantia de que amanhã a esta hora estaremos aqui. Mesmo assim, trabalhamos para isso apenas com base na esperança. Portanto, precisamos fazer o melhor uso possível do nosso tempo. Creio que a melhor utilização do tempo é a seguinte: se for possível, servir aos outros, a outros seres sencientes. Se não for possível, pelo menos procurar não prejudicá-los. Creio que esta é toda a base da minha filosofia.

"Logo, reflitamos sobre o que realmente tem valor na vida, o que confere significado à nossa vida, e fixemos nossas prioridades com base nisso. O propósito da nossa vida precisa ser positivo. Não nascemos com a finalidade de causar problemas, de prejudicar os outros. Para que nossa vida tenha valor, creio que devemos desenvolver boas qualidades humanas essenciais – o carinho, a bondade, a compaixão. Com isso nossa vida ganha significado e se torna mais tranqüila, mais feliz."

*Segunda Parte*

# O CALOR HUMANO
# E A COMPAIXÃO

*Capítulo 5*

# UM NOVO MODELO PARA A INTIMIDADE

## A SOLIDÃO E O CONTATO

Entrei na sala de estar da suíte do Dalai-Lama, e ele fez um gesto para que eu me sentasse. Enquanto serviam o chá, ele descalçou os sapatos cômodos cor de caramelo e se instalou no conforto de uma poltrona de dimensões exageradas.

– E então? – perguntou em tom despreocupado, mas com uma inflexão que dizia que estava pronto para qualquer coisa. Ele sorria mas permaneceu calado. À espera.

Momentos antes, quando estava sentado no saguão do hotel à espera do início da nossa sessão, eu havia apanhado distraído um exemplar de um jornal alternativo local que estava aberto na página do "correio sentimental". Passei os olhos rapidamente pelos anúncios apinhados, páginas e mais páginas de pessoas em busca, na esperança desesperada de entrar em contato com outro ser humano. Ainda pensando nos anúncios quando me sentei para começar minha reunião com o Dalai-Lama, de repente resolvi pôr de lado minha lista de perguntas preparadas.

– O senhor chega a sentir solidão?

– Não – respondeu ele, com simplicidade. Eu não estava preparado para essa resposta. Imaginava que ela fosse ser algo semelhante a "É claro... de vez em quando todos sentem alguma solidão..." Em seguida, eu planejava perguntar como ele lidava com a solidão. Jamais esperei estar diante de alguém que *nunca* sentisse solidão.

– Não? – voltei a perguntar, incrédulo.

– Não.

– E a que o senhor atribui isso?

Ele pensou por um instante.

– Creio que um fator é o de eu encarar qualquer ser humano de um ângulo mais positivo. Tento procurar seus aspectos positivos. Essa atitude cria de imediato uma sensação de afinidade, uma espécie de sintonia.

"E também pode ser em parte porque, do meu lado, há menos apreensão, menos medo, de que, se eu agir de uma certa forma, talvez a pessoa perca o respeito ou pense que sou estranho. E assim, como esse tipo de medo e apreensão normalmente está ausente, existe uma espécie de franqueza. Acho que esse é o fator principal."

No esforço de compreender a abrangência e a dificuldade de adotar essa atitude, fiz minha pergunta.

◆

– Mas como o senhor sugeriria que uma pessoa adquira a capacidade de se sentir à vontade com os outros, de não sentir esse medo ou apreensão de não agradar ou de ser julgado pelos outros? Existem métodos específicos aos quais uma pessoa comum poderia recorrer para desenvolver essa atitude?

– Minha crença básica é que primeiro é necessário perceber a utilidade da compaixão – disse ele, com convicção. – Esse é o fator chave. Uma vez que se aceite o fato de que a compaixão não é algo infantil ou piegas, uma vez que se perceba que a compaixão é algo que realmente vale a pena, que se perceba seu valor mais profundo, desenvolve-se de imediato uma atração por ela, uma disposição a cultivá-la.

"E, uma vez que se estimule a idéia da compaixão na mente, uma vez que esse pensamento se torne ativo, as atitudes da pessoa para com os outros mudam automaticamente. Se abordamos os outros com a idéia da compaixão, isso automaticamente reduz o medo e permite uma franqueza com os outros. Cria uma atmosfera amiga e positiva. Com essa atitude, podemos tentar um relacionamento no qual cada um de nós, por si mesmo, cria a possibilidade de receber afeto ou uma reação positiva por parte da outra pessoa. E com essa atitude, mesmo que a outra pessoa seja antipática ou não nos dê uma resposta positiva, pelo menos nós a abordamos com uma sensação de abertura que nos proporciona uma certa flexibilidade e a liberdade de mudar nossa abordagem conforme seja necessário. Esse tipo de abertura, no mínimo, permite a possibilidade de ter uma conversa significativa com ela. No entanto, *sem* a atitude de compaixão, se estamos nos sentindo bloqueados, irritados ou indiferentes, podemos até ser abordados pelo nosso melhor amigo, e simplesmente nos sentirmos constrangidos.

"Creio que em muitos casos as pessoas costumam esperar que a outra pessoa lhes dê uma resposta positiva primeiro, em vez de elas mesmas tomarem a iniciativa para criar essa possibilidade. Para mim, essa atitude é errada. Ela leva a problemas e pode atuar como uma barreira que só serve para promover uma sensação de isolamento com relação aos outros. Portanto, se desejamos superar aquela sensação de isolamento e solidão, creio que nossa atitude fundamental faz uma enorme diferença. E abordar os outros com a idéia da compaixão na mente é a melhor forma de conseguir isso."

Minha surpresa diante da afirmação do Dalai-Lama de que nunca se sentia só foi na proporção direta da minha crença na onipresença da solidão na nossa sociedade. Essa crença não nasceu apenas de uma percepção impressionista da minha própria solidão ou do fio de solidão que parecia estar entremeado, como um tema secundário, em toda a trama do meu atendimento psiquiátrico. Nos vinte últimos anos, os psicólogos começaram a estudar a solidão com um enfoque científico, conduzindo uma boa quantidade de pesquisas e estudos sobre o tema. Uma das conclusões mais surpreendentes desses estudos é a de que praticamente *todas* as pessoas relatam que sofrem, sim, de solidão, seja atualmente, seja no passado. Numa grande pesquisa, um quarto dos adultos nos Estados Unidos relatou que tinha se sentido extremamente só pelo menos uma vez nas duas semanas anteriores. Embora costumemos pensar que a solidão crônica é uma condição especialmente disseminada entre os idosos, isolados em apartamentos vazios ou nas enfermarias dos fundos de asilos, a pesquisa sugere que os adolescentes e jovens adultos têm exatamente as mesmas probabilidades que os idosos de relatar que sentem solidão.

Em virtude da ampla ocorrência da solidão, os pesquisadores começaram a examinar as complexas variáveis que podem contribuir para ela. Concluíram, por exemplo, que indivíduos solitários costumam ter problemas para se expor, ter dificuldades para se comunicar com outros, não sabem ouvir e carecem de certas táticas sociais, como por exemplo a de saber aproveitar deixas em conversas (quando concordar com um gesto de cabeça, quando responder de modo adequado ou quando permanecer calado). Essa pesquisa sugere que uma estratégia para superar a solidão consistiria em trabalhar para aperfeiçoar essas táticas sociais. *A estratégia do Dalai-Lama, entretanto, parecia desviar-se do aperfeiçoamento de táticas sociais ou comportamentos externos, privilegiando uma abordagem que ia direto ao cerne da questão – a conscientização do valor da compaixão, para depois cultivá-la.*

Apesar da minha surpresa inicial, enquanto eu o ouvia falar com tanta convicção, vim a acreditar firmemente que ele nunca sentia solidão. E havia provas para corroborar sua afirmação. Com muita freqüência, eu havia testemunhado sua primeira interação com um estranho, que era inva-

riavelmente positiva. Começou a ficar claro que essas interações positivas não eram acidentais, nem resultavam simplesmente de uma personalidade naturalmente simpática. Percebi que ele passara muito tempo pensando na importância
da compaixão, cultivando-a com cuidado e usando-a para
enriquecer e afofar o terreno da experiência do dia-a-dia,
de modo que tornasse aquele solo fértil e receptivo a interações positivas com os outros – método que pode, na realidade, ser usado por qualquer um que sofra de solidão.

## DEPENDER DOS OUTROS
✕
## CONFIAR EM SI MESMO

– No interior de todos os seres existe a semente da
perfeição. No entanto, a compaixão é necessária para estimular essa semente que é inerente no nosso coração e na
nossa mente... – Com essas palavras, o Dalai-Lama apresentou o tópico da compaixão para uma platéia calada.
Dirigindo-se a um público de mil e quinhentas pessoas,
que tinha no seu meio uma boa quantidade de dedicados
estudiosos do budismo, ele passou então a examinar a
doutrina budista do Campo de Mérito.

No sentido budista, o Mérito é descrito como registros
positivos na nossa mente ou "*continuum* mental", que resultam de ações positivas. O Dalai-Lama explicou que um
Campo de Mérito é um manancial ou uma base a partir da
qual a pessoa pode acumular Mérito. De acordo com a teoria budista, é o estoque de Mérito da pessoa que determi-

◆

na condições favoráveis para suas vidas futuras. Esclareceu que a doutrina budista especifica dois Campos de Mérito: o campo dos Budas e o campo dos outros seres sencientes. Um meio de acumular Mérito envolve a geração de respeito, fé e confiança nos Budas, os seres Iluminados. O outro método envolve a prática de atos relacionados à bondade, generosidade, tolerância e assim por diante, acompanhada de um refreamento consciente de ações tais como o assassinato, o roubo e a mentira. Este segundo método para conquistar o Mérito exige interações com outras pessoas, em vez de interação com os Budas. Com base nisso, salientou o Dalai-Lama, as outras pessoas podem nos ser de grande ajuda no acúmulo de Mérito.

A descrição do Dalai-Lama das outras pessoas como um Campo de Mérito tinha uma bela qualidade lírica que parecia se prestar a uma riqueza de imagens. Seu raciocínio lúcido e a convicção que sustentava suas palavras combinaram-se para conferir força e impacto especiais à sua palestra naquela tarde. Enquanto eu passava os olhos pelo recinto, pude ver que muitas pessoas na platéia estavam visivelmente comovidas. Eu mesmo estava menos fascinado. Graças às nossas conversas anteriores, eu estava nos estágios rudimentares de apreciar a profunda importância da compaixão; e no entanto ainda me encontrava sob a forte influência de anos de condicionamento científico racional que me faziam encarar qualquer conversa sobre bondade e compaixão como algo um pouco sentimental demais para meu gosto. Enquanto ele falava, minha mente passou a divagar. Comecei a olhar furtivamente pelo salão, à procura de rostos famosos, interessantes ou conhecidos.

◆

Como tinha feito uma refeição pesada pouco antes da palestra, comecei a sentir sono. Minha atenção ia e vinha. A certa altura, pude sintonizar para ouvir o que ele dizia, "...no outro dia, falei sobre os fatores necessários para levar uma vida feliz e cheia de alegria. Fatores tais como a saúde, os bens materiais, os amigos e assim por diante. Se vocês examinarem minuciosamente, concluirão que todos eles dependem de outras pessoas. Para manter a saúde, confiamos em medicamentos preparados por outros e em atendimento médico fornecido por outros. Se pesquisarem todas as instalações materiais que utilizam para aproveitar a vida, descobrirão que praticamente não há nenhum desses objetos materiais que não tenha tido ligação com outras pessoas. Se pensarem com cuidado, verão que todos esses bens existem em conseqüência dos esforços de muita gente, seja direta seja indiretamente. Muitas pessoas estão envolvidas em tornar possíveis essas coisas. Nem é preciso dizer que, quando falamos de bons amigos e companheiros como outro fator necessário para uma vida feliz, estamos falando da interação com outros seres sencientes, com outros seres humanos.

"Pode-se ver, portanto, que todos esses fatores estão indissoluvelmente ligados aos esforços e à cooperação dos outros. Os outros são indispensáveis. E assim, apesar de que o processo de relacionar-se com os outros possa talvez envolver dificuldades, brigas e impropérios, temos de procurar manter uma atitude de amizade e carinho, a fim de levar um estilo de vida no qual haja interação suficiente com outras pessoas para que se tenha uma vida feliz."

Enquanto ele falava, senti uma resistência instintiva. Embora sempre tenha valorizado e apreciado meus amigos e minha família, sempre me considerei uma pessoa independente. Segura de si mesma. Que na realidade se orgulhava de possuir essa qualidade. Em segredo, tive a tendência a considerar pessoas excessivamente dependentes com uma espécie de desprezo – um sinal de fraqueza.

Naquela tarde, porém, enquanto escutava o Dalai-Lama, algo aconteceu. Como "Nossa dependência dos outros" não era meu tópico preferido, minha mente voltou a divagar, e eu me descobri, distraído, puxando um fio solto da manga da minha camisa. Prestando atenção por um instante, ouvi quando ele mencionou o grande número de pessoas envolvidas na confecção de todos os nossos bens materiais. Enquanto ele falava, comecei a pensar em quantas pessoas estariam envolvidas na feitura da minha camisa. Comecei imaginando o lavrador que plantou o algodão. Depois, o vendedor que vendeu ao lavrador o trator para arar a terra. Em seguida, por sinal, as centenas ou até milhares de pessoas envolvidas na fabricação do trator, entre elas incluídas as que extraíram o minério para fabricar o metal de cada peça do trator. E todos os projetistas do trator. E então, naturalmente, pensei nas pessoas que processaram o algodão, que teceram o pano e que cortaram, tingiram e costuraram esse tecido. Os ajudantes de carga e motoristas de caminhão que fizeram a entrega à loja e o vendedor que me vendeu a camisa. Ocorreu-me que praticamente todos os aspectos da minha vida resultavam de esforços dos outros. A preciosa confiança que eu tinha em mim mesmo era uma total ilusão, uma fantasia. Quando me dei conta disso, fui dominado por uma profunda noção da interdependência e da interligação de todos os seres.

◆

Senti que me enternecia. Alguma coisa. Não sei o quê. Fez com que eu sentisse vontade de chorar.

## A INTIMIDADE

Nossa necessidade de outras pessoas é paradoxal. Ao mesmo tempo que nossa cultura se encontra enredada na celebração de uma independência feroz, também ansiamos por intimidade e por uma ligação com um ser amado especial. Concentramos toda a nossa energia na missão de encontrar aquela pessoa única que, esperamos, venha curar nossa solidão e, entretanto, sustentar nossa ilusão de que ainda somos independentes. Embora essa ligação seja difícil de realizar mesmo com uma única pessoa, eu descobriria que o Dalai-Lama consegue e recomenda que se tenha intimidade com o maior número possível de pessoas. Na realidade, seu objetivo é criar essa ligação com todos.

– Na sua palestra de ontem à tarde – perguntei-lhe em encontro na sua suíte do hotel no Arizona, num final de tarde –, o senhor falou da importância dos outros e os descreveu como um Campo de Mérito. Mas, quando examinamos nosso relacionamento com os outros, no fundo são tantas as formas diferentes com as quais podemos nos relacionar, tantos os tipos diferentes de relacionamento...

– É bem verdade – respondeu o Dalai-Lama.

– Por exemplo, há um certo tipo de relacionamento que é altamente valorizado no Ocidente – comentei. – É um relacionamento caracterizado por um alto grau de intimidade entre duas pessoas, em que temos uma pessoa especial com quem podemos compartilhar nossos sentimentos mais profundos, nossos medos e assim por diante. As pessoas têm a impressão de que, se não tiverem um relacionamento dessa natureza, algo está faltando na sua vida... Na realidade, a psicoterapia ocidental costuma procurar ajudar as pessoas a desenvolver uma relação íntima dessa espécie...

– É, acredito que esse tipo de intimidade possa ser considerado algo positivo – concordou o Dalai-Lama. – Creio que, se alguém for privado desse tipo de intimidade, acabará tendo problemas...

– Estou só querendo saber, então – prossegui –, durante sua infância no Tibete, o senhor não era apenas considerado um rei, mas também uma divindade. Suponho que as pessoas o reverenciassem, talvez se sentissem um pouco nervosas ou amedrontadas na sua presença. Isso não criava um certo distanciamento emocional com relação aos outros, uma sensação de isolamento? Da mesma forma, o fato de viver separado da sua família, de ser criado como monge desde a tenra infância e, como monge, de nunca ter se casado... tudo isso não contribuiu para uma sensação de separação com relação aos outros? O senhor alguma vez já sentiu que perdeu a oportunidade de desenvolver um grau mais alto de intimidade pessoal com os outros ou com uma pessoa especial, como por exemplo uma esposa?

– Não – respondeu ele, sem hesitação. – Nunca senti uma falta de intimidade. Naturalmente meu pai já faleceu há muitos anos, mas eu me sentia muito chegado à minha mãe, aos meus mestres, meus professores e a outros. E, com muitas dessas pessoas, eu podia compartilhar meus sentimentos, preocupações e temores mais profundos. Quando eu estava no Tibete, em ocasiões formais e eventos públicos, havia uma certa formalidade, era observado um certo protocolo, mas esse nem sempre era o caso. Em outras ocasiões, por exemplo, eu costumava passar tempo na cozinha. Fiz amizade com alguns funcionários da cozinha, e nós podíamos brincar, contar fofocas ou compartilhar histórias, e tudo era muito natural, sem aquela sensação de formalidade ou distanciamento.

"Portanto, quando eu estava no Tibete ou desde que me tornei um refugiado, nunca senti falta de pessoas com quem pudesse compartilhar momentos. Creio que em grande parte isso está relacionado à minha natureza. Para mim é fácil compartilhar as coisas com outros. Simplesmente não sou muito bom para guardar segredos!" Ele riu. "É claro que às vezes esse traço pode ser negativo. Por exemplo, pode haver algum debate no Kashag* sobre fatos confidenciais, e eu imediatamente começo a conversar sobre esses fatos com terceiros. No entanto, no nível pessoal, ser aberto e comunicativo pode ser muito útil. Graças a essa natureza, posso fazer amigos com maior facilidade; e não se trata apenas de uma questão de conhecer pessoas e ter uma troca superficial com elas, mas de realmente compartilhar meu sofrimento e meus problemas mais profundos. E o mesmo acontece quando ouço boas notícias. Imediatamente vou compartilhá-las com os outros. Por isso, tenho uma sensação de intimidade e ligação com meus amigos. É claro que às vezes para mim é fácil criar um vínculo com

---

* O gabinete do governo tibetano no exílio.

◆

os outros, porque eles costumam se sentir muito felizes por compartilhar seu sofrimento ou sua alegria com o 'Dalai-Lama', *'Sua Santidade, o Dalai-Lama'*." Ele riu mais uma vez, fazendo pouco do seu título. "Seja como for, tenho essa sensação de ligação, de união, com muitas pessoas. Por exemplo, no passado, se eu me sentia decepcionado ou infeliz com a política do governo tibetano ou se estava preocupado com outros problemas, até mesmo com a ameaça da invasão chinesa, eu voltava para meus aposentos e dividia aquele sentimento com a pessoa que varre o chão. De um ponto de vista pode parecer um total disparate que alguém como o Dalai-Lama, o chefe do governo tibetano, diante de dificuldades nacionais ou internacionais, fosse compartilhá-las com um faxineiro." Ele riu mais uma vez. "Mas, em termos pessoais, sinto que é muito útil, porque a outra pessoa participa, e nós podemos encarar o problema ou o sofrimento juntos."

## UMA EXPANSÃO DA NOSSA DEFINIÇÃO DE INTIMIDADE

Praticamente todos os pesquisadores no campo dos relacionamentos humanos concordam que a intimidade tem importância crucial na nossa existência. O influente psicanalista budista John Bowlby escreveu que "ligações íntimas com outros seres humanos são o eixo em torno do qual gira a vida de uma pessoa... Dessas ligações íntimas, a pessoa extrai sua força e seu prazer de viver; e, através de suas contribuições, essa pessoa transmite força e prazer de viver

◆

aos outros. Essas são questões a respeito das quais a ciência atual e a sabedoria tradicional estão de acordo".

Está claro que a intimidade promove o bem-estar físico e psicológico. Ao examinar os benefícios à saúde proporcionados por relacionamentos íntimos, pesquisadores em medicina concluíram que aqueles que têm boas amizades, pessoas a quem podem recorrer em busca de apoio, solidariedade e afeto, têm maior probabilidade de sobreviver a desafios à saúde, tais como ataques cardíacos e cirurgias de grande porte, e têm menor probabilidade de apresentar doenças como o câncer e infecções respiratórias. Por exemplo, um estudo de mais de mil pacientes cardíacos no Medical Center da Duke University concluiu que aqueles que não tinham cônjuge ou algum confidente próximo apresentavam uma probabilidade três vezes maior de morrer dentro de cinco anos após o diagnóstico da doença cardíaca, do que os que eram casados ou tinham um amigo íntimo. Outro estudo com milhares de moradores de Alameda County, na Califórnia, ao longo de um período de nove anos, revelou que os que tinham mais apoio social e relacionamentos íntimos apresentavam menores índices gerais de mortalidade e menor incidência de câncer. E um estudo realizado na School of Medicine da University of Nebraska, com centenas de idosos, concluiu que aqueles que tinham um relacionamento íntimo apresentavam melhor função imunológica e níveis de colesterol mais baixos. Ao longo dos últimos anos, houve pelo menos uma meia dúzia de pesquisas de grande alcance conduzidas por diferentes pesquisadores que examinaram a relação entre intimidade e saúde. Depois de entrevistarem milhares de pessoas, os diversos pesquisadores parecem todos ter chegado à mesma conclusão: relacionamentos íntimos são, de fato, benéficos à saúde.

A intimidade é igualmente importante para a manutenção da boa saúde emocional. O psicanalista e filósofo social Erich Fromm afirmou que o medo mais básico da humanidade é a ameaça de ser isolado de outros seres humanos. Para ele, a experiência da separação, vivenciada pela primeira vez na tenra infância, é a fonte de toda a ansiedade na vida humana. John Bowlby concordou, citando um bom volume de provas experimentais e pesquisas que corroboravam a idéia de que a separação daqueles que cuidam do bebê – geralmente a mãe ou o pai – durante o período final do primeiro ano de vida, inevitavelmente gera medo e tristeza na criança. Para ele, a separação e a perda interpessoal estavam nas próprias origens das experiências humanas de medo, tristeza e mágoa.

Portanto, levando-se em consideração a importância vital da intimidade, como tratamos de conseguir intimidade na nossa vida diária? De acordo com o enfoque do Dalai-Lama, delineado na última subdivisão, seria razoável começar com o aprendizado – com a compreensão do que é a intimidade, com a busca de uma definição e modelo prático de intimidade. No entanto, quando nos voltamos para a ciência à procura de uma resposta, tem-se a impressão de que, apesar do acordo universal entre os pesquisadores quanto à importância da intimidade, é nesse ponto que termina a harmonia entre eles. Talvez a característica mais surpreendente do exame mais superficial de vários estudos sobre a intimidade seja a ampla diversidade de definições e teorias sobre exatamente o que é a intimidade.

◆

Na extremidade mais concreta da escala está o autor Desmond Morris, que escreve sobre a intimidade a partir da perspectiva de um zoólogo com formação em etologia. Em seu livro *Intimate Behavior* [Comportamento íntimo], Morris define a intimidade. "Ser íntimo significa estar próximo... Ao meu ver, o ato da intimidade ocorre sempre que dois indivíduos entram em contato físico." Depois de definir a intimidade em termos de puro contato físico, ele então passa a examinar as inúmeras formas pelas quais os seres humanos entram em contato físico uns com os outros, desde um simples tapinha nas costas à união sexual mais erótica. Ele vê o contato como o veículo através do qual nos consolamos uns aos outros e nos sentimos consolados, por meio de abraços e apertos de mãos; e, quando esses meios não nos são disponíveis, por vias mais indiretas de contato físico, como por exemplo um atendimento de manicure. Ele chega a levantar a hipótese de que os contatos físicos com objetos no nosso ambiente, desde os cigarros e jóias até os colchões de água, funcionam como substitutos da intimidade.

A maioria dos pesquisadores não é tão materialista nas suas definições de intimidade e parece concordar que a intimidade é mais do que a mera proximidade física. Voltando-se para a raiz da palavra "intimidade", do latim "*intima*", que significa "interior" ou "mais interior", é com enorme freqüência que eles aceitam uma definição mais ampla, como por exemplo a oferecida pelo dr. Dan McAdams, autor de diversos livros sobre o tema da intimidade: "O desejo de intimidade é o desejo de compartilhar nosso eu mais profundo com outra pessoa."

◆

No entanto, as definições da intimidade não param por aí. Na outra extremidade da escala, em relação a Desmond Morris, há especialistas como por exemplo a dupla de psiquiatras, dr. Thomas Patrick Malone e dr. Patrick Thomas Malone, pai e filho. No seu livro, *The Art of Intimacy* [A arte da intimidade], eles definem a intimidade como a "experiência da capacidade de conectar". Seu entendimento da intimidade começa com um exame meticuloso da nossa "capacidade de conectar" com outras pessoas, mas os autores não limitam seu conceito de intimidade a relacionamentos humanos. Sua definição é tão ampla, na realidade, que inclui nossos relacionamentos com objetos inanimados – árvores, estrelas e até mesmo o *espaço*.

Conceitos da forma ideal de intimidade também variam pelo mundo afora e ao longo da história. A noção romântica daquela "Pessoa Especial" com quem temos um apaixonado relacionamento íntimo é um produto da nossa era e da nossa cultura. Esse modelo de intimidade, entretanto, não tem aceitação universal em todas as culturas. Os japoneses, por exemplo, parecem confiar mais nas amizades para a obtenção da intimidade, ao passo que os americanos parecem procurá-la mais em relacionamentos românticos com um namorado, namorada ou cônjuge. Ao salientar esse ponto, alguns pesquisadores sugeriram que os asiáticos que costumam concentrar menos atenção em sentimentos pessoais, como a paixão, e que se interessam mais pelos aspectos práticos de ligações sociais parecem ser menos vulneráveis ao tipo de decepção que leva à desintegração dos relacionamentos.

Além das variantes entre uma cultura e outra, os conceitos de intimidade também sofreram mudanças drásticas

◆

ao longo do tempo. Na América colonial, o grau de proximidade e intimidade física era em geral maior do que o atual, já que parentes e até mesmo desconhecidos ocupavam espaços confinados, dormiam juntos num aposento e usavam um mesmo aposento para tomar banho, comer e dormir. Mesmo assim, o nível costumeiro de comunicação entre cônjuges era bastante formal em comparação com os padrões da atualidade – não sendo muito diferentes do modo de comunicação entre vizinhos ou conhecidos. Somente um século mais tarde, o amor e o casamento tornaram-se altamente romantizados, e a revelação íntima do próprio eu passou a ser um ingrediente pressuposto em qualquer parceria amorosa.

Idéias sobre o que é considerado comportamento íntimo e pessoal também mudaram ao longo do tempo. Na Alemanha no século XVI, por exemplo, esperava-se que marido e mulher recém-casados consumassem o matrimônio numa cama carregada por testemunhas que legitimariam o casamento.

Também mudou a forma como as pessoas exprimem suas emoções. Na Idade Média, era considerado normal exprimir em público uma grande extensão de sentimentos com muita intensidade e franqueza – a alegria, a raiva, o medo, a compaixão e até mesmo o prazer em torturar e matar inimigos. Exprimiam-se excessos de riso histérico, de pranto desconsolado, de fúria violenta, muito mais do que seria aceito hoje na nossa sociedade. Porém a banalização da expressão de emoções e sentimentos naquela sociedade excluía o conceito de intimidade emocional. Se o que se deve fazer é expor todas as emoções de modo aberto e in-

♦

discriminado, acabam não restando sentimentos pessoais a expressar para algumas pessoas especiais.

Naturalmente, as noções que temos como líquidas e certas a respeito da intimidade não são universais. Elas mudam com o passar do tempo e costumam ser moldadas pelas condições econômicas, sociais e culturais. E é fácil ficar confuso diante da variedade das definições contemporâneas da intimidade no Ocidente – com manifestações que vão desde um corte de cabelo ao nosso relacionamento com as luas de Netuno. E onde isso nos deixa no nosso esforço de entender o que é a intimidade? Creio que as implicações são claras.

Existe uma incrível diversidade entre as vidas humanas, variações infinitas entre as pessoas com relação a como vivenciam uma sensação de proximidade. Essa percepção por si já nos oferece uma grande oportunidade. Ela quer dizer que *neste exato momento* temos amplos mananciais de intimidade à nossa disposição. A intimidade está por toda parte.

Atualmente, muitos de nós vivem oprimidos pela sensação de que falta algo na nossa vida, sofrendo intensamente por uma falta de intimidade. Isso ocorre especialmente quando atravessamos os inevitáveis períodos na nossa vida em que não estamos envolvidos num relacionamento romântico ou em que a paixão se esvai de um relacionamento. Existe na nossa cultura uma idéia muito difundida de que se consegue alcançar melhor a intimidade profunda dentro do contexto de um relacionamento romântico apaixonado – com aquela Pessoa Extraordinária que distinguimos de todas as outras. Esse ponto de vista pode nos limitar ao extremo, isolando-nos de outras fontes de intimidade em potencial; e pode ser a causa de muita aflição e infelicidade quando essa Pessoa Extraordinária não está à disposição.

Está, porém, ao nosso alcance o meio de evitar isso. É preciso apenas ter a coragem de expandir nosso conceito de intimidade de modo a incluir todas as outras formas que nos cercam na vida diária. Com a ampliação da nossa definição de intimidade, nós nos abrimos para descobrir muitos modos novos e igualmente satisfatórios de conexão com os outros. Isso nos traz de volta à minha conversa inicial com o Dalai-Lama sobre a solidão, conversa inspirada por uma leitura casual da seção de "correio sentimental" de um jornal da região. Fico a me perguntar. No exato momento em que aquelas pessoas estavam redigindo seus anúncios, lutando para encontrar as palavras exatas que trariam o romance para suas vidas e acabariam com a solidão, quantas dessas pessoas *já* estavam cercadas de amigos, parentes ou conhecidos – relacionamentos que poderiam facilmente ser cultivados e resultar em ligações íntimas genuína e profundamente satisfatórias? Muitas, imagino eu. Se o que procuramos na vida é a felicidade, e se a intimidade é um importante ingrediente de uma vida mais feliz, então sem dúvida faz sentido conduzir nossa vida com base num modelo de intimidade que inclua tantas formas de ligação com os outros quantas forem possíveis. O modelo de intimidade do Dalai-Lama baseia-se numa disposição a nos abrirmos para muitos outros, parentes, amigos e até mesmo desconhecidos, formando laços profundos e autênticos baseados na nossa humanidade comum.

◆

*Capítulo 6*

# O APROFUNDAMENTO DA NOSSA LIGAÇÃO COM OS OUTROS

Uma tarde, depois da sua palestra ao público, cheguei à suíte do Dalai-Lama para minha sessão diária. Estava alguns minutos adiantado. Um auxiliar veio discretamente ao corredor para informar que Sua Santidade estava ocupado numa audiência particular, que deveria demorar mais alguns minutos. Ocupei minha posição costumeira diante da porta da sua suíte e usei o tempo para rever as anotações que havia preparado para nossa sessão, enquanto procurava evitar o olhar de suspeita de um segurança – o mesmo olhar aperfeiçoado por atendentes de lojas de conveniência para uso diante de adolescentes de 13 ou 14 anos, que ficam passando tempo entre as estantes de revistas.

◆

Em alguns minutos, a porta abriu-se para a saída de um casal bem vestido de meia-idade. Eles me pareceram conhecidos. Lembrei-me de ter sido apresentado rapidamente a eles alguns dias antes. Disseram-me que a mulher era uma herdeira muito conhecida, e o marido, um advogado extremamente rico e poderoso, de Manhattan. Na época da apresentação, só trocamos algumas palavras, mas os dois me pareceram incrivelmente arrogantes. Quando iam saindo da suíte do Dalai-Lama, porém, percebi uma mudança espantosa. Nada de postura altiva e de expressões presunçosas. No seu lugar, dois rostos inundados de ternura e emoção. Pareciam duas crianças. Rios de lágrimas escorriam pelas bochechas. Embora o efeito do Dalai-Lama sobre os outros nem sempre seja tão dramático, percebi que os outros invariavelmente respondiam a ele com alguma mudança em termos de emoção. Havia muito eu vinha me maravilhando com sua capacidade de sintonizar com os outros, qualquer que fosse sua posição na vida, e de estabelecer uma troca emocional profunda e significativa.

## A CRIAÇÃO DA EMPATIA

Embora tivéssemos falado da importância do carinho e da compaixão humana durante nossas conversas no Arizona, foi só alguns meses mais tarde, em sua casa em Dharamsala, que tive a oportunidade de examinar com ele os relacionamentos humanos, com maior atenção aos detalhes. Àquela altura eu estava muito ansioso para ver se poderíamos descobrir um conjunto de princípios fundamentais aos quais ele recorre nas suas interações com os outros – princípios que poderiam ser aplicados para aprimorar qualquer relacionamento, com desconhecidos, parentes, amigos ou amantes. Aflito para começar, mergulhei de cabeça.

– Bem, quanto ao tópico dos relacionamentos humanos... qual o senhor consideraria o método ou técnica mais eficaz para sintonizar com os outros de uma forma significativa e para reduzir conflitos com os outros?

Ele me lançou um olhar penetrante. Não era um olhar indelicado, mas fez com que eu me sentisse como se tivesse acabado de lhe pedir que me desse a exata composição química do pó da lua.

– Bem, lidar com os outros é uma questão muito complexa – respondeu ele, após um breve silêncio. – Não há como calcular uma fórmula única que possa resolver todos os problemas. É um pouco como saber cozinhar. Quando se está preparando uma refeição deliciosa, uma refeição especial, há vários estágios no preparo. Pode-se primeiro ter de ferver os legumes separadamente. Depois tem-se de fritá-los, para então combiná-los de um modo especial, adicionando temperos e assim por diante. E, finalmente, o resultado seria esse prato delicioso. Aqui, da mesma forma, para ter talento para lidar com os outros, muitos fatores são necessários. Não se pode simplesmente dizer, "Este é o método" ou "Esta é a técnica".

Não era exatamente a resposta que eu estava procurando. Achei que ele estava sendo evasivo e tive a sensação de que sem dúvida deveria ter algo mais concreto a me oferecer. Pressionei, então.

– Pois bem, se não há nenhuma solução única para aprimorarmos nossos ·relacionamentos, quem sabe não

◆

existam algumas diretrizes mais amplas que poderiam ser úteis?

O Dalai-Lama pensou por um instante antes de responder.

– Existem. Já falamos da importância de abordar os outros tendo em mente o pensamento da compaixão. Isso é crucial. É claro que não basta simplesmente dizer a alguém, "Ah, é muito importante ter compaixão; você precisa ter mais amor pelos outros." Uma simples receita como essa, por si, não vai funcionar. No entanto, um meio eficaz de ensinar alguém a ser mais carinhoso e compassivo começa com o uso do raciocínio para instruir o indivíduo sobre o valor e os benefícios práticos da compaixão; e também fazer com que cada um reflita sobre como se sente quando alguém é gentil com ele, entre outras coisas. Num sentido, isso deixa o indivíduo preparado, de modo que o efeito será maior à medida que ele prossiga em seus esforços para ter mais compaixão.

"Agora, ao examinar os vários modos para desenvolver a compaixão, creio que a empatia é um fator importante. A capacidade de avaliar o sofrimento do outro. Na realidade, por tradição, uma das técnicas budistas para aperfeiçoar a compaixão envolve imaginar uma situação em que um ser senciente está sofrendo... por exemplo, um carneiro a ponto de ser abatido pelo açougueiro. E então procurar imaginar o sofrimento pelo qual o carneiro pode estar passando e assim por diante... – O Dalai-Lama parou por um instante para refletir, passando distraído pelos dedos suas contas de oração. Comentou então. – Ocorreu-me que, se estivéssemos lidando com alguém que fosse muito

♦

frio e indiferente, essa técnica talvez não funcionasse. Seria como pedir ao açougueiro que fizesse essa visualização. O açougueiro está tão embrutecido, tão acostumado àquilo tudo, que simplesmente ela não teria nenhum impacto. Portanto, por exemplo, seria muito difícil explicar e utilizar essa técnica no caso de alguns ocidentais que estejam habituados a caçar e pescar por prazer, como uma forma de lazer..."

– Nesse caso – sugeri – talvez não fosse uma técnica eficaz pedir ao caçador que imaginasse o sofrimento da sua presa, mas seria possível despertar sentimentos de compaixão se começássemos fazendo com que ele visualizasse seu cão de caça preferido preso numa armadilha, ganindo de dor...

– Isso mesmo – concordou o Dalai-Lama. – Creio que, dependendo das circunstâncias, poderíamos modificar essa técnica. Por exemplo, a pessoa pode não ter uma forte empatia para com animais, mas no mínimo pode ter alguma empatia para com um parente próximo ou um amigo. Nesse caso, a pessoa poderia visualizar uma situação em que o ser amado está sofrendo, passando por uma situação trágica, e depois imaginar como ela reagiria àquilo. Desse modo, pode-se tentar aumentar a compaixão, por meio da tentativa de sentir empatia pelos sentimentos ou pela experiência do outro.

"Creio que a empatia é importante não só como meio de aprimoramento da compaixão mas, em termos gerais, quando se lida com os outros em qualquer nível e se enfrenta alguma dificuldade, é extremamente útil ser capaz de procurar pôr-se no lugar da outra pessoa e ver como se reagiria à situação. Mesmo que não se tenha nenhuma experiência comum com a outra pessoa ou que se tenha um estilo de vida muito diferente, pode-se tentar fazer isso através da imaginação. Pode ser necessário ser levemente criativo. Essa técnica envolve a capacidade de suspender provisoriamente a insistência no próprio ponto de vista mas, também, encarar a situação a partir da perspectiva do outro, imaginar qual seria a situação caso se estivesse no seu lugar, como se lidaria com o fato. Isso ajuda a desenvolver uma conscientização dos sentimentos do outro e um respeito por eles, o que é um importante fator para a redução de conflitos e problemas com os outros."

Nossa entrevista naquela tarde foi curta. Eu havia sido encaixado na densa programação do Dalai-Lama no último instante; e, como algumas das nossas conversas, ela ocorreu no final do dia. Lá fora, o sol começava a se pôr, enchendo o aposento com uma penumbra agridoce que tornava âmbar escuro as paredes de um amarelo-claro, e iluminava com belos matizes dourados as imagens budistas ali dispostas. O auxiliar do Dalai-Lama entrou em silêncio, indicando o final da nossa sessão. Para encerrar a conversa, fiz uma pergunta.

– Sei que temos de terminar, mas o senhor teria algum outro conselho ou métodos aos quais recorre para estabelecer empatia com os outros?

Repetindo as palavras que havia proferido no Arizona muitos meses antes, ele respondeu com uma doce simplicidade.

◆

– Sempre que conheço alguém, abordo a pessoa a partir do ponto de vista do que houver de mais básico em comum entre nós. Cada um de nós tem uma estrutura física, uma mente, emoções. Todos nascemos do mesmo modo; e todos morremos. Todos nós desejamos a felicidade e não queremos sofrer. Em vez de salientar diferenças secundárias, como por exemplo o fato de eu ser tibetano, de uma cor, religião ou formação cultural diferente, encarar os outros a partir dessa perspectiva permite que eu tenha a sensação de estar conhecendo alguém igualzinho a mim. Considero que o relacionamento com os outros nesse nível facilita em muito a troca e a comunicação entre as pessoas. – Com essas palavras, ele se levantou, sorriu, segurou minha mão por um instante e se recolheu.

Na manhã seguinte, continuamos nossa conversa na casa do Dalai-Lama.

– No Arizona, falamos muito sobre a importância da compaixão nos relacionamentos humanos, e ontem examinamos o papel da empatia no aprimoramento da nossa capacidade para nos relacionarmos uns com os outros...

– Sim – disse o Dalai-Lama, assentindo com a cabeça.

– Além disso, o senhor poderia sugerir mais algum método ou técnica específica que ajudasse um indivíduo a lidar com outras pessoas de modo mais positivo?

– Bem, como mencionei ontem, não há como propor uma ou duas técnicas simples, que possam resolver todos os problemas. Tendo dito isso, porém, creio que há alguns outros fatores que podem ajudar o indivíduo a lidar com os outros com maior habilidade. Para começar, é útil entender e avaliar a formação da pessoa com quem se está lidando. Além disso, uma mente mais aberta e mais franca é uma qualidade valiosa quando se trata de lidar com os outros.

Aguardei, mas ele não disse mais nada.

– O senhor poderia sugerir algum outro método para aprimorar nossos relacionamentos?

Ele pensou por um momento.

– Não – disse ele, com uma risada.

Esses conselhos específicos me pareciam por demais simplistas, no fundo banais. Porém, como aquilo parecia ser tudo o que ele tinha a dizer sobre o tema por enquanto, nós nos voltamos para outros tópicos.

Naquela noite, fui convidado a jantar na casa de alguns amigos tibetanos em Dharamsala. Meus amigos programaram uma noite que se revelou bastante animada. A refeição estava excelente, com uma deslumbrante seleção de pratos especiais dentre os quais sobressaía o *Mo Mos* tibetano, um delicioso bolinho de carne. À medida que o jantar prosseguia, a conversa foi ficando mais alegre. Logo, os convidados estavam trocando relatos apimentados sobre as coisas mais embaraçosas que fizeram quando estavam alcoolizados. Havia diversos convidados na reunião, entre eles um conhecido casal da Alemanha; a mulher, arquiteta; o marido, escritor, autor de uma dúzia de livros.

Por me interessar por livros, abordei o escritor e comecei uma conversa. Fiz perguntas sobre sua obra. Suas respostas foram curtas e mecânicas; sua atitude, brusca e distante. Considerei-o bastante desagradável, até mesmo pretensioso, e antipatizei de imediato com ele. Bem, pelo menos fiz uma tentativa de me relacionar com ele, disse a mim mesmo a título de consolo e, convencido de que se tratava simplesmente de uma pessoa inamistosa, dediquei-me a conversar com alguns dos convidados mais simpáticos.

No dia seguinte, dei com um amigo num café no lugarejo e, enquanto tomávamos chá, relatei os acontecimentos da noite anterior.

– Gostei de todo o mundo, menos do Rolf, aquele escritor... Ele me pareceu tão arrogante ou sei lá o quê... tão antipático.

– Eu o conheço há muitos anos – disse meu amigo. – Sei que é essa a impressão que dá, mas é só que ele é um pouco tímido, um pouco fechado de início. É no fundo uma pessoa maravilhosa se você conhecê-lo melhor... – Eu não me convenci. Meu amigo continuou a explicação – ...apesar de ter sucesso como escritor, ele foi aquinhoado com mais dificuldades do que o normal na vida. Na realidade, sofreu muito. Sua família suportou aflições tremendas nas mãos dos nazistas durante a Segunda Guerra Mundial. E ele tem dois filhos, aos quais é muito dedicado, nascidos com um raro transtorno genético que os deixou com grave deficiência tanto física quanto mental. E em vez de se amargurar ou passar a vida no papel de mártir, ele lidou com essas dificuldades estendendo a mão para os outros, e dedicou muitos anos ao trabalho voluntário com deficientes. É mesmo uma pessoa muito especial se você o conhecer melhor.

O que acabou acontecendo foi que me encontrei novamente com Rolf e a mulher no final daquela semana, numa pequena pista que servia como aeroporto local. Tínhamos reserva para o mesmo vôo até Déli, que descobrimos ter sido cancelado. O próximo vôo para Déli só sairia daí a alguns dias, e nós resolvemos alugar um carro juntos para o extenuante percurso de dez horas. Os poucos fragmentos de informação transmitidos pelo meu amigo haviam mudado minha disposição diante de Rolf; e na longa viagem até Déli eu me senti mais aberto com ele. Em conseqüência disso, fiz um esforço para entabular conversa com ele. A princípio, sua atitude continuou a mesma; mas só com um pouquinho de franqueza e persistência, logo descobri ser mais provável que sua insociabilidade fosse devida à timidez do que ao esnobismo, como meu amigo me dissera. Enquanto seguíamos sacolejando pelo interior do norte da Índia, num calor sufocante, cada vez mais imersos na conversa, ele se revelou um ser humano sensível e autêntico além de um intrépido companheiro de viagem.

Quando chegamos a Déli, eu já havia percebido que o conselho do Dalai-Lama para "compreender os antecedentes da pessoa" não era tão elementar e superficial quanto parecia a princípio. Talvez fosse simples, mas não simplista. Às vezes é o conselho mais básico e direto, daquele tipo que costumamos descartar, pela ingenuidade, o que representa o meio mais eficaz de promover a comunicação.

Alguns dias mais tarde, eu ainda estava em Déli, numa escala de dois dias antes de voltar para casa. O contraste com a tranqüilidade de Dharamsala era gritante, e eu estava de péssimo humor. Além da luta contra o calor escaldante, a poluição e a multidão, as calçadas fervilhavam com uma espécie comum de predador urbano que se dedica aos golpes nas ruas. Enquanto caminhava pelas ruas abrasadoras de Déli, na qualidade de Ocidental, de Estrangeiro, de Alvo, abordado por meia dúzia de espertalhões a cada quarteirão, eu tinha a impressão de estar com a palavra "OTÁRIO" tatuada na testa. Era uma desmoralização.

Naquele dia, caí num golpe comum aplicado por dois indivíduos. Um salpicou tinta vermelha nos meus sapatos sem que eu percebesse. Mais adiante, seu comparsa, um engraxate de ar inocente, chamou minha atenção para a tinta e se ofereceu para engraxar meus sapatos pelo preço normal. Em minutos, engraxou os sapatos com perícia. Ao terminar, pediu com grande tranqüilidade um valor exagerado – equivalente ao salário de dois meses de muitos moradores de Déli. Quando refuguei, ele alegou que aquele era o preço que havia pedido. Voltei a questionar o valor, e o garoto começou a gritar, aos berros de que eu me estava recusando a pagar por serviços já prestados, o que atraiu um monte de gente. Mais tarde naquele dia eu soube que esse é um golpe comum. O menino engraxate faz um escândalo de propósito, atraindo uma multidão, com a intenção de extorquir dinheiro dos turistas pelo embaraço causado e pelo desejo de evitar uma situação daquelas.

Naquela tarde, almocei com uma colega no hotel. Os acontecimentos da parte da manhã foram esquecidos rapidamente à medida que ela me fazia perguntas sobre minha recente série de entrevistas com o Dalai-Lama. Mergulhamos numa conversa sobre as idéias do Dalai-Lama a respeito da empatia e da importância de adotar a perspectiva da

◆

outra pessoa. Depois do almoço, entramos num táxi para ir visitar amigos nossos. Quando o táxi saiu, meus pensamentos voltaram para o golpe do engraxate daquela manhã e, enquanto imagens sinistras agitavam minha mente, por acaso meu olhar passou pelo taxímetro.

– Pare o táxi – berrei. Minha amiga deu um pulo de susto com minha súbita explosão. O motorista fez cara de poucos amigos para mim pelo espelho retrovisor, mas seguiu em frente.

– Pare o carro! – exigi, a voz agora trêmula, com um traço de histeria. Minha amiga estava chocada. O táxi parou. Apontei furioso para o taxímetro. – Você não zerou o taxímetro! Já estava marcando mais de vinte rupias quando saímos!

– Desculpe, senhor – disse ele, com uma indiferença sem ânimo, que me enfureceu ainda mais. – Eu me esqueci de zerar... Vou começar de novo do zero...

– Não vai recomeçar nada! – disse eu, descontrolado. – Estou cheio dessas suas corridas fraudadas, desses trajetos em círculos, de vocês fazerem o possível para arrancar dinheiro das pessoas... Estou... simplesmente... saturado! – Eu espumava, enfurecido, com uma veemência de quem se julga superior. Minha amiga estava envergonhada. O motorista apenas olhava para mim com aquela mesma expressão desafiadora encontrada com maior freqüência entre as vacas sagradas que saíam a passear no meio do trânsito de uma rua movimentada de Déli e paravam, com o intuito subversivo de provocar um congestionamento. Ele me olhava como se minha explosão fosse apenas cansativa e entediante. Joguei algumas rupias no banco da frente e, sem maiores comentários, abri a porta do carro para minha amiga e saltei atrás dela.

Em alguns minutos, chamamos outro táxi e já estávamos novamente a caminho. Só que eu não conseguia deixar o assunto para lá. Enquanto seguíamos pelas ruas de Déli, eu continuava a me queixar de como "todo o mundo" em Déli estava a fim de enganar turistas e de como nós não passávamos de "patos". Minha companheira ouvia em silêncio enquanto eu reclamava e esbravejava.

– Ora, vinte rupias são só uns vinte e cinco centavos de dólar – disse ela, afinal. – Qual é o motivo para tanta irritação?

Eu espumava de indignação, certo de estar com a razão.

– Mas o que importa é o princípio! – protestei. – Seja como for, não sei como você pode ter tanta calma diante de toda essa história, quando isso acontece o tempo todo. Isso não a perturba?

– Bem – respondeu ela, devagar –, por um instante, perturbou, mas comecei a pensar sobre aquilo que estávamos comentando durante o almoço, sobre o que o Dalai-Lama disse a respeito de como é importante ver as situações a partir da perspectiva do outro. Enquanto você ficava cada vez mais nervoso, eu procurava pensar no que eu poderia ter em comum com aquele motorista de táxi. Nós dois queremos comer bem, dormir bem, queremos nos sentir bem, ser amados e assim por diante. Depois, tentei me imaginar como o motorista de táxi. Fico o dia inteiro sentado num táxi sufocante sem ar-condicionado, talvez eu tenha raiva ou inveja dos estrangeiros ricos... e a melhor forma que tenho para tentar tornar as coisas mais "justas", para ser feliz, é criar modos de enganar as pessoas tirando-lhes dinheiro. A questão é que, mesmo quando funciona e eu consigo algumas rupias a mais de um turista ingênuo, não consigo imaginar que esse seja um jeito muito satisfatório de ser mais feliz ou que essa seja uma vida muito satisfatória... Seja como for, quanto mais eu me imaginava na pele do motorista do táxi, de algum modo menos raiva eu sentia dele. Sua vida simplesmente parecia triste... Quer dizer, ainda não concordo com o que ele fez e creio que agimos certo ao saltar do táxi, mas simplesmente não consegui me perturbar a ponto de odiá-lo por esse motivo...

Fiquei em silêncio. Perplexo, na realidade, com o pouco que eu de fato havia absorvido dos ensinamentos do Dalai-Lama. Àquela altura, eu estava começando a estimar o valor prático dos seus conselhos, como por exemplo o de "compreender os antecedentes do outro" e, naturalmente, eu considerava uma inspiração seus exemplos de como implementava esses princípios na própria vida. Porém, enquanto repassava nossa série de conversas, com início no Arizona e que agora continuavam na Índia, percebi que desde o início nossas entrevistas adotavam um tom clínico, como se eu lhe estivesse fazendo perguntas sobre a anatomia humana, só que nesse caso era a anatomia da mente e do espírito do ser humano. Até aquele momento, entretanto, de algum modo ainda não me havia ocorrido aplicar suas idéias plenamente à minha própria vida, pelo menos não naquele exato momento. Eu sempre tinha uma vaga intenção de tentar implementar suas idéias na minha vida em algum ponto no futuro, talvez quando eu dispusesse de mais tempo.

◆

## O EXAME DA BASE DE SUSTENTAÇÃO
## DE UM RELACIONAMENTO

Minhas conversas com o Dalai-Lama no Arizona haviam começado com uma discussão das origens da felicidade. E, apesar de ele ter escolhido viver a vida como monge, estudos já revelaram que o casamento é um fato que pode, com efeito, gerar a felicidade – proporcionando a intimidade e os laços firmes que promovem a saúde e a satisfação geral com a vida. Houve milhares de pesquisas realizadas com americanos e com europeus que provam que, em geral, as pessoas casadas são mais felizes e mais satisfeitas com a vida do que os solteiros ou viúvos – ou especialmente em comparação com divorciados ou separados. Uma pesquisa descobriu que seis em cada dez americanos que classificam seu casamento como "muito feliz" também classificam sua vida no todo como "muito feliz". Ao examinar o tópico dos relacionamentos humanos, considerei importante levantar a questão dessa fonte comum de felicidade.

Minutos antes de uma entrevista marcada com o Dalai-Lama, eu estava sentado com um amigo num pátio do hotel em Tucson, tomando um refrigerante. Quando mencionei os tópicos do romantismo e do casamento, que pretendia trazer à baila na entrevista, meu amigo e eu logo começamos a nos queixar da vida de solteiro. Enquanto conversávamos, um casal jovem de aparência saudável, talvez jogadores de golfe, que estavam ali passando férias felizes no auge da estação de turismo, sentou-se a uma mesa próxima. Seu casamento aparentava já ter uma certa duração

◆

– talvez não estivessem mais em lua-de-mel, mas ainda eram jovens e sem dúvida apaixonados. Deve ser bom, pensei.

Mal estavam sentados e começaram a implicar um com o outro.

– ...eu lhe disse que íamos nos atrasar! – disse a mulher em tom ácido de acusação, com a voz surpreendentemente rouca, a aspereza de cordas vocais curtidas em anos de cigarro e álcool. – Agora mal temos tempo para comer. Não posso nem saborear a comida!

– ... se você não tivesse demorado tanto para se aprontar... – retrucou o homem automaticamente, em tom mais baixo, mas com cada sílaba carregada de irritação e hostilidade.

– *Eu* estava pronta há meia hora. Foi *você* quem teve de acabar de ler o jornal... – foi a réplica.

E assim prosseguiu a conversa. Sem trégua. Como disse Eurípides, o dramaturgo grego, "Casem-se, e pode dar certo. Mas, quando um casamento fracassa, os esposos vivem um inferno em casa."

A discussão, que ia se acirrando rapidamente, encerrou de vez com nossas lamentações quanto à vida de solteiro. Meu amigo só revirou os olhos e citou uma frase de *Seinfeld*.

– É mesmo! Quero me casar *logo logo*!

Apenas momentos antes, eu tinha a intenção de iniciar nossa sessão com um pedido de que o Dalai-Lama desse sua opinião sobre as alegrias e as vantagens do romantismo e do casamento. Em vez disso, entrei na suíte e, quase antes de me sentar, já lhe fiz uma pergunta.

◆

– Por que o senhor supõe que seja tão freqüente o surgimento de conflitos nos casamentos?

– Quando se trata de conflitos, é natural que o assunto seja muito complexo – explicou o Dalai-Lama. – Pode haver o envolvimento de muitos fatores. *Portanto, quando nos dedicamos a tentar entender problemas de relacionamentos, o primeiro estágio nesse processo envolve uma reflexão ponderada sobre a natureza e a base de sustentação daquele relacionamento.*

"Portanto, antes de mais nada, é preciso reconhecer que há tipos diferentes de relacionamentos e compreender as diferenças entre eles. Por exemplo, se deixarmos de lado por um instante a questão do casamento, mesmo entre as amizades comuns, podemos reconhecer a existência de tipos diferentes de amizades. Algumas são baseadas na riqueza, no poder ou na posição. Nesses casos, sua amizade continua desde que sua riqueza, poder ou posição se mantenha. Uma vez que esses motivos não mais existam, a amizade também começa a desaparecer. Por outro lado, existe outro tipo de amizade. Amizades que não se baseiam em considerações de riqueza, poder e posição mas, sim, no verdadeiro sentimento humano, um sentimento de proximidade no qual há uma noção de compartilhamento e sintonia. Esse tipo de amizade é o que eu chamaria de amizade genuína porque ela não seria afetada pela situação da riqueza, poder ou posição do indivíduo, quer ela estivesse em ascensão, quer estivesse em declínio. O fator que sustenta uma amizade verdadeira é um sentimento de afeto. Se faltar isso, não será possível sustentar uma amizade real. Naturalmente, já mencionamos isso antes, e tudo é muito óbvio; mas quando a pessoa está começando a enfrentar problemas de relacionamento, costuma ser útil simplesmente dar um passo atrás e refletir sobre a base daquele relacionamento.

"Da mesma forma, quando alguém está começando a enfrentar problemas com o marido ou com a mulher, pode ser útil examinar a base de sustentação do relacionamento. Por exemplo, encontram-se com freqüência relacionamentos que dependem muito da atração sexual imediata. Quando um casal acabou de se conhecer, de se ver somente algumas vezes, eles podem estar loucamente apaixonados e muito felizes", disse ele, rindo, "mas qualquer decisão relativa a casamento tomada naquele instante seria muito duvidosa. Da mesma forma que uma pessoa pode, em certo sentido, enlouquecer com a força da raiva ou do ódio, também é possível que um indivíduo, em certo sentido, perca a razão em decorrência da força da paixão ou do desejo. E às vezes ainda seria possível encontrar situações nas quais um indivíduo poderia dizer que seu namorado ou sua namorada no fundo não é uma boa pessoa, não é uma pessoa generosa, mas que, ainda assim, sente atração por ele ou por ela. Portanto, um relacionamento que tem como base essa atração inicial é muito pouco confiável, muito instável, porque é muito baseado em fenômenos efêmeros. Essa sensação tem vida muito curta; e depois de algum tempo desaparece." Ele estalou os dedos. "Logo, não deveria causar grande surpresa, se esse tipo de relacionamento começar a naufragar e se um casamento baseado nisso apresentar dificuldades... Mas qual é sua opinião?"

◆

– É, eu teria de concordar com o senhor quanto a isso. Parece que em qualquer relacionamento, mesmo nos mais apaixonados, o ímpeto inicial acaba esfriando. Algumas pesquisas revelaram que as pessoas que consideram o romantismo e a paixão iniciais essenciais ao relacionamento podem acabar decepcionadas ou divorciadas. Uma psicóloga social, Ellen Berscheid, da University of Minnesota, creio eu, examinou essa questão e concluiu que a incapacidade de admitir a limitação da vida útil do amor apaixonado pode condenar um relacionamento. Para ela e seus colaboradores, o aumento no índice de divórcios ao longo dos últimos vinte anos está em parte associado à maior importância que as pessoas atribuem a fortes experiências emocionais positivas na sua vida... experiências como o amor romântico. Um problema, porém, é que esse tipo de experiência pode ser muito difícil de manter por um longo período...

– Isso me parece muito verdadeiro – disse ele. – Portanto, quando lidamos com problemas de relacionamentos podemos entender a tremenda importância do exame e compreensão da natureza de sustentação do relacionamento.

"Ora, embora alguns relacionamentos tenham como base uma atração sexual imediata, podem ainda existir outros tipos de relacionamentos nos quais a pessoa, com a mente tranqüila, perceba que em termos físicos, em termos de aparência, o namorado ou namorada pode não ser tão atraente, mas que ele ou ela no fundo é uma pessoa doce, generosa, de bom coração. Um relacionamento que se constrói com esse alicerce forma um laço mais duradouro, por

◆

existir um tipo de comunicação genuína num nível muito humano e pessoal entre os parceiros..."

O Dalai-Lama fez uma breve pausa, como se estivesse refletindo sobre a questão, antes de prosseguir.

– Naturalmente, eu deveria esclarecer que se pode ter um relacionamento bom e saudável que tenha a atração sexual como um componente. Fica aparente, portanto, que pode haver dois tipos principais de relacionamentos baseados na atração sexual. Um tipo tem como base o puro desejo sexual. Nesse caso, o motivo ou o impulso por trás do vínculo é realmente apenas a satisfação momentânea, a gratificação imediata. Nesse tipo de relacionamento, os indivíduos estão se relacionando mutuamente não tanto como pessoas mas como objetos. Esse tipo de relacionamento não é muito sólido. Se o relacionamento for baseado exclusivamente no desejo sexual, sem um componente de respeito mútuo, ele passa a ser quase igual à prostituição, na qual nenhum dos lados sente respeito pelo outro. Um relacionamento construído essencialmente de desejo sexual é como uma casa construída sobre um alicerce de gelo. Quando o gelo derreter, a construção desmorona.

"Existe, entretanto, um segundo tipo de relacionamento que também tem como base a atração sexual, mas no qual a atração física não é a base primordial da relação. Nesse segundo tipo, há uma sensação implícita do valor da outra pessoa, com base na percepção de que o outro é generoso, amável e terno. Com isso, confere-se respeito e dignidade ao outro indivíduo. Qualquer relacionamento que tenha esse tipo de base será muito mais duradouro e confiável. E mais adequado. E, para se estabelecer esse tipo

◆

de relacionamento, é crucial passar tempo suficiente para que cada um conheça o outro num sentido autêntico, que conheça as características essenciais um do outro.

"Por isso, quando meus amigos me fazem perguntas sobre seu casamento, eu geralmente quero saber há quanto tempo se conhecem. Se disserem alguns meses, eu costumo comentar que é muito pouco tempo. Se disserem alguns anos, parece melhor. Agora, eles não conhecem somente o rosto ou a aparência um do outro mas, creio eu, a natureza mais profunda da outra pessoa..."

– Isso é meio parecido com a citação de Mark Twain de que "nenhum homem ou mulher sabe realmente o que é o amor perfeito enquanto não tiver completado vinte e cinco anos de casado..."

– É verdade... – assentiu o Dalai-Lama. – Por isso, acho que muitos problemas ocorrem simplesmente por causa da falta de tempo para as pessoas se conhecerem. Seja como for, *creio que quando se está procurando construir um relacionamento verdadeiramente satisfatório, a melhor forma de concretizar isso consiste em conhecer a natureza mais profunda da pessoa e relacionar-se com ela nesse nível, em vez de meramente com base em características superficiais.* E nesse tipo de relacionamento há espaço para a verdadeira compaixão.

"Ora, já ouvi muitas pessoas alegarem que seu casamento tem um significado mais profundo do que o de um mero relacionamento sexual, que o casamento envolve o esforço de duas pessoas para unir suas vidas, para compartilhar seus altos e baixos, para ter uma certa intimidade. Se essa afirmação for sincera, creio que essa é a base cor-

◆

reta sobre a qual um relacionamento deveria ser construído. Um relacionamento sólido deveria incluir uma noção de responsabilidade e compromisso mútuo. Naturalmente, o contato físico, a relação sexual normal ou adequada entre um casal, pode proporcionar uma certa satisfação que poderia ter um efeito tranqüilizador na mente de cada um. Em última análise, porém, em termos biológicos, o principal objetivo de um relacionamento sexual é a reprodução. E para realizar esse objetivo com êxito, é preciso que haja uma noção de dedicação à prole, para que eles possam sobreviver e crescer. Logo, é crucial desenvolver uma capacidade para a responsabilidade e a dedicação. Sem ela, o relacionamento proporciona uma satisfação apenas temporária. É só uma brincadeira." Ele riu: uma risada que parecia estar impregnada de assombro diante da amplitude do comportamento humano.

## RELACIONAMENTOS BASEADOS NO ROMANTISMO

Parecia estranho conversar sobre sexo e casamento com um homem, agora com mais de sessenta anos de idade, que havia sido celibatário a vida inteira. Ele não aparentava ser avesso a conversas sobre essas questões, mas havia um certo distanciamento nos seus comentários.

Ao refletir sobre nossa conversa mais tarde naquela noite, ocorreu-me que ainda havia um importante componente dos relacionamentos que não havíamos coberto; e eu senti curiosidade por saber seu enfoque sobre o assunto. Toquei nele no dia seguinte.

◆

– Ontem analisamos os relacionamentos e a importância de basear um relacionamento íntimo ou um casamento em algo mais do que sexo – comecei. – Na cultura ocidental, porém, não é apenas o ato sexual físico, mas toda a idéia do *romantismo*, a idéia de apaixonar-se, de estar profundamente apaixonado pelo parceiro, que é vista como algo altamente desejável. Nos filmes, na literatura e na cultura popular, há uma espécie de exaltação desse tipo de amor romântico. O que o senhor acha disso?

O Dalai-Lama respondeu sem hesitar.

– Creio que, deixando-se de lado o modo como a interminável busca do amor romântico pode afetar nossa evolução espiritual mais profunda, mesmo a partir da perspectiva de um modo de vida convencional, pode-se considerar a idealização desse tipo de amor romântico como uma manifestação extrema. Ao contrário daqueles relacionamentos baseados no afeto verdadeiro e carinhoso, essa é uma questão diferente. Não se pode vê-lo como algo positivo – disse ele, com firmeza. – É algo inatingível, baseado na fantasia e que pode, portanto, ser uma fonte de frustração. Por isso, por essa avaliação, ele não pode ser considerado um fator positivo.

Havia um toque categórico no tom do Dalai-Lama que transmitia a idéia de que ele não tinha mais nada a dizer sobre o assunto. Dada a tremenda ênfase que nossa sociedade confere ao romantismo, pareceu-me que ele estava descartando a sedução do amor romântico sem a devida atenção. Levando-se em consideração a formação monacal do Dalai-Lama, supus que ele não avaliasse plenamente as alegrias do amor romântico e imaginei que fazer-lhe mais perguntas sobre questões relacionadas a esse aspecto seria tão útil quanto pedir-lhe que viesse até o estacionamento para dar uma olhada num problema que eu estava tendo para ligar meu carro. Ligeiramente decepcionado, remexi minhas anotações por uns instantes e passei para outros tópicos.

O que é que torna o amor romântico tão sedutor? Quando se examina essa pergunta, conclui-se que *Eros* – o amor romântico, sexual, apaixonado –, o êxtase supremo, é um poderoso coquetel de ingredientes culturais, biológicos e psicológicos. Na cultura ocidental, a idéia do amor romântico vicejou ao longo dos últimos duzentos anos sob a influência do Romantismo, movimento que contribuiu muito para moldar nossa percepção do mundo. O Romantismo surgiu como uma rejeição ao Século das Luzes, com sua ênfase na razão humana. O novo movimento exaltava a intuição, a emoção, o sentimento e a paixão. Salientava a importância do mundo sensorial, a experiência subjetiva do indivíduo e tinha uma inclinação pelo mundo da imaginação, da fantasia, pela busca de um mundo que não existe – um passado idealizado ou um futuro utópico. Essa idéia exerceu profundo impacto não só na arte e na literatura, mas também na política e em todos os aspectos do desenvolvimento da cultura ocidental moderna.

O elemento mais irresistível na nossa busca pelo amor romântico é a sensação do apaixonar-se. Forças poderosas atuam para nos levar a procurar essa sensação, muito mais do que a mera glorificação do amor romântico que captamos da nossa cultura. Muitos pesquisadores acreditam que essas forças estão programadas nos nossos genes desde o nascimento. A emoção do apaixonar-se, invariavelmente confundida com uma sensação de atração sexual, pode ser um componente instintivo, geneticamente determinado, do comportamento reprodutivo. De uma perspectiva evolutiva, a principal função do organismo é a de sobreviver, procriar e assegurar a sobrevivência da espécie. É, portanto, do maior interesse da espécie que sejamos programados para nos apaixonar. Isso sem dúvida aumenta a probabilidade da cópula e da reprodução. Assim, temos mecanismos embutidos para ajudar a fazer com que isso aconteça. Em resposta a certos estímulos, nosso cérebro produz e bombeia para o sistema produtos químicos que criam uma sensação de euforia, o "barato" associado a estar apaixonado. E enquanto nosso cérebro está imerso nesses produtos químicos, a sensação nos domina a tal ponto que às vezes nada mais parece existir.

As forças psicológicas que nos impelem a procurar a sensação de estar apaixonado são tão irresistíveis quanto as forças biológicas. No *Banquete* de Platão, Sócrates conta a história do mito de Aristófanes, que tratava da origem do amor sexual. De acordo com esse mito, os primeiros habitantes da Terra eram criaturas redondas, com quatro mãos e quatro pés, cujas costas e lados formavam um círculo. Esses seres assexuados e autônomos eram muito arrogantes e atacavam repetidamente os deuses. Para puni-los, Zeus lançou raios sobre eles e os partiu ao meio. Cada criatura era agora duas, e cada metade ansiava por se fundir com a outra metade.

◆

*Eros*, o impulso pelo amor romântico, apaixonado, pode ser visto como esse antigo desejo de fusão com a outra metade. Parece ser uma necessidade humana universal e inconsciente. O sentimento envolve uma sensação de união com o outro, de desaparecimento de limites, de tornar-se um com o ser amado. Psicólogos chamam esse estado de colapso das fronteiras do ego. Alguns são da opinião de que esse processo está enraizado nas nossas experiências mais remotas, uma tentativa inconsciente de recriar a experiência que tivemos quando éramos bebês, um estado primordial no qual o bebê está em completa fusão com a mãe ou com a pessoa encarregada de cuidar dele.

Evidências sugerem que os bebês recém-nascidos não distinguem entre si mesmos e o resto do universo. Não têm nenhuma noção de identidade pessoal, ou no mínimo sua identidade abrange a mãe, outras pessoas e todos os objetos do ambiente. Eles não sabem onde terminam e onde o "outro" começa. Falta-lhes o que se conhece como "constância" do objeto: os objetos não possuem nenhuma existência independente. Se não estão interagindo com um objeto, ele não existe. Por exemplo, se um bebê está segurando um chocalho, ele reconhece o chocalho como parte de si mesmo. E, se o chocalho for levado e permanecer fora do seu campo visual, deixará de existir.

No momento do nascimento, os circuitos elétricos do cérebro ainda não estão plenamente "configurados"; mas, à medida que o bebê vai crescendo e o cérebro amadurece, a interação do bebê com o mundo passa a ser mais sofisticada; e, aos poucos, o bebê alcança uma noção de identidade pessoal, de um "eu" em oposição ao "outro". Conco-

◆

mitantemente, desenvolve-se uma sensação de isolamento; e com o tempo a criança adquire uma conscientização das suas próprias limitações. Naturalmente a formação da identidade continua a se desenvolver ao longo da infância e adolescência à medida que a criança entra em contato com o mundo. A noção que as pessoas têm de quem são decorre da revelação de representações interiores, formadas em grande parte por reflexos das suas primeiras interações com as pessoas importantes nas suas vidas e por reflexos do seu papel na sociedade em geral. Aos poucos, a estrutura intrapsíquica e da identidade pessoal passa a ser mais complexa.

No entanto, alguma parte de nós pode ainda procurar regredir a um estado anterior da existência, um estado de beatitude no qual não há nenhum sentimento de isolamento, nenhum sentimento de separação. Muitos psicólogos contemporâneos consideram que a experiência inicial de "unidade" fica incorporada ao nosso inconsciente e que na idade adulta ela permeia nossas fantasias inconscientes e íntimas. Eles acreditam que a fusão com o ser amado quando estamos "apaixonados" repete a experiência da fusão com a mãe na tenra infância. Ela recria aquela sensação mágica, uma sensação de onipotência, como se tudo fosse possível. Uma sensação dessas é difícil de ser superada.

Não surpreende, portanto, que a busca pelo amor romântico seja tão intensa. Qual é então o problema? E por que o Dalai-Lama afirma com tanta facilidade que a busca pelo amor romântico é negativa?

Examinei a questão de basear um relacionamento no amor romântico, de procurar refúgio no romance como fonte de felicidade. Ocorreu-me a história de David, um ex-paciente meu. David, um arquiteto paisagista de 34 anos, apresentou-se inicialmente no meu consultório com sintomas clássicos de uma grave depressão clínica. Ele explicou que a depressão poderia ter sido detonada por alguns estresses sem grande importância associados ao trabalho, mas "principalmente ela só apareceu". Conversamos sobre a opção de uma medicação antidepressiva, à qual ele demonstrou ser favorável, e implementamos um período experimental com um antidepressivo comum. O medicamento provou-se muito eficaz: em três semanas, os sintomas agudos melhoraram, e o paciente já estava de volta à rotina normal. Quando estudei sua história, porém, não demorei para perceber que, além da depressão aguda, ele também sofria de distimia, uma forma mais insidiosa de depressão crônica menor que se manifestava havia muitos anos. Depois que se recuperou da depressão aguda, começamos a examinar sua história pessoal, preparando uma base que nos ajudasse a compreender a dinâmica psicológica interior que pode ter contribuído para seus muitos anos de distimia.

Depois de apenas algumas sessões, David entrou um dia no consultório de excelente humor.

– Estou me sentindo ótimo! – anunciou. – Há anos que não me sinto tão bem!

Minha reação a essa notícia maravilhosa foi a de fazer uma avaliação imediata da possibilidade de que ele estivesse passando para a fase maníaca de um transtorno de humor. Porém, não era esse o caso.

– Estou apaixonado – disse-me ele. – Na semana passada eu a conheci numa licitação da qual estou participando.

◆

É a mulher mais linda que já vi... Saímos quase todas as noites desta semana; e, eu não sei, mas é como se fôssemos almas gêmeas. Perfeitos um para o outro. Simplesmente não consigo acreditar! Não saio com ninguém há dois ou três anos; e estava chegando ao ponto em que imaginava que nunca mais ia conhecer ninguém. De repente, ela apareceu.

David passou a maior parte da sessão enumerando todas as extraordinárias qualidades da nova namorada.

– Acho que somos perfeitos um para o outro sob todos os aspectos. Também não é uma questão só sexual. Nós nos interessamos pelas mesmas coisas; e é espantoso como pensamos de modo semelhante. É claro que estou sendo realista e me dou conta de que ninguém é perfeito... Como na outra noite, fiquei ligeiramente perturbado porque achei que ela estava flertando um pouco com uns caras numa boate onde estávamos... mas nós dois tínhamos bebido muito, e ela estava só brincando. Conversamos depois, e tudo ficou esclarecido.

David voltou na semana seguinte para me informar sua decisão de abandonar a terapia.

– Tudo está tão fantástico na minha vida que simplesmente não consigo ver nenhum assunto sobre o qual falar em terapia – explicou ele. – Minha depressão passou. Estou dormindo como um anjo. No trabalho estou de novo me saindo muito bem; e estou num relacionamento maravilhoso que só parece melhorar cada vez mais. Acho que nossas sessões me foram úteis, mas neste exato momento não vejo por que gastar dinheiro em terapia se não há nada a ser trabalhado.

Eu lhe disse que estava feliz com o fato de ele estar se saindo tão bem, mas relembrei algumas questões familiares que tínhamos começado a detectar que podiam ter levado à sua história de distimia crônica. Todo esse tempo, alguns termos psiquiátricos comuns, como "resistência" e "defesas" começaram a me ocorrer. Ele não se convenceu.

– Bem, esses podem ser assuntos que eu poderia querer investigar um dia – disse ele –, mas no fundo acho que tinha muito a ver com a solidão, uma sensação de que faltava alguém, uma pessoa especial com quem eu pudesse compartilhar a vida, e agora encontrei essa pessoa.

Estava irredutível na determinação de encerrar a terapia naquele dia. Tomamos as medidas necessárias para que seu médico de família acompanhasse suas prescrições de medicamentos, passamos a sessão com uma resenha e fechamento do tratamento e minhas últimas palavras foram para lhe assegurar de que minha porta estava aberta para ele a qualquer hora.

Alguns meses mais tarde, David voltou ao meu consultório.

– Ando me sentindo péssimo – disse ele, em tom desanimado. – Da última vez que vim vê-lo, tudo ia tão bem. Eu realmente achava que tinha encontrado minha parceira ideal. Cheguei a falar em casamento com ela. Mas parecia que, quanto mais proximidade eu queria, mais ela se afastava. Finalmente, ela terminou comigo. Depois disso, fiquei realmente deprimido por umas duas semanas. Cheguei até mesmo a começar a ligar para ela e desligar, só para ouvir sua voz; e a passar de carro pelo seu local de trabalho só para ver se seu carro estava lá. Depois de um mês, mais ou menos, cansei-me de fazer isso... era simplesmente ridículo... e pelo menos meus sintomas de depressão melhoraram. Quer dizer, estou comendo e dormindo bem, ainda tenho um bom desempenho no trabalho, bastante energia e tudo o mais, mas ainda tenho a sensação de que uma parte de mim está faltando. É como se eu estivesse de volta ao ponto de partida, com a mesma sensação que tive durante anos...

Retomamos a terapia.

Parece claro que, como fonte de felicidade, o romance deixa muito a desejar. Talvez o Dalai-Lama não estivesse tão equivocado ao rejeitar a noção do romance como base para um relacionamento e ao descrever o romance meramente como "uma fantasia... inatingível", algo que não é digno dos nossos esforços. Pensando bem, talvez ele estivesse descrevendo em termos objetivos a natureza do romance em vez de estar emitindo um julgamento negativo de valor, contaminado por seus anos de formação monacal. Mesmo uma fonte objetiva de referência, como o dicionário, que contém bem mais de uma dúzia de definições para "romance" e "romântico", apresenta uma grande quantidade de expressões tais como "história fictícia", "exagero", "mentira", "fantasioso ou criativo", "não prático", "desprovido de base em fatos", "característico de namoro ou relações sexuais idealizadas" e assim por diante. Parece que em algum ponto do percurso da civilização ocidental, ocorreu uma mudança. O antigo conceito de *Eros*, com seu sentido subjacente de tornar-se um, de fusão com o outro, assumiu um novo significado. O romance adquiriu uma qualidade artificial, com toques de fraude e de engano, a qualidade que levou à áspera observação de Oscar Wilde: "Quando apaixonada, a pessoa sempre começa enganando a si mesma e sempre termina enganando os outros. É isso o que o mundo chama de romance."

Exploramos anteriormente o papel da proximidade e da intimidade como importante componente da felicidade humana. Não há dúvidas a respeito. No entanto, se estivermos em busca de uma satisfação duradoura num relacionamento, os alicerces desse relacionamento precisam ser sólidos. É por esse motivo que o Dalai-Lama nos incentiva a examinar a base de sustentação de um relacionamento, caso descubramos estar numa relação que deu errado. A atração sexual, ou mesmo a forte sensação de apaixonar-se, pode ter seu papel na formação do laço inicial entre duas pessoas, para atraí-las; mas como uma boa cola epóxi, aquele agente aglutinante inicial precisa ser misturado a outros ingredientes para que possa endurecer e resultar numa ligação duradoura. Ao identificar esses outros ingredientes, nós nos voltamos mais uma vez para a abordagem do Dalai-Lama quanto à formação de um relacionamento forte – basear nosso relacionamento nas qualidades de afeto, compaixão e respeito mútuo como seres humanos. Basear um relacionamento nessas qualidades permite que efetivemos um vínculo profundo e significativo não só com nosso namorado ou cônjuge, mas também com amigos, conhecidos ou estranhos – praticamente com todos os seres humanos. Essa atitude abre possibilidades e oportunidades ilimitadas para a formação de laços.

◆

*Capítulo 7*

# O VALOR E OS BENEFÍCIOS DA COMPAIXÃO

UMA DEFINIÇÃO DA COMPAIXÃO

À medida que nossas conversas prosseguiam, descobri que o desenvolvimento da compaixão desempenha um papel muito maior na vida do Dalai-Lama do que o de um mero meio para cultivar um sentimento de carinho e afeto, um meio para aperfeiçoar nosso relacionamento com os outros. Na realidade, tornou-se claro que, como praticante do budismo, o desenvolvimento da compaixão era parte integrante do seu caminho espiritual.

– Dada a importância que o budismo atribui à compaixão como parte essencial do desenvolvimento espiritual da pessoa – perguntei –, o senhor poderia definir com maior clareza o que quer dizer com o termo "compaixão"?

– A compaixão pode ser definida aproximadamente em termos de um estado mental que é não violento, não prejudicial e não agressivo – respondeu o Dalai-Lama. – É uma atitude mental baseada no desejo de que os outros se livrem do seu sofrimento, e está associada a uma sensação de compromisso, responsabilidade e respeito para com o outro.

"Quando se examina a definição de compaixão, da palavra *Tse-wa* em tibetano, essa palavra também apresenta um sentido de se tratar de um estado mental que inclui um desejo de coisas positivas para a própria pessoa. Ao desenvolver a compaixão, talvez pudéssemos começar pelo desejo de que nós mesmos ficássemos livres do sofrimento, para então tomar esse sentimento natural voltado para nós mesmos, cultivá-lo, aprimorá-lo e ampliá-lo de modo a que incluísse os outros e se aplicasse a eles.

"Ora, quando as pessoas falam de compaixão, creio que costuma haver um perigo de confundir a compaixão com o apego. Por isso, quando estudamos a compaixão, devemos primeiro traçar uma distinção entre dois tipos de amor ou compaixão. Um tipo de compaixão tem um quê de apego – o sentimento de controlar alguém, ou de amar alguém para que essa pessoa retribua nosso amor. Esse tipo comum de amor ou compaixão é totalmente parcial e tendencioso. E um relacionamento que se baseie exclusivamente nisso é instável. Esse tipo de relacionamento parcial, que tem por base a percepção e identificação da pessoa como amiga, pode levar a um certo apego emocional e a um sentimento de intimidade. No entanto, se houver uma mudança ínfima na situação, talvez uma desavença, ou se o amigo fizer algo que nos deixe furiosos, de repente nossa projeção mental muda e o conceito de "meu amigo" já não está mais ali. E assim descobrimos que o apego emocional se evapora. Em vez daquele sentimento de amor e interesse pelo outro, podemos ter um sentimento de ódio. Logo, esse tipo de amor, que tem por base o apego, pode estar intimamente associado ao ódio.

"Existe, porém, um outro tipo de compaixão que é desprovido desse apego. É a compaixão verdadeira. Esse tipo de compaixão não se baseia tanto no fato de que essa pessoa ou aquela me é cara. Pelo contrário, a verdadeira compaixão tem por base o raciocínio de que todo ser humano tem um desejo inato de ser feliz e de superar o sofrimento, exatamente como eu. E, exatamente como eu, eles têm o direito natural de realizar essa aspiração fundamental. Com base no reconhecimento dessa igualdade e dessa característica comum, a pessoa desenvolve uma noção de afinidade e intimidade com os outros. Com esse tipo de fundamento, pode-se sentir compaixão, independentemente de se encarar a pessoa como amiga ou como inimiga. Ele se apóia nos direitos fundamentais do outro, em vez de na nossa projeção mental. A partir dele, portanto, geramos amor e compaixão. Essa é a verdadeira compaixão.

"Pode-se ver, portanto, como pode ser importante na nossa rotina diária distinguir bem entre esses dois tipos de compaixão e cultivar a verdadeira. No casamento, por exemplo, normalmente há um componente de apego emocional. Porém, creio que, se houver também um componente de compaixão verdadeira, baseada no respeito mútuo entre

◆

dois seres humanos, o casamento tende a durar muito. No caso do apego emocional sem compaixão, o casamento é mais instável e costuma terminar mais rápido."

A idéia de desenvolver um tipo diferente de compaixão, uma compaixão mais universal, uma espécie de compaixão genérica dissociada do sentimento pessoal, parecia algo inatingível. Como se estivesse pensando em voz alta, fiz uma pergunta enquanto remoía a questão no meu íntimo.

– Mas o amor, ou a compaixão, é um sentimento subjetivo. Parece que o tom ou a *sensação* emocional do amor ou da compaixão seria o mesmo se tivesse "um quê de apego" ou se fosse "verdadeiro". Ora, se a pessoa vivencia a mesma emoção ou sentimento nos dois tipos, por que é importante distinguir entre os dois?

O Dalai-Lama respondeu num tom resoluto.

– Para começar, creio que há uma qualidade diferente entre o sentimento do amor verdadeiro, ou da compaixão verdadeira, e o amor baseado no apego. Não se trata do mesmo sentimento. O sentimento da verdadeira compaixão é muito mais forte, muito mais amplo; e tem uma qualidade muito profunda. Da mesma forma, a compaixão e o amor verdadeiros são muito mais estáveis, mais confiáveis. Por exemplo, quando vemos um animal em intenso sofrimento, como um peixe se contorcendo com um anzol na boca, poderíamos espontaneamente experimentar uma sensação de incapacidade de suportar sua dor. Esse sentimento não é baseado numa ligação especial com aquele animal em particular, uma sensação de "Ai, esse bichinho é meu amigo". Nesse caso, estamos baseando nossa compaixão simplesmente no fato de que essa criatura também é provida de sensação, de que ela pode sofrer dor e de que tem o direito de não sofrer essa dor. Portanto, esse tipo de compaixão, que não está associado ao desejo ou ao apego, é muito mais sólido e mais durável a longo prazo.

Aprofundando-me mais no tema da compaixão, prossegui.

– Bem, no seu exemplo de ver um peixe no intenso sofrimento de estar com um anzol na boca, o senhor levanta uma questão de vital importância... o de estar associado a um sentimento de incapacidade de suportar sua dor.

– É – disse o Dalai-Lama. – Na realidade, em certo sentido poderíamos definir a compaixão como a sensação de incapacidade de suportar o sofrimento de outra pessoa, de outro ser senciente. E para gerar esse sentimento, é preciso primeiro avaliar a gravidade ou intensidade do sofrimento do outro. Por isso, creio que quanto mais se entenda o sofrimento, bem como os vários tipos de sofrimento aos quais somos sujeitos, tanto maior será nosso grau de compaixão.

– Bem, aceito o fato de que a maior conscientização do sofrimento do outro pode aumentar nossa capacidade para a compaixão. Com efeito, por definição, a compaixão envolve o abrir-se para o sofrimento do outro. O compartilhamento do sofrimento do outro. Há, porém, uma questão mais essencial. Por que iríamos querer assumir o sofrimento do outro quando não queremos nem o nosso? Quer dizer, a maioria de nós faz enormes esforços para evitar nossa própria dor ou sofrimento, até mesmo ao ponto de ingerir drogas e assim por diante. Por que então iríamos deliberadamente assumir o sofrimento de outra pessoa? – indaguei.

◆

O Dalai-Lama respondeu sem hesitação.

– Creio haver uma diferença significativa entre nosso próprio sofrimento e o sofrimento que poderíamos experimentar num estado de compaixão, no qual assumimos sobre nossos ombros o sofrimento de terceiros: uma diferença qualitativa. – Ele fez uma pausa e então, como se estivesse mirando meus próprios sentimentos naquele instante, sem nenhum esforço, prosseguiu. – Quando pensamos no nosso próprio sofrimento, existe uma sensação de que estamos totalmente dominados. Há uma sensação de estarmos sobrecarregados, de estarmos oprimidos por alguma coisa. Uma sensação de desamparo. Ocorre um entorpecimento, quase como se nossas faculdades estivessem embotadas.

"Ora, ao gerar a compaixão, quando se está assumindo a dor de outra pessoa, pode-se também de início vivenciar um certo grau de desconforto, uma sensação de constrangimento ou de incapacidade de suportar a situação. Entretanto, no caso da compaixão, o sentimento é muito diferente: subjacente à sensação de constrangimento existe um grau muito alto de atenção e determinação porque a pessoa está de modo voluntário e deliberado aceitando o sofrimento do outro por um objetivo maior. Existe um sentimento de ligação e compromisso, uma disposição a estender a mão aos outros, uma sensação de energia em vez de entorpecimento. Isso é semelhante ao caso de um atleta. Enquanto se submete a treinos rigorosos, o atleta pode sofrer muito: fazendo ginástica, suando, esforçando-se. Creio que essa seja uma experiência muito dolorosa e extenuante. Já o atleta não a considera uma experiência dolorosa.

◆

Ele a encara como uma grande realização, uma experiência associada a uma sensação de alegria. Porém, se a mesma pessoa fosse sujeita a algum outro esforço físico que não fizesse parte do seu treinamento atlético, ela poderia pensar 'Ai, por que me fizeram passar por essa terrível tortura?' Portanto, a atitude mental faz uma enorme diferença."

Essas poucas palavras, proferidas com tanta convicção, me alçaram de uma sensação de opressão para outra sensação, a da possibilidade de resolução do sofrimento, de transcender o sofrimento.

– O senhor menciona que o primeiro passo para gerar esse tipo de compaixão é uma avaliação do sofrimento. Será que existem outras técnicas budistas específicas que sejam usadas para aprimorar nossa compaixão?

– Existem. Por exemplo, na tradição maaiana do budismo, encontramos duas técnicas importantes para o cultivo da compaixão. Elas são conhecidas como o método "de causa e efeito de sete pontos" e o "intercâmbio e igualdade da pessoa com os outros". O método do "intercâmbio e igualdade" é a técnica encontrada no oitavo capítulo do *Guide to the Bodhisattva's Way of Life* [Guia para o modo de vida do Bodhisattva], de Shantideva. Mas – disse ele, dando um olhar de relance no relógio e percebendo que nosso tempo estava acabando – creio que vamos praticar alguns exercícios ou meditações sobre a compaixão durante as palestras ao público mais tarde nesta semana.

Com isso, ele sorriu com carinho e se levantou para encerrar nossa sessão.

◆

## O REAL VALOR DA VIDA HUMANA

Continuando nosso estudo sobre a compaixão, comecei nossa conversa seguinte com este raciocínio.

– Bem, estivemos falando sobre a importância da compaixão, sobre sua crença de que o afeto humano, o carinho, a amizade e outros fatores são condições absolutamente necessárias para a felicidade. Mas estou só me perguntando. Suponhamos que um rico empresário viesse ao senhor e lhe dissesse: "Vossa Santidade, o senhor diz que a compaixão e o calor humano são cruciais para a felicidade. Mas por natureza eu simplesmente não sou uma pessoa muito carinhosa ou afetuosa. Para ser franco, realmente não sinto nenhuma compaixão ou altruísmo especial. Minha tendência é ser uma pessoa bastante racional, prática e talvez intelectual; e eu simplesmente não sinto emoções desse tipo. Mesmo assim, gosto da minha vida. Sinto-me feliz com minha vida como é. Tenho uma empresa de sucesso, tenho amigos, sustento minha mulher e filhos e pareço ter um bom relacionamento com eles. Simplesmente não me parece que esteja faltando nada. Desenvolver a compaixão, o altruísmo, o calor humano e assim por diante parece bom, mas para mim qual é a finalidade? Parece tão piegas..."

– Em primeiro lugar – respondeu o Dalai-Lama –, se uma pessoa dissesse essas palavras, eu ainda teria dúvidas quanto a essa pessoa ser realmente feliz no fundo. Acredito sinceramente que a compaixão proporciona a base para a sobrevivência humana, o verdadeiro valor da vida humana, e que, sem ela, falta uma peça essencial. Uma profunda sensibilidade aos sentimentos dos outros é um ele-mento do amor e da compaixão; e, sem ela, por exemplo, creio que haveria problemas na capacidade desse homem de se relacionar com sua mulher. Se a pessoa de fato tives-se essa atitude de indiferença diante dos sentimentos e do sofrimento alheio, mesmo que se tratasse de um bilioná-rio, mesmo que ele tivesse boa formação acadêmica, não tivesse nenhum problema com a família ou os filhos, vi-vesse cercado de amigos, outros empresários ricos, políti-cos e chefes de governos, apesar de tudo isso creio que o efeito de todos esses aspectos positivos permaneceria na superfície.

"No entanto, se ele continuasse a sustentar que não sentia compaixão e que, mesmo assim, não sentia falta de nada... então poderia ser um pouco difícil ajudá-lo a en-tender a importância da compaixão..."

O Dalai-Lama parou de falar por um instante para refletir. Suas pausas intermitentes, que ocorriam em todas as nossas conversas, não pareciam criar um silêncio cons-trangedor. Pelo contrário, eram como uma força gravita-cional, que conferia maior peso e significado às suas pala-vras quando a conversa era retomada.

– Porém, mesmo que fosse esse o caso, há alguns pontos que eu poderia salientar. Para começar, eu pode-ria sugerir que ele refletisse sobre sua própria experiência. Ele pode compreender que, se alguém o trata com com-paixão e afeto, isso faz com que ele se sinta feliz. Portanto, com base nessa experiência, seria útil que ele percebesse que os outros também se sentem bem quando recebem algum calor humano e compaixão. Logo, reconhecer esse fato poderia desenvolver nele um maior respeito pela sensibilidade emocional dos outros e torná-lo mais propenso a dar compaixão e calor humano. Ao mesmo tempo, ele descobriria que, quanto mais se dá calor humano aos outros, mais se recebe. Acho que ele não levaria muito tempo para se dar conta disso. E, conseqüentemente, esse passa a ser o alicerce da amizade e confiança mútuas.

"Agora, suponha que esse homem tivesse todos esses bens materiais, que tivesse muito sucesso na vida, que vivesse cercado de amigos, que tivesse segurança em termos financeiros e assim por diante. Creio até mesmo ser possível que sua família e seus filhos pudessem se relacionar com ele e sentir uma espécie de contentamento por ser ele bem-sucedido e eles terem bastante dinheiro e uma vida confortável. Creio ser concebível que, até certo ponto, mesmo sem sentir afeto e calor humano, ele possa não experimentar a sensação de que lhe falta algo. No entanto, se ele considerasse que tudo está perfeito, que realmente não existe nenhuma necessidade verdadeira para desenvolver a compaixão, eu diria que essa opinião decorre da ignorância e da falta de visão. Mesmo que pareça que os outros se relacionam com ele plenamente, na realidade, o que acontece é que grande parte do relacionamento ou interação das pessoas com ele se baseia na percepção que têm dele como um manancial de sucesso e prosperidade. Elas podem ser influenciadas por sua riqueza e poder, e criar laços com esses aspectos em vez de com a pessoa em si. Logo, em certo sentido, embora não recebam afeto e calor humano dele, elas podem estar satisfeitas. Pode ser que não esperem mais do que isso. Mas o que acontece é que, se sua fortuna se reduzisse, essa base para o relacionamento sairia enfraquecida. Ele então começaria a ver o efeito de não dispor do calor humano, e passaria de imediato a sofrer.

"Entretanto, se as pessoas têm compaixão, naturalmente isso é algo com que podem contar. Mesmo que enfrentem problemas econômicos e que sua fortuna venha a minguar, elas ainda têm algo a compartilhar com outros seres humanos. As economias mundiais são sempre tão frágeis, e nós estamos sujeitos a tantas perdas na vida, mas uma atitude norteada pela compaixão é algo que sempre podemos trazer conosco."

Um auxiliar em vestes de cor marrom-avermelhada entrou no aposento e serviu o chá em silêncio enquanto o Dalai-Lama prosseguia.

– Naturalmente, ao tentar explicar para alguém a importância da compaixão, em alguns casos pode-se estar lidando com uma pessoa muito egoísta, individualista e embrutecida, alguém que se preocupa apenas com seus próprios interesses. E é até possível que haja pessoas desprovidas da capacidade de sentir empatia mesmo por alguém que amem ou que lhes seja chegado. No entanto, mesmo a essas pessoas, ainda é possível apresentar a importância da compaixão e do amor com base no fato de ser esse o melhor meio para a realização dos seus interesses pessoais. Essas pessoas desejam ter saúde, ter uma vida mais longa, ter paz de espírito, felicidade e alegria. E, se for isso o que desejam, já ouvi falar de comprovação científica de que esses aspectos podem ser promovidos por sentimentos de amor e compaixão... Mas, na qualidade de médico, de psiquiatra, talvez você tenha maior conhecimento dessas afirmações científicas.

– É verdade – concordei. – Creio que há provas científicas que corroboram especificamente as hipóteses sobre as vantagens físicas e emocionais dos estados mentais dominados pela compaixão.

– Por isso, a meu ver, informar alguém sobre esses fatos e estudos científicos poderia sem dúvida estimular algumas pessoas a cultivar mais compaixão nos seus estados mentais... – comentou o Dalai-Lama. – Creio porém que, mesmo fora do âmbito desses estudos científicos, existem outros argumentos que as pessoas poderiam entender e apreciar a partir da sua própria experiência prática ou direta de rotina. Por exemplo, poderíamos salientar que a falta de compaixão gera uma certa desumanidade. São muitos os exemplos indicadores de que, em algum nível profundo, as pessoas desumanas geralmente sofrem de uma espécie de infelicidade e insatisfação, pessoas como Stalin e Hitler. Essas pessoas são atormentadas por uma constante sensação de insegurança e medo. Mesmo quando estão dormindo, creio que essa sensação de medo persiste... Tudo isso poderia ser muito difícil para algumas pessoas entenderem, mas uma afirmação que se pode fazer é que falta a essas pessoas algo que se pode encontrar numa pessoa mais provida de compaixão: uma sensação de liberdade, de abandono, para que ao dormir a pessoa possa relaxar e se soltar. As pessoas cruéis nunca têm essa experiência. Estão sempre nas garras de alguma coisa, algum tipo de influência que as domina, e elas não conseguem experimentar aquela sensação de se soltar, aquela noção de liberdade.

◆

Ele parou por um instante, coçando distraído a cabeça, antes de prosseguir.

– Embora eu esteja apenas especulando, imagino que, se perguntássemos a algumas dessas pessoas desumanas se haviam sido mais felizes durante a infância, quando recebiam os cuidados da mãe e tinham maior intimidade com a família, ou eram mais felizes agora que dispunham de maior poder, influência e posição, creio que elas diriam que sua juventude foi mais agradável. Creio que até mesmo Stalin foi amado pela mãe na infância.

– Ao falar em Stalin – comentei –, o senhor ao meu ver acertou num exemplo perfeito do que está dizendo, das conseqüências da vida sem compaixão. É de conhecimento geral que as duas principais características da sua personalidade eram sua crueldade e sua desconfiança. De fato, ele considerava a crueldade uma virtude e mudou seu nome de Djugashvili para Stalin, que quer dizer "homem de aço". E à medida que sua vida avançava e sua crueldade aumentava, mais desconfiado ele se tornava. Sua desconfiança era lendária. Seu temor e sua suspeita dos outros acabaram levando a enormes expurgos e campanhas contra vários grupos de pessoas no seu país, o que resultou na detenção e execução de milhões. No entanto, ele ainda assim continuava a ver inimigos por toda parte. Não muito tempo antes de morrer, ele disse a Nikita Khrutchev que não confiava em ninguém, nem em si mesmo. No final, voltou-se até mesmo contra os elementos mais fiéis da sua equipe. E, naturalmente, quanto mais desumano e poderoso ele se tornava, maior era sua infelicidade. Um amigo disse que por último o único traço humano que lhe resta-

◆

va era a infelicidade. E sua filha Svetlana descreveu como ele era atormentado pela solidão e por um vazio interior, e como chegou ao ponto em que não mais acreditava que as pessoas fossem capazes de uma autêntica sinceridade ou bondade.

"Seja como for, sei que seria muito difícil entender pessoas como Stalin e compreender por que elas cometeram os atos horríveis que cometeram. Mas um dos pontos sobre os quais estamos falando é que mesmo esses exemplos extremos de pessoas impiedosas poderiam recordar com nostalgia alguns dos aspectos mais agradáveis da sua infância, como por exemplo o amor que receberam da mãe. Nesse caso, como ficam as inúmeras pessoas que não tiveram uma infância agradável nem mãe amorosa? Crianças que sofreram abusos e outros problemas? Ora, estamos estudando o tópico da compaixão. Para que as pessoas desenvolvam a capacidade para a compaixão, o senhor não acha necessário que elas sejam criadas por pais ou responsáveis que demonstrassem calor humano e afeto?"

– É, acho que isso é importante. – Ele fez uma pausa, passando automaticamente as contas entre os dedos, com destreza, enquanto refletia. – Algumas pessoas, desde o início, sofreram muito e não dispuseram do afeto do outro, de modo que, mais tarde na vida, elas quase dão a impressão de não terem nenhum sentimento humano, nenhuma capacidade para a compaixão e para o afeto, pessoas brutais e insensíveis... – O Dalai-Lama fez mais uma pausa e, por alguns instantes, pareceu ponderar com afinco sobre a questão. Enquanto se debruçava sobre o chá, até mesmo o contorno dos seus ombros sugeria que ele estava em profunda reflexão. Não demonstrou nenhuma inclinação a continuar de imediato, porém, e nós tomamos nosso chá em silêncio. Afinal, deu de ombros, como que reconhecendo que não dispunha da solução.

– O senhor acha, então, que as técnicas para promover a empatia e desenvolver a compaixão não seriam úteis para pessoas com esse tipo de história problemática?

– Sempre há graus diferentes de como a pessoa poderia se beneficiar a partir da prática de vários métodos e técnicas, dependendo das circunstâncias específicas de cada um – explicou ele. – Também é possível que em certos casos essas técnicas não surtam absolutamente nenhum efeito...

– E as técnicas específicas para promover a compaixão às quais o senhor se refere são...? – interrompi, procurando um esclarecimento maior.

– Exatamente essas sobre as quais estivemos falando. Para começar, através do aprendizado, através do entendimento do valor da compaixão. Isso nos proporciona convicção e determinação. Em seguida, através de métodos de promoção da empatia, como por exemplo o recurso à imaginação, à criatividade, para nos visualizarmos na situação do outro. E mais adiante, nesta semana, nas palestras ao público, vamos examinar certos exercícios ou práticas que podem ser adotados, como por exemplo a prática de *Tong-Len*, que serve para reforçar nossa compaixão. Creio porém ser importante lembrar que essas técnicas, como a prática de *Tong-Len*, foram desenvolvidas para ajudar o maior número possível de pessoas, pelo menos uma faixa da população humana. Mas nunca se esperou que essas técnicas pudessem ajudar a totalidade das pessoas, toda a humanidade.

◆

"O ponto principal na realidade é que... se estamos falando sobre vários métodos para desenvolver a compaixão... o mais importante é que a pessoa faça um esforço sincero para desenvolver sua capacidade para a compaixão. O grau até o qual elas realmente conseguirão cultivar a compaixão depende de tantas variáveis. Quem poderia dizer? Mas, se dedicarem seus melhores esforços a uma benevolência maior, a cultivar a compaixão e a tornar o mundo um lugar melhor, no final do dia elas poderão dizer, 'Pelo menos, fiz o que pude!'"

## OS BENEFÍCIOS DA COMPAIXÃO

Nos últimos anos, houve muitos estudos que corroboram a idéia de que o desenvolvimento da compaixão e do altruísmo tem um impacto positivo sobre nossa saúde física e emocional. Num experimento bem conhecido, por exemplo, David McClelland, um psicólogo na Harvard University, mostrou a um grupo de alunos um filme de Madre Teresa trabalhando entre os pobres e os doentes de Calcutá. Os estudantes relataram que o filme estimulou sentimentos de compaixão. Depois, ele analisou a saliva dos alunos e descobriu um aumento na imunoglobulina-A, um anticorpo que pode ajudar a combater infecções respiratórias. Em outro estudo realizado por James House no Research Center da University of Michigan, os pesquisadores concluíram que a dedicação regular ao trabalho voluntário, em interação com os outros com calor humano e compaixão, aumentava tremendamente a expectativa de vida, e provavelmente também a vitalidade geral. Muitos outros pesquisadores no novo campo da medicina da mente-corpo demonstraram conclusões semelhantes, que documentavam que estados mentais positivos podem beneficiar a saúde física.

Além dos efeitos benéficos sobre nossa saúde física, há provas de que a compaixão e o comportamento interessado contribuem para a boa saúde emocional. Estudos revelaram que estender a mão para ajudar os outros pode induzir um sentimento de felicidade, uma tranqüilidade mental maior e menos depressão. Num estudo de trinta anos com um grupo de diplomados de Harvard, o pesquisador George Vaillant concluiu, com efeito, que adotar um estilo de vida altruísta é um componente crítico para a boa saúde mental. Outra pesquisa, realizada por Alan Luks entre alguns milhares de pessoas que estavam envolvidas regularmente em atividades voluntárias de auxílio a terceiros, revelou que mais de 90% desses voluntários relatavam um tipo de "barato" associado à atividade, caracterizado por uma sensação de calor humano, mais energia e uma espécie de euforia. Elas também tinham uma nítida sensação de tranqüilidade e de maior autovalorização em seguida à atividade. Não era só que esses comportamentos de dedicação proporcionassem uma interação benéfica em termos emocionais; concluiu-se também que essa "tranqüilidade dos que ajudam" estava associada ao alívio de uma variedade de transtornos físicos relacionados ao estresse.

Embora as provas científicas ratifiquem nitidamente a posição do Dalai-Lama quanto ao valor prático e muito real da compaixão, não é preciso contar apenas com experimen-

◆

tos e pesquisas para confirmar a veracidade dessa opinião. Podemos descobrir os fortes laços entre os cuidados, a compaixão e a felicidade pessoal na nossa própria vida e na das pessoas que nos cercam. Joseph, um empreiteiro de sessenta anos de idade, que conheci há alguns anos, é um bom exemplo desse ponto. Durante trinta anos, Joseph fez sucesso sem muito esforço, aproveitando o crescimento aparentemente ilimitado do setor da construção no Arizona, para tornar-se multimilionário. No final da década de 1980, porém, ocorreu a maior derrocada do mercado imobiliário na história do Arizona. Joseph estava em posição muito alavancada e perdeu tudo. Acabou tendo de declarar falência. Seus problemas financeiros geraram uma pressão sobre seu casamento, que acabou em divórcio depois de vinte e cinco anos de união. Não surpreendeu que Joseph tivesse dificuldade para aceitar tudo isso. Começou a beber muito. Felizmente, conseguiu com o tempo abandonar a bebida, com a ajuda dos AA. Como parte do seu programa nos AA, ele passou a ser padrinho e a ajudar outros alcoólatras a permanecer sóbrios. Ele descobriu que gostava do papel de padrinho, de estender a mão para ajudar os outros, e começou a se oferecer como voluntário também em outras organizações. Pôs em funcionamento seus conhecimentos empresariais para auxiliar os menos privilegiados em termos econômicos.

– Agora tenho uma pequena empresa de reformas – disse ele, ao falar da sua vida atual. – Ela gera uma pequena renda, mas já me dei conta de que nunca mais vou ser tão rico quanto fui. O que é engraçado é que no fundo não quero voltar a ter todo aquele dinheiro. Prefiro passar meu tempo em trabalhos voluntários para diversos grupos, trabalhando diretamente com as pessoas, prestando-lhes o melhor tipo de ajuda possível. Atualmente, tenho mais prazer num único dia do que tinha num mês inteiro, quando ganhava fortunas. Estou mais feliz do que em qualquer outra época da minha vida!

## MEDITAÇÃO SOBRE A COMPAIXÃO

Como prometera durante nossas conversas, e cumprindo a palavra dada, o Dalai-Lama concluiu uma palestra ao público no Arizona com uma meditação sobre a compaixão. Era um exercício simples. No entanto, com vigor e elegância, ele pareceu resumir e cristalizar suas conversas anteriores sobre a compaixão, transformando a meditação num exercício formal de cinco minutos, que era direto e objetivo.

– Ao gerar a compaixão, iniciamos pelo reconhecimento de que não queremos o sofrimento e de que temos um direito à felicidade. Isso pode ser verificado e legitimado pela nossa própria experiência. Reconhecemos, então, que outras pessoas, exatamente como nós, também não querem sofrer e têm um direito à felicidade. Isso passa a ser a base para começarmos a gerar a compaixão.

"Vamos, portanto, meditar sobre a compaixão hoje. Comecem visualizando uma pessoa que esteja em extremo sofrimento, alguém que esteja sentindo dor ou que esteja numa situação muito aflitiva. Durante os três primeiros minutos da meditação, reflitam sobre o sofrimento desse indivíduo com um enfoque mais analítico... pensem no seu intenso sofrimento e no estado lamentável da existência dessa pessoa. Depois de pensar no sofrimento dessa pessoa por alguns minutos, em seguida, procurem associar tudo isso a vocês mesmos, com o seguinte enfoque, 'esse indivíduo tem a mesma capacidade para vivenciar a dor, a alegria, a felicidade e o sofrimento que eu tenho'. Procurem então permitir que venha à tona sua reação natural... um sentimento de compaixão por aquela pessoa. Procurem chegar a uma conclusão: constatando como é forte seu desejo de que essa pessoa se livre de tanto sofrimento. E resolvam que ajudarão essa pessoa a encontrar alívio. Para finalizar, concentrem sua mente de modo exclusivo naquele tipo de conclusão ou resolução e, durante os últimos minutos da meditação, procurem produzir na sua mente um estado amoroso ou norteado pela compaixão."

Com isso, o Dalai-Lama adotou uma postura de meditação de pernas cruzadas, permanecendo totalmente imóvel enquanto se dedicava à meditação junto com a platéia. Silêncio total. Havia, porém, algo extremamente estimulante no fato de estar sentado naquela platéia naquela manhã. Imagino que até mesmo o indivíduo mais calejado não poderia deixar de se comover quando estivesse cercado de 1.500 pessoas, cada uma delas mantendo na mente o pensamento da compaixão. Depois de alguns minutos, o Dalai-Lama começou a entoar um cântico tibetano, com a voz grave, melódica, subindo e descendo suave em tons que tranqüilizavam e confortavam.

◆

*Terceira Parte*

# A TRANSFORMAÇÃO
# DO SOFRIMENTO

# Capítulo 8

# COMO ENCARAR O SOFRIMENTO

Na época do Buda, uma mulher chamada Kisagotami sofreu a morte do seu filho único. Sem conseguir aceitar o fato, ela corria de um a outro, em busca de um remédio que restaurasse a vida da criança. Dizia-se que o Buda teria esse medicamento.

Kisagotami foi ao Buda, fez-lhe reverência e apresentou seu pedido.

– O Buda pode fazer um remédio que recupere meu filho?

– Sei da existência desse remédio – respondeu o Buda. – Mas para fazê-lo, preciso ter certos ingredientes.

– Quais são os ingredientes necessários? – perguntou a mulher, aliviada.

– Traga-me um punhado de sementes de mostarda – disse o Buda. A mulher prometeu obter o ingrediente para ele; mas, quando ela estava saindo, o Buda acrescentou um detalhe. – Exijo que

◆

a semente de mostarda seja retirada de uma casa na qual não tenha havido morte de criança, cônjuge, genitor ou criado.

A mulher concordou e começou a ir de casa em casa à procura da semente de mostarda. Em cada casa, as pessoas concordavam em lhe dar as sementes; mas, quando ela lhes perguntava se havia ocorrido alguma morte naquela residência, não conseguiu encontrar uma casa que não tivesse sido visitada pela morte. Uma filha nessa aqui, um criado na outra, em outras um marido ou pai haviam morrido. Kisagotami não conseguiu encontrar um lar que fosse imune ao sofrimento da morte. Vendo que não estava só na sua dor, a mãe desapegou-se do corpo inerte do filho e voltou ao Buda, que disse com enorme compaixão:

– Você achava que só você tinha perdido um filho. A lei da morte consiste em não haver permanência entre todas as criaturas vivas.

A procura de Kisagotami ensinou-lhe que ninguém vive sem estar exposto ao sofrimento e à perda. Ela não havia sido escolhida especificamente para aquela terrível desgraça. Essa constatação não eliminou o inevitável sofrimento que deriva da perda, mas sem dúvida reduziu o sofrimento resultante da revolta contra essa triste realidade da vida.

Embora a dor e o sofrimento sejam fenômenos humanos universais, isso não quer dizer que seja fácil a tarefa de aceitá-los. Os seres humanos criaram um vasto repertório de estratégias para evitar a necessidade de passar pelo sofrimento. Às vezes, recorremos a meios externos, tais como produtos químicos – amortecendo e medicando nossa dor emocional com drogas ou álcool. Dispomos também de uma coleção de mecanismos internos – defesas psicológicas, muitas vezes inconscientes, que nos protegem, impedindo que sintamos um excesso de angústia e dor emocional quando deparamos com problemas. Ocasionalmente, esses mecanismos de defesa podem ser totalmente primitivos, como a simples recusa a admitir que exista um problema. Outras vezes, podemos reconhecer vagamente que temos um problema, mas mergulhamos num milhão de distrações ou divertimentos para evitar pensar no assunto. Ou poderíamos, ainda, recorrer à projeção – incapazes de aceitar que temos um problema, projetamos a questão inconscientemente nos outros e os culpamos pelo nosso sofrimento: "É, estou péssimo. Mas não sou *eu* quem está com o problema. É outra pessoa. Se não fosse aquele maldito chefe me atormentando o tempo todo [ou 'meu sócio me ignorando' ou...], tudo estaria bem."

O sofrimento somente pode ser evitado temporariamente. No entanto, como uma doença que se deixa sem tratamento (ou talvez que seja tratada superficialmente com medicamentos que apenas mascaram os sintomas mas não curam a condição original), o mal invariavelmente supura e se agrava. A euforia causada pelas drogas ou pelo álcool sem dúvida alivia nossa dor por um tempo; mas, com o uso contínuo, os danos físicos que atingem nosso corpo e o dano social às nossas vidas podem resultar em sofrimento muito maior do que a insatisfação difusa ou a aguda dor emocional que nos levaram a essas substâncias para começar. As defesas psicológicas internas, como a negação ou a repressão, podem atuar como um escudo e nos proteger da sensação de dor por um período um pouco maior, mas mesmo assim elas não fazem com que o sofrimento desapareça.

Randall perdeu o pai, com câncer, há pouco mais de um ano. Era muito amigo do pai, e na época todos ficaram surpresos ao ver como ele aceitou bem a morte.

– É claro que estou triste – explicava ele, com estoicismo na voz. – Mas no fundo estou bem. Vou sentir falta dele, mas a vida continua. E seja como for, agora não posso me concentrar na falta que ele me faz. Preciso organizar o enterro e me encarregar do espólio para minha mãe... Mas vai dar tudo certo – dizia ele a todos, em tom tranqüilizador.

Um ano mais tarde, porém, pouco depois de se completar um ano da morte do pai, Randall começou a mergulhar em espiral numa grave depressão.

– Simplesmente não consigo entender o que está causando essa depressão – explicou-me quando veio me ver. – Tudo parece estar indo bem neste exato momento. Não pode ser a morte do meu pai. Ele morreu há mais de um ano, e eu já aceitei sua morte.

Com pouquíssima terapia, no entanto, tornou-se claro que, no esforço de manter as emoções sob rigoroso controle, a fim de "ser forte", ele nunca havia lidado plenamente com seus sentimentos de perda e dor. Esses sentimentos continuaram a crescer até que finalmente se manifestaram como uma depressão arrasadora, à qual ele se viu forçado a dar atenção.

No caso de Randall, sua depressão desapareceu com bastante rapidez à medida que concentramos a atenção na dor e nos sentimentos de perda, e que ele pôde encarar e vivenciar sua dor plenamente. Às vezes, porém, nossas estratégias inconscientes no sentido de evitar encarar nossos problemas são mais arraigadas – são mecanismos de defesa profundamente entranhados que podem se incorporar à nossa personalidade e que são difíceis de extrair. A maioria de nós tem um amigo, conhecido ou parente, por exemplo, que evita problemas projetando-os nos outros e atribuindo a culpa a eles – acusando os outros de defeitos que, na realidade, pertencem a ele. Esse é sem dúvida um método eficaz para eliminar problemas, e muitos desses indivíduos estão condenados a toda uma vida de infelicidade enquanto continuarem seguindo esse padrão de comportamento.

O Dalai-Lama explicou em detalhes sua abordagem ao sofrimento humano – uma abordagem que em última análise inclui uma crença na possibilidade de nos libertarmos do sofrimento, mas que parte da aceitação do sofrimento como um fato natural da existência humana, aliada à coragem de encarar nossos problemas de frente.

– No dia-a-dia da nossa vida, as situações difíceis fatalmente irão acontecer. Os maiores problemas na nossa vida são aqueles que inevitavelmente somos forçados a enfrentar, como a velhice, a doença e a morte. Procurar evitar nossos problemas ou simplesmente não pensar neles pode proporcionar um alívio temporário, mas na minha opinião há uma abordagem melhor. Se enfrentarmos diretamente nosso sofrimento, estaremos em melhor posição para apreciar a profundidade do problema e sua natureza. Na guerra, enquanto permanecermos na ignorância do *status* e da capacidade bélica do inimigo, estaremos totalmente despreparados e paralisados pelo medo. Porém, se conhecermos a capacidade bélica do inimigo, que tipos de armas ele possui e assim por diante, nesse caso estaremos em posição muito melhor quando travarmos combate. Da mesma forma, se enfrentarmos nossos problemas em vez de evitá-los, estaremos em melhor posição para lidar com eles.

Esse modo de enfocar nossos problemas era nitidamente razoável, mas eu quis aprofundar um pouco mais a questão.

– É, mas e se enfrentássemos um problema de frente e descobríssemos que não há solução para ele? É algo bem difícil de encarar.

– Mas ainda assim acho que é melhor encarar essa realidade – respondeu ele, em tom marcial. – Por exemplo, poderíamos considerar negativos e indesejáveis aspectos como a velhice e a morte; e poderíamos simplesmente tentar nos esquecer da sua existência. Mas com o tempo eles acabam ocorrendo de qualquer modo. E se estivemos evitando pensar nesses acontecimentos, quando chegar o dia em que ocorram, tudo virá como um choque, causando uma insuportável perturbação mental. No entanto, se dedicarmos algum tempo a pensar na velhice, na morte e em outras tristezas, nossa mente estará muito mais estável quando elas surgirem, já que estaremos familiarizados com esses problemas e tipos de sofrimento, e teremos previsto que ocorreriam.

◆

"É por isso que acredito que possa ser útil uma preparação antecipada através da familiarização com os tipos de sofrimento que poderíamos enfrentar. Voltando a usar a analogia do combate, refletir sobre o sofrimento pode ser encarado como um exercício militar. Pessoas que nunca ouviram falar em guerra, armas, bombardeios e similares poderiam desmaiar se precisassem travar combate. No entanto, através de treinamento militar, a mente poderia se familiarizar com o que pudesse ocorrer; de modo que, se eclodisse uma guerra, não seria tão difícil encará-la."

– Bem, dá para entender como a familiarização com os tipos de sofrimento que poderíamos enfrentar teria algum valor na redução do medo e da apreensão, mas ainda me parece que certos dilemas não apresentam nenhuma opção além da possibilidade do sofrimento. Como podemos evitar a preocupação nessas circunstâncias?

– Um dilema como o quê, por exemplo?

Parei para refletir um pouco.

– Bem, digamos que uma mulher esteja grávida e que um exame do líquido amniótico ou uma ultra-sonografia revele que a criança terá um grave defeito de nascença. Descobrem que a criança terá alguma deficiência mental ou física de extrema gravidade. Portanto, é óbvio que a mulher seja tomada pela ansiedade por não saber o que fazer. Ela pode resolver agir diante da situação e fazer um aborto, para poupar o bebê de toda uma vida de sofrimento; mas nesse caso ela pode passar por um sentimento de enorme perda e dor; e talvez tenha outros sentimentos, como a culpa. Ou ainda, ela pode optar por deixar a natureza seguir seu curso e ter o bebê. Nesse caso, porém, ela pode ter

◆

de encarar toda uma vida de dificuldades e sofrimento para a criança e para si mesma.

O Dalai-Lama ouvia atentamente enquanto eu falava.

– Se abordamos esses problemas a partir da perspectiva ocidental ou da budista, esses tipos de dilema são extremamente difíceis – respondeu ele, num tom algo melancólico. – Nesse seu exemplo sobre a decisão de abortar o feto com um problema genético... ninguém sabe no fundo o que seria melhor a longo prazo. Mesmo que uma criança nasça com uma deficiência, talvez a longo prazo isso seja melhor para a mãe, para a família ou para a própria criança. Mas existe também a possibilidade de que, levando-se em conta as conseqüências futuras, talvez fosse melhor abortar. Talvez essa solução fosse mais positiva no final das contas. Enfim, quem decide? É muito difícil. Mesmo do ponto de vista do budismo, esse tipo de decisão fica além da nossa capacidade racional. – Ele fez uma pausa e acrescentou. – Na minha opinião, porém, a formação e as crenças da pessoa teriam um papel no modo pelo qual cada indivíduo poderia reagir a esse tipo de situação complicada...

Ficamos algum tempo sentados em silêncio. Afinal ele falou, abanando a cabeça.

– Quando refletimos sobre os tipos de sofrimento aos quais estamos sujeitos, podemos nos preparar mentalmente para esses fatos com antecedência até certo ponto, relembrando-nos de que podemos deparar com esses tipos de dilema na nossa vida. Podemos, portanto, nos preparar em termos mentais. Não deveríamos, entretanto, ignorar o fato de que essa atitude não ameniza a situação. Ela pode nos ajudar a lidar *mentalmente* com a situação, a reduzir o medo e assim por diante, mas não ameniza o problema em si. Por exemplo, se vai nascer uma criança com um defeito congênito, por mais que se tenha pensado sobre isso com antecedência, ainda assim é preciso descobrir uma forma de lidar com a situação. E isso continua sendo difícil.

Enquanto ele dizia essas palavras, havia uma nota de tristeza na sua voz – mais do que uma nota, talvez um acorde. Mas a melodia que a acompanhava não era de desesperança. Por um minuto inteiro, o Dalai-Lama permaneceu mais uma vez calado, olhando pela janela como se dali estivesse contemplando o mundo inteiro. Depois, prosseguiu.

– Não há como evitar o fato de que o sofrimento faz parte da vida. E naturalmente temos uma tendência a não apreciar nosso sofrimento e nossos problemas. Creio, porém, que em geral as pessoas não consideram que a própria natureza da nossa existência seja caracterizada pelo sofrimento... – De repente, o Dalai-Lama começou a rir. – Ou seja, no dia do nosso aniversário as pessoas costumam dizer "Feliz aniversário!", quando na realidade o dia do nosso nascimento foi o dia do nascimento do sofrimento. Só que ninguém diz "Feliz dia-do-nascimento-do-sofrimento!" – comentou ele em tom de brincadeira.

– Ao aceitar que o sofrimento faz parte da nossa existência diária, poderíamos começar pelo exame dos fatores que normalmente fazem surgir sentimentos de insatisfação e infelicidade mental. Em geral, por exemplo, nós nos sentimos felizes se nós mesmos, ou pessoas que nos são chegadas, recebemos elogios, temos acesso à fama, à fortuna e a outras coisas agradáveis. E nos sentimos infelizes e insatisfeitos se não obtemos esses sinais de sucesso ou se eles

◆

vão para as mãos de algum rival nosso. Se observarmos o dia-a-dia de uma vida normal, porém, com freqüência descobriremos que são inúmeros os fatores e condições que causam dor, sofrimento e sentimentos de insatisfação, ao passo que as condições que fazem surgir a alegria e a felicidade são raras em comparação. Temos de passar por isso, quer gostemos quer não. E, como essa é a realidade da nossa existência, talvez precisemos modificar nossa atitude diante do sofrimento. *Nossa atitude diante do sofrimento passa a ser muito importante porque ela pode afetar nosso modo de lidar com o sofrimento quando ele surgir.* Ora, nossa atitude habitual consiste numa intensa aversão e intolerância à nossa dor e sofrimento. *Entretanto, se pudermos transformar nossa atitude diante do sofrimento, adotar uma postura que nos permita uma maior tolerância quanto a ele, isso poderá ajudar em muito a neutralizar sentimentos de infelicidade, insatisfação e desgosto.*

"No meu caso pessoal, a prática mais forte e mais eficaz para ajudar a tolerar o sofrimento consiste em ver e entender que o sofrimento é a natureza essencial da *Samsara*\*, da existência não iluminada. Ora, quando passamos por alguma dor física ou qualquer outro problema, naturalmen-

---

\* *Samsara* (sânscrito) é um estado da existência caracterizado por infinitos ciclos de vida, morte e renascimento. Esse termo também se refere ao estado normal da nossa existência diária, que é caracterizado pelo sofrimento. Todos os seres permanecem nesse estado, impulsionados por registros cármicos de atos passados e de estados mentais negativos, caracterizados pela "ilusão", até que cada um elimine da mente todas as tendências negativas e atinja um estado de Liberação.

◆

te naquele instante há uma sensação de queixa, porque o sofrimento é muito forte. Há um sentimento de rejeição associado ao sofrimento, como se não devêssemos estar passando por aquilo. Naquele instante, porém, se pudermos encarar a situação de outro ângulo e perceber que este corpo... – ele deu um tapa no braço, como demonstração – é a própria base do sofrimento, isso reduz aquele sentimento de rejeição... aquele sentimento de que de algum modo não merecemos sofrer, de que somos vítimas. Portanto, uma vez que compreendamos e aceitemos essa realidade, passaremos a vivenciar o sofrimento como algo que é perfeitamente natural.

"Logo, por exemplo, quando lidamos com o sofrimento pelo qual passou o povo tibetano, por um lado, poderíamos observar a situação e nos sentir arrasados, perguntando a nós mesmos: 'Como é que foi acontecer uma coisa dessas?' Já de outro ângulo poderíamos refletir sobre o fato de que o Tibete também se encontra no meio da *Samsara* – disse ele, com uma risada –, da mesma forma que o planeta e a galáxia inteira. – Ele riu novamente.

– Por isso, seja como for, nosso modo de perceber a vida como um todo influencia nossa atitude diante do sofrimento. Por exemplo, se nosso enfoque básico é o de que o sofrimento é negativo, precisa ser evitado a todo custo e, em certo sentido, é um sinal de fracasso, essa postura acrescentará um nítido componente psicológico de ansiedade e intolerância quando enfrentarmos circunstâncias difíceis, uma sensação de estar arrasado. Por outro lado, se nosso enfoque básico aceitar que o sofrimento é uma parte natural da existência, isso indubitavelmente nos tornará mais tolerantes diante das adversidades da vida. E, sem um certo grau de tolerância para com o sofrimento, nossa vida passa a ser insuportável. É como passar uma noite péssima. Essa noite parece eterna; parece que não vai terminar nunca.

– A meu ver, quando o senhor diz que a natureza implícita da existência é caracterizada pelo sofrimento, que em sua essência ela é insatisfatória, isso me sugere uma visão bastante pessimista, na realidade bem desanimadora – comentei. O Dalai-Lama rapidamente esclareceu sua posição.

– Quando falo da natureza insatisfatória da existência, é preciso entender que isso se insere no contexto do caminho budista como um todo. Essas reflexões precisam ser compreendidas no seu contexto adequado, que é dentro das coordenadas do caminho budista. Se não se tiver essa visão do sofrimento dentro do seu contexto adequado, concordo que existe um perigo, ou mesmo uma probabilidade, de que esse tipo de abordagem seja considerado equivocadamente como bastante pessimista e negativo. Conseqüentemente, é importante compreender a postura básica do budismo diante de toda a questão do sofrimento. Isso nós encontramos nos próprios ensinamentos públicos do Buda. O primeiro ponto que ele ensinou foi o princípio das Quatro Nobres Verdades, a primeira das quais é a Verdade do Sofrimento. E, nesse princípio, dá-se muita ênfase à conscientização da natureza sofredora da nossa existência.

"O que temos de ter em mente é que a razão pela qual é tão importante refletir sobre o sofrimento está na possibilidade de uma saída, de uma alternativa. *Existe a possibilidade de nos liberarmos do sofrimento.* Com a eliminação das causas do sofrimento, é possível alcançar um estado de Liberação, um estado imune ao sofrimento. De acordo com o pensamento budista, as causas primeiras do sofrimento são a ignorância, a ganância e o ódio. Esses são considerados os 'três venenos da mente'. Esses termos têm conotações específicas quando usados dentro de um contexto budista. Por exemplo, a 'ignorância' não se refere a uma falta de informação, como o termo é usado no sentido corriqueiro, mas se refere, sim, a um equívoco fundamental de percepção da verdadeira natureza do eu e de todos os fenômenos. Quando geramos uma percepção profunda da verdadeira natureza da realidade e eliminamos estados mentais aflitivos, tais como a ganância e o ódio, podemos atingir um estado mental totalmente purificado, livre do sofrimento. Dentro de um contexto budista, quando refletimos sobre o fato de que nossa existência normal do dia-a-dia é caracterizada pelo sofrimento, isso serve para nos estimular a adotar práticas que eliminem as causas primeiras do nosso sofrimento. Se não fosse assim, se não houvesse esperança, nem nenhuma possibilidade de nos livrarmos do sofrimento, a simples reflexão sobre o sofrimento seria apenas uma atividade mórbida e totalmente negativa.

Enquanto ele falava, comecei a perceber como refletir sobre nossa "natureza sofredora" poderia influenciar nossa aceitação das inevitáveis tristezas da vida e poderia até mesmo ser um método valioso para pôr nossos problemas diários numa perspectiva adequada. Comecei também a me dar conta de como o sofrimento poderia chegar mesmo a ser visto num contexto mais amplo, como parte de um caminho espiritual maior, especialmente tendo em vista o paradigma budista, que reconhece a possibilidade de purificação da mente e de que se acabe por alcançar um estado em que não mais haja sofrimento. No entanto, afastando-me dessas importantes especulações filosóficas, eu estava curioso por saber como o Dalai-Lama lidava com o sofrimento num nível mais pessoal, como ele enfrentava, por exemplo, a morte de um ser amado.

Quando visitei Dharamsala pela primeira vez muitos anos atrás, conheci o irmão mais velho do Dalai-Lama, Lobsang Samden. Gostei muito dele e me entristeci ao saber da sua morte repentina há alguns anos.

– Imagino que a morte do seu irmão Lobsang tenha sido um golpe para o senhor... – disse eu, sabendo que ele e o Dalai-Lama eram muito íntimos.

– Foi.

– Eu só gostaria de saber como o senhor lidou com o fato.

– Naturalmente, fiquei muito, muito triste quando soube da sua morte – disse ele, baixinho.

– E como o senhor lidou com esse sentimento de tristeza? Quer dizer, houve alguma coisa específica que o ajudou a superá-lo?

– Não sei – disse ele, pensativo. – Senti aquela tristeza por algumas semanas, mas aos poucos ela se dissipou. Mesmo assim, havia uma sensação de remorso...

– Remorso?

– É. Eu estava viajando quando ele morreu; e acho que, se estivesse lá, talvez houvesse alguma coisa que eu teria podido fazer para ajudar. Por isso, sinto esse remorso.

◆

Uma vida inteira de contemplação da inevitabilidade do sofrimento humano pode ter desempenhado um papel para ajudar o Dalai-Lama a aceitar sua perda, mas ela não gerou um indivíduo frio e desprovido de emoções, com uma severa resignação diante do sofrimento. A tristeza na sua voz revelava um homem de profunda sensibilidade humana. Ao mesmo tempo, a franqueza e honestidade da sua atitude, totalmente desprovida de autocomiseração ou de auto-recriminação, transmitiam a impressão inconfundível de um homem que aceitara plenamente sua perda.

Naquele dia, nossa conversa se estendera até o final da tarde. Lâminas de luz dourada, entrando pelas venezianas de madeira, avançavam lentamente pela sala que ia escurecendo. Percebi uma atmosfera melancólica a impregnar o ambiente e soube que nossa conversa estava chegando ao final. Mesmo assim, eu esperava fazer-lhe perguntas mais detalhadas sobre a questão da perda, para ver se ele teria outros conselhos sobre como sobreviver à morte de um ente querido, que não fosse a simples aceitação da inevitabilidade do sofrimento humano.

Quando eu estava a ponto de me estender nesse assunto, porém, ele me pareceu algo perturbado; e eu percebi uma sombra de exaustão nos seus olhos. Logo, seu secretário entrou em silêncio e me lançou O Olhar. Aprimorado em anos de prática, ele indicava que estava na hora de eu ir embora.

– É... – disse o Dalai-Lama, em tom de desculpas – talvez devêssemos encerrar... estou um pouco cansado.

No dia seguinte, antes que eu tivesse oportunidade de voltar ao assunto nas nossas conversas particulares, a questão foi levantada na sua palestra ao público.

◆

– O senhor tem alguma sugestão sobre como lidar com uma grande perda pessoal, como a perda de um filho? – perguntou um membro da platéia, em evidente sofrimento.

– Até certo ponto – respondeu o Dalai-Lama, com um tom suave de compaixão – isso depende das crenças pessoais do indivíduo. Se as pessoas acreditam na reencarnação, em conformidade com isso há algum modo de reduzir a tristeza ou a preocupação. Elas podem consolar-se com o fato de que seu ente querido venha a renascer.

"Para aquelas pessoas que não acreditam na reencarnação, creio que ainda existem alguns métodos simples para ajudar a lidar com a perda. Para começar, elas poderiam considerar que, caso se preocupem demais, permitindo que sejam dominadas pela sensação de perda e tristeza, e caso persistam nessa sensação de ser dominadas, isso não só seria destrutivo e prejudicial para elas, acabando com sua saúde, mas também não traria nenhum benefício à pessoa que tivesse falecido.

"No meu caso, por exemplo, perdi meu mestre mais respeitado, minha mãe e também um dos meus irmãos. Naturalmente, quando eles faleceram, senti muita, muita tristeza. Então eu não parava de pensar que de nada adiantava tanta aflição; e que, se eu de fato amava aquelas pessoas, precisava cumprir seus desejos com a mente serena. E eu me esforço ao máximo para fazer isso. Portanto, na minha opinião, se perdemos alguém que nos é muito querido, essa é a forma correta de abordar a situação. Vejam bem, o melhor modo de guardar uma lembrança daquela pessoa, a melhor recordação, é ver se conseguimos realizar os desejos daquela pessoa.

◆

"Naturalmente, de início, os sentimentos de dor e ansiedade são a reação humana natural a uma perda. No entanto, se permitirmos que esses sentimentos de perda e aflição perdurem, surge um perigo. Se esses sentimentos não forem controlados, poderão levar a uma espécie de ensimesmamento. Uma situação em que o foco de atenção passa a ser o próprio eu. E quando isso acontece, somos dominados pela sensação da perda e temos a impressão de que só nós estamos passando por aquilo. Instala-se a depressão. Mas, na realidade, existem outros que estarão passando pelo mesmo tipo de experiência. Portanto, se nos descobrimos aflitos demais, pode ajudar pensar em outras pessoas que vivem tragédias semelhantes ou até mesmo piores. Uma vez que percebamos isso, não nos sentiremos mais isolados, como se tivéssemos sido selecionados especialmente. Isso pode nos proporcionar algum tipo de conforto."

Embora a dor e o sofrimento sejam vivenciados por todos os seres humanos, muitas vezes tive a sensação de que as pessoas criadas em algumas culturas orientais parecem ter uma tolerância e aceitação maiores diante do sofrimento. Em parte, isso pode decorrer das suas crenças, mas talvez seja por ser o sofrimento mais visível em nações mais pobres, como a Índia, do que em países mais prósperos. A fome, a pobreza, a doença e a morte apresentam-se aos olhos de todos. Quando uma pessoa envelhece ou adoece, ela não é marginalizada, despachada para asilos para receber os cuidados de profissionais da saúde: essas pessoas permanecem na comunidade e são tratadas pela família. Quem vive em contato diário com as realidades da vida não pode negar facilmente que a vida é caracterizada pelo sofrimento, que ele é uma parte natural da existência.

À medida que a sociedade ocidental conquistou a capacidade de limitar o sofrimento causado pelas duras condições de vida, ela parece ter perdido a capacidade de lidar com o sofrimento que ainda resta. Estudos realizados por cientistas sociais salientaram que a maioria das pessoas na sociedade ocidental moderna costuma passar pela vida acreditando que o mundo é essencialmente um lugar agradável para morar, que a vida é em grande parte justa e que elas são boas pessoas que merecem que lhes aconteçam coisas boas. Essas crenças podem ter uma influência importante para se levar uma vida mais feliz e mais saudável. No entanto, o inevitável surgimento do sofrimento solapa essas crenças e pode dificultar a continuidade dessa vida feliz e eficaz. Nesse contexto, um trauma relativamente insignificante pode ter um impacto psicológico enorme já que a pessoa perde a fé nas suas crenças essenciais a respeito de um mundo justo e benevolente. Disso resulta uma intensificação do sofrimento.

Não há dúvidas de que, com a tecnologia crescente, o nível geral de conforto físico aumentou para muitos na sociedade ocidental. É nesse ponto que ocorre uma mudança crítica na percepção. Como o sofrimento se torna menos visível, ele não é mais visto como parte da natureza fundamental dos seres humanos – mas, sim, como uma anomalia, um sinal de que algo deu terrivelmente errado, um indício de "colapso" de algum sistema, uma violação da nossa garantia de direito à felicidade!

◆

Esse tipo de linha de pensamento apresenta riscos ocultos. Se pensarmos no sofrimento como algo antinatural, algo que não deveríamos estar vivenciando, não será um grande salto começar a procurar por alguém a quem possamos culpar pelo nosso sofrimento. Se me sinto infeliz, é porque devo ser a "vítima" de alguém ou de algo – uma idéia que infelizmente é bastante comum no Ocidente. O verdugo pode ser o governo, o sistema educacional, pais violentos, uma "família desajustada", o outro sexo ou nosso parceiro insensível. Ou ainda pode ser que voltemos a culpa para dentro: há algo de errado comigo, sou vítima de alguma enfermidade, ou de genes defeituosos, talvez. No entanto, o risco envolvido em continuarmos a atribuir culpa e a manter a postura de vítima é a perpetuação do nosso sofrimento – com sentimentos persistentes de raiva, frustração e ressentimento.

Naturalmente, o desejo de nos livrarmos do sofrimento é o objetivo legítimo de cada ser humano. É o corolário do nosso desejo de sermos felizes. Portanto, é perfeitamente apropriado que pesquisemos as causas da nossa infelicidade e façamos o que for possível para aliviar nossos problemas, procurando por soluções em todos os níveis – global, da sociedade, da família e do indivíduo. Porém, enquanto encararmos o sofrimento como um estado antinatural, uma condição anormal que tememos, evitamos e rejeitamos, nunca erradicaremos as causas do sofrimento para começar a levar uma vida feliz.

## Capítulo 9

# O SOFRIMENTO CRIADO PELA PRÓPRIA PESSOA

Na sua primeira consulta, o senhor de meia-idade, bem tratado, trajando com elegância um austero terno escuro Armani, sentou-se com uma atitude educada porém reservada e começou a relatar o que o trazia ao consultório. Falava bastante baixo, com uma voz controlada, comedida. Percorri a lista de perguntas normais: descrição da queixa, idade, formação, estado civil...

– Aquela vagabunda! – gritou ele, de repente, a voz espumando de raiva. – A peste da minha mulher! EX-mulher, agora. Ela estava tendo um caso em segredo! Depois de tudo o que eu fiz por ela. Aquela... aquela... PIRANHA! – Sua voz foi ficando mais alta, mais furiosa e mais cheia de veneno, enquanto ele repassava queixas e mais queixas contra a ex-mulher ao longo dos vinte minutos seguintes.

A sessão estava chegando ao final. Percebendo que ele estava só ganhando ímpeto e que poderia facilmente continuar a falar daquele jeito por horas, tentei redirecioná-lo.

– Bem, a maioria das pessoas tem dificuldade para se ajustar a um divórcio recente; e sem dúvida esse é um assunto do qual poderemos tratar em sessões futuras – disse eu, em tom conciliador. – Por sinal, há quanto tempo está divorciado?

– Há dezessete anos, completos em maio.

No último capítulo, examinamos a importância de aceitar o sofrimento como um fato natural da existência humana. Embora alguns tipos de sofrimento sejam inevitáveis, outros são criados pela própria pessoa. Estudamos, por exemplo, como a recusa a aceitar o sofrimento como parte natural da vida pode levar a que a pessoa se considere uma eterna vítima e culpe os outros pelos seus problemas – uma receita infalível para uma vida infeliz.

No entanto, também aumentamos nosso sofrimento de outros modos. Com extrema freqüência perpetuamos nossa dor, mantendo-a viva com a repetição infinita das nossas mágoas em pensamento, ao mesmo tempo que exageramos as injustiças sofridas. Repassamos nossas lembranças dolorosas talvez com o desejo inconsciente de que de algum modo isso mude a situação, mas ela nunca muda. Naturalmente, às vezes essa infindável narração das nossas desgra-

♦

ças pode servir a um objetivo limitado. Ela pode acrescentar dramaticidade e uma certa emoção à nossa vida, ou despertar atenção e solidariedade nos outros. Mas isso parece não compensar a infelicidade que continuamos a suportar.

Ao falar sobre como aumentamos nosso próprio sofrimento, o Dalai-Lama deu uma explanação.

– Podemos ver que há muitas formas pelas quais contribuímos ativamente para nossa própria experiência de sofrimento e inquietação mental. Embora em geral as próprias aflições emocionais e mentais possam surgir naturalmente, com freqüência é nosso reforço dessas emoções negativas que as torna muito mais graves. Por exemplo, se sentimos raiva ou ódio por uma pessoa, há menos probabilidade de que essa emoção atinja um nível muito intenso se nós a deixarmos de lado. Porém, se pensarmos nas deslealdades que nos teriam sido feitas, nas formas pelas quais fomos tratados injustamente, e se não pararmos de remoer essas coisas o tempo todo, isso alimenta o ódio. Essa atitude confere ao ódio muito poder e intensidade. Naturalmente, o mesmo pode se aplicar a algum apego que tenhamos por uma determinada pessoa. Podemos nutrir esse sentimento pensando em como a pessoa é linda; e, enquanto não paramos de pensar nas qualidades projetadas que vemos na pessoa, o apego vai ficando cada vez mais forte. Isso demonstra, entretanto, como nós podemos, através do pensamento e da familiaridade constante, tornar nossas emoções mais fortes e intensas.

"Também costumamos aumentar nossa dor e sofrimento sendo excessivamente sensíveis, reagindo com exagero a fatos insignificantes e às vezes levando as coisas para um lado muito pessoal. Nossa tendência é a de levar fatos ínfimos muito a sério e ampliá-los de modo totalmente desproporcional, ao mesmo tempo que permanecemos indiferentes ao que é realmente importante, àqueles fatos que têm efeitos profundos na nossa vida além de conseqüências e implicações duradouras.

"Por isso, creio que o fato de sofrermos ou não depende em grande parte de como *reagimos* a uma determinada situação. Por exemplo, digamos que tenhamos descoberto que alguém está falando mal de nós pelas nossas costas. Se reagirmos a essa informação de que alguém está falando mal de nós, a esse fato negativo, com uma sensação de mágoa ou raiva, somos *nós mesmos* que estamos destruindo nossa paz de espírito. Nossa dor é nossa própria criação pessoal. Por outro lado, se nos contivermos para não reagir de modo negativo, se deixarmos que a calúnia se dissipe como um vento silencioso que passa por trás da nossa cabeça, estaremos nos protegendo daquela sensação de mágoa, daquela sensação de agonia. Logo, embora nem sempre sejamos capazes de evitar situações difíceis, podemos modificar a intensidade do nosso sofrimento pela escolha de como reagiremos à situação."

*"Também costumamos aumentar nossa dor e sofrimento sendo excessivamente sensíveis, reagindo com exagero a fatos insignificantes e às vezes levando as coisas para um lado muito pessoal..."* Com essas palavras, o Dalai-Lama reconhece a origem de muitas irritações do dia-a-dia que podem se acumular de modo a representar uma importante fonte de

sofrimento. Alguns terapeutas às vezes chamam esse processo de *personalização* da dor – a tendência a estreitar nosso campo de visão psicológica, interpretando ou confundindo tudo o que ocorre em termos do seu impacto sobre nós.

Uma noite eu estava jantando com um colega de trabalho num restaurante. O serviço no restaurante acabou se revelando muito lento; e, desde o momento em que nos sentamos, meu colega começou a se queixar.

– Veja só! Aquele garçom parece uma lesma! Onde é que ele pensa que está? Acho que está nos ignorando de propósito!

Embora nenhum de nós dois tivesse qualquer compromisso urgente, as queixas do meu colega quanto à lentidão do serviço continuaram a aumentar ao longo da refeição e se expandiram numa ladainha de reclamações sobre a comida, a louça, os talheres e qualquer outro detalhe que não fosse do seu agrado. Ao final da refeição, o garçom nos ofereceu duas sobremesas de cortesia, com uma explicação.

– Peço desculpas pela demora do serviço hoje – disse, em tom sincero –, mas estamos com falta de pessoal. Houve um falecimento na família de um dos cozinheiros, e ele não veio hoje. Além disso, um dos auxiliares avisou que estava doente na última hora. Espero que a demora não tenha causado nenhum inconveniente...

– Mesmo assim, nunca mais vou voltar aqui – resmungou entre dentes meu colega, com irritação, enquanto o garçom se afastava.

Esse é um pequeno exemplo de como contribuímos para nosso próprio sofrimento quando levamos para o lado

◆

pessoal cada situação irritante, como se ela tivesse sido intencionalmente dirigida a nós. Nesse caso, o resultado foi apenas uma refeição desagradável, uma hora de aborrecimento. Porém, quando esse tipo de raciocínio passa a ser um modelo geral de relacionamento com o mundo e se estende a cada comentário feito por nossa família ou amigos, ou mesmo a acontecimentos na sociedade como um todo, ele pode se tornar uma fonte importante da nossa infelicidade.

Ao descrever as implicações mais amplas desse tipo de raciocínio limitado, Jacques Lusseyran fez uma vez uma observação perspicaz. Lusseyran, cego desde os oito anos de idade, foi o fundador de um grupo de resistência na Segunda Guerra Mundial. Acabou sendo capturado pelos alemães e encarcerado no campo de concentração de Buchenwald. Mais tarde, ao relatar suas experiências no campo, Lusseyran afirmou: "... Percebi então que a infelicidade chega a cada um de nós porque acreditamos ser o centro do universo, porque temos a triste convicção de que só nós sofremos ao ponto da intensidade insuportável. A infelicidade é sempre se sentir cativo na própria pele, no próprio cérebro."

### "MAS NÃO É JUSTO!"

No nosso dia-a-dia, os problemas surgem invariavelmente. No entanto, os problemas em si não causam automaticamente o sofrimento. Se conseguirmos lidar diretamente com nosso problema e voltar nossas energias para descobrir uma solução, por exemplo, o problema pode ser transformado num desafio. Porém, se acrescentarmos à receita uma sensação de que nosso problema é "injusto", estaremos juntando um ingrediente que pode se tornar um poderoso combustível para a geração de inquietação mental e sofrimento emocional. E então não só passamos a ter dois problemas em vez de um, mas essa sensação de "injustiça" nos perturba, nos corrói e nos rouba a energia necessária para resolver o problema original.

Levantando essa questão com o Dalai-Lama um dia de manhã, fiz-lhe uma pergunta.

– Como podemos lidar com o sentimento de injustiça que tantas vezes nos atormenta quando surgem problemas?

– Pode haver uma variedade de modos para lidar com o sentimento de que nosso sofrimento não é justo. Já falei da importância de aceitar o sofrimento como um fato natural da existência humana. E creio que, sob certos aspectos, os tibetanos poderiam estar em melhor posição para aceitar a realidade dessas situações difíceis já que diriam que talvez seja por causa do seu carma no passado. Eles atribuirão a situação a atos negativos cometidos nesta vida ou numa vida anterior; e assim existe para eles um maior grau de aceitação. Já vi algumas famílias nos nossos povoados na Índia, em situações dificílimas: vivendo em condições miseráveis e, ainda por cima, com filhos cegos dos dois olhos ou às vezes com deficiência mental. E de algum modo essas senhoras ainda conseguem cuidar deles, dizendo simplesmente que é o carma dos filhos, que é seu destino.

"Ao mencionar o carma, creio ser importante salientar e compreender que às vezes, em decorrência de uma compreensão falha da doutrina do carma, há uma tendência a culpar o carma por tudo e a procurar isentar a pessoa da responsabilidade ou da necessidade de ter iniciativa pessoal. Seria perfeitamente fácil dizer: 'Isso é devido ao meu carma, meu carma passado negativo, e o que eu posso fazer? Não há solução!' Essa é uma compreensão totalmente equivocada do carma, porque, embora nossas experiências sejam conseqüências dos nossos atos passados, isso não quer dizer que o indivíduo não tenha nenhuma escolha ou que não haja nenhum espaço para a iniciativa de mudança, para concretizar mudanças positivas. E isso vale para todos os setores da vida. Não deveríamos nos tornar passivos, nem procurar nos eximir da necessidade de tomar iniciativas pessoais com base no raciocínio de que tudo resulta do carma, porque, se compreendermos corretamente o conceito do carma, entenderemos que carma significa 'ação'. O carma é um processo muito atuante. E, quando falamos no carma, ou na ação, estamos falando da própria ação cometida pelo sujeito, nesse caso por nós mesmos, no passado. Portanto, está em grande parte nas nossas mãos no presente o tipo de futuro que surgirá. Ele será determinado pelo tipo de iniciativa que adotarmos agora.

"Portanto, o carma não deveria ser compreendido em termos de um tipo de força estática, passiva; mas, sim, deveria ser encarado como um processo em movimento. Isso indica haver um importante papel para o indivíduo desempenhar na determinação do curso do processo cármico. Por exemplo, mesmo um simples ato ou um simples propósito, como o de satisfazer nossa necessidade de alimento... Para realizar esse mero objetivo, precisamos de uma ação de nossa parte. Precisamos procurar alimentos e depois precisamos ingeri-los. Isso demonstra que mesmo para o ato mais simples, mesmo um objetivo fácil é atingido por meio da ação..."

– Bem, reduzir a sensação de injustiça com a aceitação de que ela resulta do nosso carma pode ser eficaz para os budistas – aparteei. – E aqueles que não acreditam na doutrina do carma? Muitos no Ocidente, por exemplo...

– As pessoas que acreditam na idéia de um Criador, de um Deus, podem aceitar circunstâncias árduas com mais facilidade, encarando-as como parte da criação ou dos desígnios de Deus. Elas podem sentir que, apesar de a situação parecer muito negativa, Deus é todo-poderoso e muito misericordioso; de modo que pode haver algum significado, alguma importância, por trás da situação, de que não nos damos conta. Creio que esse tipo de fé pode apoiá-las e ajudá-las durante períodos de sofrimento.

– E aqueles que não acreditam nem na doutrina do carma, nem na idéia de um Deus Criador?

– Para um descrente... – o Dalai-Lama ponderou por alguns minutos antes de responder – ...talvez pudesse ajudar um enfoque prático, científico. Na minha opinião, os cientistas geralmente consideram muito importante examinar um problema com objetividade, para estudá-lo sem grande envolvimento emocional. Com esse tipo de abordagem, podemos encarar o problema com a seguinte atitude: "se houver um meio de combatê-lo, então lute, mesmo que seja preciso recorrer à justiça!" – Ele deu uma risada. – Então, se descobrirmos que não há meios de vencer, podemos simplesmente deixar para lá.

"Uma análise objetiva de situações difíceis ou problemáticas pode ser muito importante porque com essa abordagem com freqüência descobrimos que nos bastidores pode haver outros fatores em jogo. Se sentimos que estamos sendo tratados com injustiça pelo nosso chefe no trabalho, pode haver outros fatores atuando. Ele pode estar irritado com alguma outra coisa, uma discussão com a mulher naquela manhã, ou algo semelhante, e seu comportamento pode não ter nada a ver conosco particularmente; pode nem ter sido especificamente dirigido a nós. Naturalmente, ainda precisamos enfrentar a situação, qualquer que ela possa ser, mas pelo menos, com esse enfoque, podemos não sofrer aquela ansiedade adicional que acompanharia a situação."

– Será que esse tipo de abordagem "científica", na qual analisamos a situação com objetividade, também não poderia nos ajudar a descobrir formas pelas quais nós mesmos podemos estar contribuindo para o problema? E isso não poderia ajudar a reduzir a sensação de injustiça associada à situação difícil?

– É mesmo! – respondeu ele, com entusiasmo. – Isso decididamente faria uma diferença. Em geral, se examinarmos com cuidado qualquer situação dada, com uma atitude honesta e imparcial, perceberemos que, em grande parte, nós também somos responsáveis pelo desenrolar dos acontecimentos.

"Por exemplo, muita gente culpou Saddam Hussein pela Guerra do Golfo. Mais tarde, em várias ocasiões, dei expressão ao meu sentimento de que essa era uma injustiça. Nessas circunstâncias, eu no fundo sinto até um pouco de pena de Saddam Hussein. É claro que ele é um ditador, e sem dúvida há muitos outros aspectos negativos nele. Se examinarmos a situação por alto, é fácil atribuir toda a culpa a ele. Afinal é um ditador, totalitário, e até mesmo seu olhar é um pouco assustador! – Ele deu uma risada. – Mas, sem o exército, sua capacidade de fazer algum mal é limitada; e, sem equipamento bélico, aquele poderoso exército não tem como funcionar. Todo esse equipamento militar não se produz sozinho, a partir do nada! Portanto, quando examinamos a questão desse modo, vemos que muitas nações estão envolvidas.

"Logo", prosseguiu o Dalai-Lama, "costuma ser nossa tendência normal culpar os outros, fatores externos, por nossos problemas. Além disso, costumamos procurar por uma causa única, para depois tentar nos eximir da responsabilidade. Parece que, sempre que estão envolvidas emoções fortes, há uma tendência a surgir uma disparidade entre a aparência das coisas e como elas realmente são. Nesse caso, se nos aprofundarmos mais e analisarmos a situação com muito cuidado, veremos que Saddam Hussein é parte da origem do problema, é um dos fatores, mas há também outras condições que contribuíram para a situação. Uma vez que nos demos conta disso, desaparece automaticamente nossa atitude anterior de que ele é a *única* causa, e vem à tona a realidade da situação.

"Essa prática envolve um modo holístico de encarar as coisas, com a percepção de que são muitos os acontecimentos que contribuem para uma situação. Por exemplo, nosso caso com os chineses. Ali também, há uma grande contribuição da nossa parte. Creio que talvez nossa geração possa ter contribuído para a situação; mas decididamente as gerações que nos antecederam foram na minha opinião muito negligentes, pelo menos até algumas gerações passadas. É por isso que acredito que nós, tibetanos, contribuímos para essa trágica situação. Não é justo pôr toda a culpa na China. No entanto, são tantos os aspectos. Embora possamos ter sido um fator que contribuiu para a situação, é claro que isso não quer dizer que a culpa seja exclusivamente nossa. Por exemplo, os tibetanos nunca se renderam completamente à opressão chinesa. Houve uma resistência contínua. Por causa dessa resistência, os chineses elaboraram uma nova política: a transferência de grandes contingentes de chineses para o Tibete, para que a população tibetana se torne insignificante, os tibetanos se sintam deslocados e o movimento pela liberdade não possa ser eficaz. Nesse caso, não podemos dizer que a resistência tibetana é culpada ou responsável pela política chinesa."

– Quando o senhor está procurando sua própria contribuição para uma situação, o que dizer daquelas situações que evidentemente não ocorrem por culpa sua, aquelas com as quais o senhor não tem nada a ver, até mesmo situações relativamente insignificantes do dia-a-dia, tais como quando alguém lhe diz uma mentira intencional? – perguntei.

– É claro que de início posso ter uma sensação de decepção quando alguém não é sincero comigo; mas mesmo nesse caso, se eu examinasse melhor a situação, poderia descobrir que de fato seu motivo para esconder algo de mim pode não resultar de uma intenção má. Pode ser que a pessoa simplesmente não confiasse totalmente em mim. Por isso, às vezes, quando me sinto decepcionado com esse tipo de incidente, procuro encará-lo de outro ângulo. Penso que talvez a pessoa não tenha querido confiar totalmente em mim porque eu não sou capaz de guardar segredo. Minha natureza geralmente tem a tendência a ser muito franca, e por isso a tal pessoa poderia ter concluído que eu não sou a pessoa certa que conseguiria manter algo em segredo, que eu talvez não seja capaz disso como muitas pessoas esperariam que eu fosse. Em outras palavras, não sou digno da plena confiança dessa pessoa em decorrência da minha natureza pessoal. Portanto, se olharmos por esse ângulo, eu consideraria que a causa teve como origem meu próprio defeito.

Mesmo partindo do Dalai-Lama, esse argumento pareceu um pouco forçado – descobrir "nossa própria contribuição" para a falta de sinceridade do outro. No entanto, enquanto ele falava, havia na sua voz uma franqueza genuína, que sugeria que de fato essa era uma técnica que ele já havia usado com bons resultados práticos na sua vida pessoal para ajudar a lidar com a adversidade. Ao aplicar essa técnica à nossa própria vida, naturalmente, talvez não tenhamos tanto sucesso na busca da nossa própria contribuição para uma situação problemática. Porém, quer tenhamos sucesso quer não, mesmo o *esforço* honesto de procurar por nossa própria contribuição para um problema permite uma certa mudança de enfoque que ajuda a derrubar os padrões mesquinhos de pensamento conducentes ao destrutivo sentimento da injustiça, que é a origem de tanta insatisfação em nós mesmos e no mundo.

◆

## A CULPA

Produtos de um mundo imperfeito, todos nós somos imperfeitos. Cada um de nós fez algo de errado. Há coisas que lamentamos – coisas que fizemos ou que deveríamos ter feito. Reconhecer nossos erros com um verdadeiro sentido de remorso pode servir para nos manter na linha na vida e pode nos estimular a corrigir nossos erros quando possível e dar os passos necessários para agir corretamente no futuro. Porém, se permitirmos que nosso remorso degenere, transformando-se em culpa excessiva, se nos agarrarmos à lembrança das nossas transgressões passadas com uma contínua atitude de censura e ódio a nós mesmos, isso não leva a nenhum objetivo, a não ser o de representar uma fonte implacável de autopunição e de sofrimento induzido por nós mesmos.

Durante uma conversa anterior na qual mencionamos rapidamente a morte do seu irmão, percebi que o Dalai-Lama falou de alguns remorsos relacionados à morte do irmão. Curioso por saber como ele lidava com sentimentos de remorso e possivelmente com sentimentos de culpa, voltei ao assunto numa conversa posterior.

– Quando estávamos falando da morte de Lobsang, o senhor mencionou remorsos. Houve outras situações na sua vida que o levaram a sentir remorso?

– Houve, sim. Por exemplo, havia um monge mais velho que vivia como eremita. Ele costumava vir me ver para receber ensinamentos, apesar de eu considerar que ele no fundo era mais capaz do que eu e que só me visitava como uma espécie de formalidade. Seja como for, ele veio me procurar um dia e me perguntou acerca de uma determinada prática esotérica de alto nível. Comentei despreocupadamente que essa seria uma prática difícil e que talvez fosse mais bem executada por alguém mais jovem, que pela tradição era uma prática que deveria ser iniciada durante a adolescência. Mais tarde descobri que o monge se matara a fim de renascer num corpo mais jovem para poder melhor realizar a prática...

– Mas isso é terrível! – comentei, surpreso com a história. – Deve ter sido um golpe para o senhor quando soube...

O Dalai-Lama assentiu, entristecido.

– Como o senhor lidou com esse sentimento de remorso? Como acabou se livrando dele?

O Dalai-Lama refletiu em silêncio por um bom tempo antes de responder.

– Não me livrei dele. Ele ainda existe. – Parou novamente antes de acrescentar. – Mas, muito embora esse sentimento de remorso ainda esteja aqui, ele não está associado a nenhuma sensação de peso ou de algo que me impeça de avançar. Não seria útil para ninguém se eu permitisse que esse remorso me acabrunhasse, que fosse apenas uma fonte de desânimo e depressão sem nenhuma finalidade, ou que atrapalhasse meu modo de levar a vida dando o melhor de mim.

Naquele momento, de um modo muito visceral, recebi mais uma vez o impacto da possibilidade muito real de um ser humano encarar de frente as tragédias da vida e de reagir com emoção, mesmo com um remorso profundo, mas

◆

sem mergulhar no excesso de culpa ou desprezo por si mesmo. A possibilidade de um ser humano aceitar plenamente a si mesmo, inteiro com suas limitações, fraquezas e equívocos de julgamento. A possibilidade de reconhecer uma situação negativa pelo que ela é e reagir com emoção, mas sem exagero. O Dalai-Lama lamentava sinceramente o incidente que descrevera mas assumia esse remorso com dignidade e leveza. E, embora o assumisse, ele nunca permitiu que o peso desse remorso o atrapalhasse, preferindo, sim, seguir adiante e concentrar sua atenção em ajudar os outros da melhor forma possível.

Às vezes, eu me pergunto se a capacidade de viver sem se entregar a uma culpa autodestrutiva não é em parte cultural. Quando relatei minha conversa com o Dalai-Lama a respeito do remorso a um amigo que é um estudioso do Tibete, ele me disse que, com efeito, o idioma tibetano nem mesmo tem um termo equivalente à palavra "culpa", embora tenha palavras que significam "remorso", "arrependimento" ou "lamento", com um sentido de "retificar as coisas no futuro". Qualquer que possa ser o componente cultural, porém, acredito que, com o questionamento dos nossos modos habituais de pensar e com o cultivo de uma perspectiva mental diferente baseada nos princípios descritos pelo Dalai-Lama, qualquer um de nós pode aprender a viver sem o estigma da culpa, que não faz nada a não ser causar a nós mesmos um sofrimento desnecessário.

## A RESISTÊNCIA À MUDANÇA

A culpa surge quando nos convencemos de termos cometido um erro irreparável. A tortura da culpa consiste em pensar que qualquer problema seja permanente. Entretanto, como não existe nada que não mude, também a dor cede – não há problema que persista. Esse é o aspecto positivo da mudança. O negativo é que nós oferecemos resistência à mudança em quase todos os campos da vida. O primeiro passo para nos livrarmos do sofrimento é investigar uma das causas principais: a resistência à mudança.

– É de extrema importância investigar as causas e origens do sofrimento, como ele surge – explicou o Dalai-Lama, ao descrever a natureza sempre mutante da vida. – É preciso iniciar o processo avaliando a natureza impermanente e transitória da nossa existência. Todos os objetos, acontecimentos e fenômenos são dinâmicos, mudam a cada instante; nada permanece estático. Meditar sobre a nossa circulação sangüínea poderia ajudar a firmar essa idéia: o sangue está em fluxo constante, em movimento; nunca fica parado. Essa natureza de mudanças momentâneas dos fenômenos é como um mecanismo inerente a eles. E, como faz parte da natureza de todos os fenômenos a mudança a cada momento, isso nos indica que a todas as coisas falta a capacidade de perdurar, falta a capacidade de permanecer. E, já que todas as coisas são sujeitas à mudança, nada existe numa condição permanente, nada consegue manter-se igual por sua própria força independente. Desse modo, todas as coisas estão sob a influência de outros fatores. Ou seja, a qualquer momento, por mais prazerosa ou agradável que possa ser nossa, experiência, ela cessará. Isso passa a ser a origem de uma categoria do sofrimento conhecida no budismo como o "sofrimento da mudança".

O conceito de impermanência desempenha um papel crucial no pensamento budista, e a contemplação da impermanência é uma prática essencial. A contemplação da impermanência atende a duas funções de vital importância dentro do caminho budista. Num nível convencional, ou num sentido corriqueiro, quem pratica o budismo contempla sua própria impermanência – o fato de que a vida é frágil e de que nunca sabemos quando iremos morrer. Quando se associa essa reflexão a uma crença na raridade da existência humana e na possibilidade de se alcançar um estado de Liberação espiritual, de se estar livre do sofrimento e dos intermináveis ciclos de reencarnação, essa contemplação serve para aumentar a determinação do praticante para usar seu tempo com maior proveito, dedicando-se às práticas espirituais que propiciarão essa Liberação. Num nível mais profundo, o da contemplação dos aspectos mais sutis da impermanência, da natureza impermanente de todos os fenômenos, tem início a busca do praticante pela compreensão da verdadeira natureza da realidade e, através dessa compreensão, pela dissipação da ignorância, que é a origem primordial do nosso sofrimento.

Portanto, embora a contemplação da impermanência tenha um enorme significado dentro de um contexto budista, surge a pergunta: será que a contemplação e compreensão da impermanência têm alguma aplicação prática no dia-a-dia também dos não-budistas? Se encararmos o conceito de "impermanência" a partir do ponto de vista da "mudança", a resposta é um absoluto "sim". Afinal de contas, quer encaremos a vida de uma perspectiva budista, quer de uma perspectiva ocidental, permanece o fato de que *a vida é transformação*. E na medida em que nos recusemos a aceitar esse fato e ofereçamos resistência às naturais mudanças da vida, continuaremos a perpetuar nosso próprio sofrimento.

A aceitação da mudança pode ser um importante fator na redução de uma boa proporção do sofrimento que criamos para nós mesmos. É muito freqüente, por exemplo, que causemos nosso próprio sofrimento, recusando-nos a nos desapegar do passado. Se definirmos nossa própria imagem em termos da aparência que tínhamos no passado ou em termos do que costumávamos conseguir fazer e não conseguimos agora, é bastante seguro supor que não vamos ficar mais felizes quando envelhecermos. Às vezes, quanto mais tentamos nos agarrar ao passado, mais grotesca e deformada torna-se nossa vida.

Embora a aceitação da inevitabilidade da mudança, como princípio geral, possa nos ajudar a lidar com muitos problemas, assumir um papel mais ativo, por meio do aprendizado específico sobre as mudanças normais na vida, pode prevenir uma proporção ainda maior da ansiedade rotineira que é a causa de muitos dos nossos problemas.

Com uma revelação do valor do reconhecimento das mudanças normais na vida, uma mãe de primeira viagem falou de uma visita que fizera às duas horas da manhã à emergência de um hospital.

◆

– Qual lhe parece ser o problema? – perguntou o pediatra.

– MEU FILHINHO! ESTÁ COM ALGUM PROBLEMA! – gritou ela, nervosa. – Acho que ele está engasgando ou algo parecido. A língua não pára de sair da boca. Ele só fica esticando a língua para fora... o tempo todo... como se quisesse cuspir alguma coisa, mas a boca está vazia...

Depois de algumas perguntas e um rápido exame, o médico tranqüilizou-a.

– Não há com que se preocupar. Quando um bebê vai crescendo, ele desenvolve uma percepção maior do próprio corpo e do que o corpo pode fazer. Seu filho acabou de descobrir a língua.


Margaret, uma jornalista de trinta e um anos, exemplifica a importância crítica de compreender e aceitar a mudança no contexto de um relacionamento pessoal. Ela me procurou queixando-se de uma leve ansiedade, que atribuía à dificuldade de se ajustar a um recente divórcio.

– Achei que poderia ser uma boa idéia fazer algumas sessões só para conversar com alguém – explicou –, para me ajudar a deixar o passado para trás e fazer a transição de volta à vida de solteira. Para ser franca, isso me deixa um pouco nervosa...

Pedi-lhe que descrevesse as circunstâncias do divórcio.

– Acho que teria de descrevê-lo como um divórcio amigável. Não houve grandes brigas, nem nada semelhante. Meu ex-marido e eu temos bons empregos; de modo que não tivemos problemas com a questão financeira. Temos um

♦

filho, mas ele parece ter se ajustado bem ao divórcio; e meu ex-marido e eu firmamos um acordo para custódia conjunta que está funcionando bem...

– O que eu queria era saber o que levou ao divórcio.

– Bem... acho que simplesmente perdemos a paixão – suspirou ela. – Parecia que aos poucos o romantismo foi desaparecendo; simplesmente não tínhamos mais a mesma intimidade de quando nos casamos. Nós dois estávamos ocupados com nossos empregos e nosso filho, e só parecíamos estar nos afastando. Experimentamos algumas sessões de aconselhamento conjugal, mas elas de nada adiantaram. Ainda nos dávamos bem, mas era como se fôssemos irmãos. Não parecia amor; não parecia um casamento de verdade. De qualquer modo, chegamos à conclusão de que seria melhor partir para o divórcio. Simplesmente estava faltando alguma coisa.

Depois de passar duas sessões delineando o problema, decidimos por uma psicoterapia breve, voltada especificamente para ajudá-la a reduzir a ansiedade e a ajustar-se às recentes mudanças na sua vida. No todo, ela era uma pessoa inteligente e equilibrada em termos emocionais. Reagiu muito bem a uma terapia breve e fez uma transição tranqüila de volta à vida de solteira.

Apesar de um evidente carinho mútuo, estava claro que Margaret e o marido interpretaram a mudança no grau da paixão como um sinal de que o casamento deveria terminar. Infelizmente, é com extrema freqüência que entendemos uma diminuição da paixão como um sinal da existência de um problema fatal no relacionamento. E, na maior parte das vezes, o primeiro indício de mudança no nosso

◆

relacionamento pode gerar uma sensação de pânico, uma impressão de que algo deu terrivelmente errado. Talvez não tenhamos escolhido o parceiro certo, no final das contas. Nosso companheiro simplesmente não parece ser a pessoa pela qual nos apaixonamos. Surgem desavenças – podemos estar a fim de sexo, e nosso parceiro estar cansado; podemos querer ver um filme especial, mas ele não se interessa pelo filme ou está sempre ocupado. Por isso, concluímos que tudo está acabado. Afinal, não há como ignorar o fato de estarmos nos afastando. As coisas simplesmente não são mais *as mesmas*. Talvez devêssemos nos divorciar.

E o que fazemos então? Especialistas em relacionamentos produzem livros em massa, com receitas que nos dizem exatamente o que fazer quando a paixão e a chama do romantismo começam a fraquejar. Eles oferecem uma enorme variedade de sugestões destinadas a ajudar a reaquecer o romance – refaça sua programação de modo que dê prioridade ao tempo para atividades românticas, planeje escapadas de fim de semana ou jantares românticos, elogie seu parceiro, aprenda a ter uma conversa significativa. Às vezes, isso ajuda. Às vezes, não.

No entanto, antes de declarar o relacionamento morto, uma das coisas mais benéficas que podemos fazer quando nos damos conta de uma mudança é simplesmente tirar uma distância, avaliar a situação e nos armar com o maior conhecimento possível sobre os padrões normais de mudança em relacionamentos.

Com o desenrolar da nossa vida, passamos da tenra infância para a infância, a maturidade e a velhice. Aceitamos essas mudanças no desenvolvimento individual como uma progressão natural. Um relacionamento, entretanto, é também um sistema vivo dinâmico, composto de dois organismos que interagem num ambiente. E, na qualidade de sistema vivo, é igualmente natural e correto que o relacionamento passe por estágios. Em qualquer relacionamento, há diferentes dimensões de intimidade – física, emocional e intelectual. O contato corporal, o compartilhar de emoções, de pensamentos, e a troca de idéias são todas formas legítimas de ligação com aqueles que amamos. É normal que o equilíbrio tenha um movimento cíclico: às vezes a intimidade física diminui mas a intimidade emocional pode aumentar; em outras ocasiões, não temos vontade de trocar palavras mas só de receber um abraço. Se tivermos nossas antenas voltadas para essa questão, podemos nos alegrar com o desabrochar da paixão num relacionamento; mas, se ela arrefecer, em vez de sentir preocupação ou raiva, podemos nos abrir para novas formas de intimidade que podem ser igualmente satisfatórias – ou talvez mais. Podemos apreciar nosso cônjuge como companheiro, ter um amor mais estável, um laço mais profundo.

Em seu livro, *Intimate Behavior*, Desmond Morris descreve as mudanças normais que ocorrem na necessidade de intimidade de um ser humano. Ele sugere que cada um de nós passa repetidamente por três estágios: do "me abrace", do "me solte" e do "me deixe em paz". O ciclo torna-se aparente pela primeira vez no início da vida, quando a criança passa da fase do "abraço", característica da tenra infância, para a fase da "independência", quando a criança começa a explorar o mundo, a engatinhar, caminhar e alcançar alguma independência e autonomia com relação à mãe. Isso faz parte do desenvolvimento e crescimento normal. Essas fases, no entanto, não seguem sempre na mesma direção. Em várias etapas, a criança pode sentir alguma ansiedade quando o sentimento de separação se torna forte demais, e nesses casos ela volta para a mãe em busca de carinho e aconchego. Na adolescência, a "rejeição" passa a ser a fase predominante à medida que a criança luta para formar uma identidade individual. Embora possa ser difícil ou dolorosa para os pais, a maioria dos especialistas reconhece essa fase como normal e necessária na transição da infância para a maturidade. Mesmo dentro dessa fase, ainda há uma mistura das outras. Enquanto em casa o adolescente está gritando "Me deixa em paz!" para os pais, suas necessidades do "abraço apertado" podem estar sendo satisfeitas por uma forte identificação com o grupo.

Também nos relacionamentos de adultos, ocorre o mesmo fluxo. Os níveis de intimidade variam, com períodos de maior intimidade se alternando com períodos de maior afastamento. Isso também faz parte do ciclo normal de crescimento e desenvolvimento. Para atingir nosso pleno potencial como seres humanos, precisamos ser capazes de contrabalançar nossas necessidades de união e intimidade com períodos em que precisamos nos voltar para dentro, com uma sensação de autonomia, para crescer e evoluir como indivíduos.

À medida que cheguemos a entender isso, não mais reagiremos com horror ou pânico quando nos dermos conta de que estamos "nos afastando" do nosso parceiro, da mesma forma que não entraríamos em pânico enquanto estivéssemos olhando a maré se afastar da costa. É claro que às vezes um distanciamento emocional crescente pode indicar sérios problemas num relacionamento (uma raiva reprimida em silêncio, por exemplo), e até podem ocorrer rompimentos. Nesses casos, medidas tais como a terapia podem ser muito úteis. Porém, o ponto principal a ter em mente é que um distanciamento crescente não significa *automaticamente* uma hecatombe. Ele também pode fazer parte de um ciclo que volta a redefinir o relacionamento de outra forma que pode resgatar ou até mesmo superar a intimidade que existia no passado.

Portanto, o ato de aceitação, de reconhecimento de que a mudança é uma parte natural das nossas interações com os outros, pode desempenhar um papel importante nos nossos relacionamentos. Podemos descobrir que é naquele exato momento em que podemos estar nos sentindo mais decepcionados, como se algo tivesse sido excluído do relacionamento, que pode ocorrer uma profunda transformação. Esses períodos de transição podem ser pontos cruciais em que o verdadeiro amor começa a amadurecer e florir. Nosso relacionamento pode não ser mais baseado na paixão intensa, na visão do outro como a encarnação da perfeição, ou na sensação de que estamos em fusão com o outro. Em compensação, porém, agora estamos numa posição em que podemos realmente começar a conhecer o outro – a ver o outro como ele é, um indivíduo isolado, com defeitos e fraquezas talvez, mas um ser humano como nós mesmos. É somente quando chegamos a esse ponto que podemos assumir um compromisso autêntico, um compromisso com o crescimento de outro ser humano – um ato de verdadeiro amor.

◆

Talvez o casamento de Margaret pudesse ter sido salvo pela aceitação da mudança natural no relacionamento e pela criação de um novo relacionamento com base em fatores que não fossem a paixão e o romance. Felizmente, porém, a história não termina aqui. Dois anos depois da minha última sessão com Margaret, deparei com ela por acaso num *shopping* (a situação de deparar com um ex-paciente num contexto social invariavelmente faz com que eu, como a maioria dos terapeutas, me sinta um pouco constrangido).

– Como tem passado? – perguntei.

– Não poderia estar melhor! – exclamou ela. – No mês passado, meu ex-marido e eu voltamos a nos casar.

– Verdade?

– Verdade, e está indo às mil maravilhas. É claro que nós continuamos a nos ver por causa da custódia conjunta. Seja como for, no início foi difícil... mas depois do divórcio, de algum modo a pressão sumiu. Nós não tínhamos mais expectativas. E descobrimos que no fundo gostamos um do outro e nos amamos. As coisas ainda não são iguais ao que eram quando nos casamos pela primeira vez, mas isso parece não ter importância. Estamos realmente felizes, juntos. A impressão é que tudo está certo.

◆

## Capítulo 10

# A MUDANÇA DE PERSPECTIVA

Uma vez um discípulo de um filósofo grego recebeu ordens do seu Mestre para durante três anos dar dinheiro a todos os que o insultassem. Quando esse período de provação terminou, o Mestre lhe disse, "Agora você pode ir a Atenas para aprender a Sabedoria." Quando o discípulo estava entrando em Atenas, encontrou um certo sábio que ficava sentado junto ao portão insultando todos os que iam e vinham. Ele também insultou o discípulo, que deu uma boa risada. "Por que você ri quando eu o insulto?" perguntou o sábio. "Porque durante três anos eu paguei por isso, e agora você me deu a mesma coisa por nada", respondeu o discípulo. "Entre na cidade", disse o sábio. "Ela é toda sua..."

Os Padres do Deserto do século IV, um grupo de excêntricos que se retirou para os desertos em torno de Scete para uma vida de sacrifício e oração, ensinavam essa história para ilustrar o valor do sofrimento e das agruras. Entretanto, não haviam sido apenas as agruras que abriram ao discípulo a "cidade da sabedoria". O fator primordial que lhe permitiu lidar com tanta eficácia com uma situação difícil foi sua capacidade de *mudar de perspectiva*, de encarar a situação a partir de um outro ângulo.

◆

A capacidade de mudar de perspectiva pode ser um dos instrumentos mais poderosos e eficazes de que dispomos para nos ajudar a resolver os problemas diários da vida. O Dalai-Lama explicou.

– A capacidade de encarar os acontecimentos a partir de pontos de vista diferentes pode ser muito útil. Assim, com essa prática, podemos usar certas experiências, certas tragédias, para desenvolver uma tranqüilidade na mente. É preciso entender que todos os fenômenos, todos os acontecimentos, apresentam aspectos diferentes. Tudo tem uma natureza relativa. Por exemplo, no meu próprio caso, eu perdi meu país. Dessa perspectiva, trata-se de uma tragédia, e há fatos ainda piores. Há muita destruição ocorrendo no nosso país. Isso é muito negativo. Porém, se eu encarar o mesmo acontecimento de outro ângulo, percebo que, na qualidade de refugiado, tenho outro enfoque. Como sou refugiado, não há nenhuma necessidade de formalidades, cerimônia, protocolo. Se tudo estivesse normal, se as coisas estivessem nos eixos, em grande parte das ocasiões, nós apenas representamos, fingimos. Mas, quando estamos passando por situações desesperadas, não há tempo para fingir. Portanto, a partir desse ângulo, essa trágica experiência me foi muito útil. Além disso, ser refugiado cria um monte de novas oportunidades para eu me encontrar com muita gente. Pessoas de diferentes tradições religiosas, de diferentes posições sociais, pessoas que eu poderia não ter conhecido se tivesse permanecido no meu país. Por isso, nesse sentido, essa experiência foi muito, muito valiosa.

"Parece que muitas vezes, quando surgem problemas, nosso enfoque se estreita. Toda a nossa atenção pode estar

◆

concentrada na preocupação com o problema, e nós podemos ter a sensação de que somos os únicos a passar por tais dificuldades. Isso pode levar a um ensimesmamento que pode fazer com que o problema pareça mais sério. Quando isso acontece, creio que ver as coisas de uma perspectiva mais ampla pode decididamente ajudar... se nos dermos conta, por exemplo, de que existem muitas outras pessoas que passaram por experiências semelhantes e até mesmo piores. Essa prática de mudança de perspectiva pode até mesmo ajudar em certas doenças ou quando sentimos dor. Na hora em que a dor surge, naturalmente costuma ser muito difícil, naquele exato momento, seguir práticas formais de meditação para acalmar a mente. No entanto, se fizermos comparações, se encararmos nossa situação a partir de uma perspectiva diferente, de algum modo alguma coisa acontece. Quando se olha apenas para aquele acontecimento isolado, ele parece ser cada vez maior. Se focalizarmos muito de perto, com muita intensidade, quando ocorre um problema, ele parece incontrolável. Porém, se compararmos aquele acontecimento com algum outro acontecimento de importância, se avaliarmos o mesmo problema com algum distanciamento, ele irá nos parecer menor e menos avassalador."


Pouco antes de uma sessão com o Dalai-Lama, encontrei-me por acaso com um administrador de uma instituição na qual eu costumara trabalhar. Durante meu período de trabalho na sua instituição, tivemos uma série de confrontos porque eu acreditava que ele estava comprometendo o atendimento aos pacientes ao privilegiar considerações financeiras. Havia algum tempo que eu não o via; mas, assim que percebi sua presença, todas as nossas discussões voltaram em enxurrada, e eu pude sentir a raiva e o ódio se acumulando no meu íntimo. Quando fui encaminhado à suíte do Dalai-Lama para nossa sessão mais tarde naquele mesmo dia, eu já estava consideravelmente mais calmo, mas ainda me sentia um pouco perturbado.

– Digamos que alguém nos deixe com raiva – comecei. – Nossa reação natural a sermos feridos, nossa reação imediata, é sentir raiva. Mas em muitos casos, não se trata apenas de sentir raiva na hora em que somos feridos. Poderíamos pensar no acontecimento mais tarde, até mesmo muito mais tarde, e cada vez que pensássemos nele sentiríamos toda aquela raiva novamente. Como o senhor sugeriria que lidássemos com esse tipo de situação?

O Dalai-Lama assentiu, pensativo, e olhou para mim. Eu me perguntei se ele percebia que eu não estava apresentando o tópico por motivos exclusivamente acadêmicos.

– Se você encarar por um ângulo diferente, sem dúvida a pessoa que lhe despertou essa raiva terá uma porção de aspectos positivos, de qualidades positivas. Se olhar com cuidado, também descobrirá que o ato que o deixou com raiva também lhe propiciou certas oportunidades, algo que, de outro modo, não teria sido possível, mesmo do seu próprio ponto de vista. Portanto, com esforço, você conseguirá ver muitos ângulos diferentes num mesmo acontecimento. Isso o ajudará.

– E se procurarmos os ângulos positivos numa pessoa ou num acontecimento e não conseguirmos encontrar nenhum?

◆

– Nesse caso, creio que estaríamos lidando com uma situação na qual poderia ser necessário fazer algum esforço. Dedicar algum tempo a procurar com seriedade por um ângulo diferente para encarar a situação. Não apenas de forma superficial. Mas de modo aguçado e direto. Precisamos recorrer a todo o nosso poder de raciocínio e examinar a situação com a maior objetividade possível. Por exemplo, poderíamos refletir sobre o fato de que quando estamos realmente irados com alguém temos a tendência a perceber essa pessoa como alguém com 100% de qualidades negativas. Exatamente da mesma forma que, quando somos atraídos por alguém, nos inclinamos a considerar que essa pessoa tem 100% de qualidades positivas. No entanto, essa percepção não corresponde à realidade. Se nosso amigo, que consideramos tão maravilhoso, nos fizesse um mal intencional de algum modo, de repente nós perceberíamos com nitidez que ele não era de fato composto exclusivamente por qualidades positivas. Da mesma forma, se nosso inimigo, aquele que odiamos, vier a nos implorar o perdão com sinceridade e continuar a nos demonstrar benevolência, é improvável que continuemos a encará-lo como totalmente mau. Portanto, mesmo quando estamos com raiva de alguém que imaginamos não ter absolutamente nenhuma qualidade positiva, a realidade é que ninguém é inteiramente mau. Se procurarmos com bastante afinco, descobriremos que essa pessoa deve ter algumas boas qualidades. Logo, a tendência a considerar que alguém é totalmente negativo tem origem na nossa própria percepção, baseada na nossa própria projeção mental, em vez de derivar da verdadeira natureza do indivíduo.

◆

"Da mesma forma, uma situação que de início pareça ser 100% negativa pode ter alguns aspectos positivos. Mas para mim, mesmo que tenhamos descoberto um ângulo positivo para uma situação nociva, só isso não costuma ser suficiente. Ainda é preciso fortalecer essa idéia. Talvez precisemos nos recordar desse ângulo positivo muitas vezes, até que aos poucos nossa impressão mude. *Em geral, uma vez que já nos encontremos numa situação difícil, não é possível mudar nossa atitude com a mera adoção de um pensamento específico uma vez ou duas. Trata-se, sim, de um processo de aprendizado de novos pontos de vista, de treinamento e familiarização com eles, que nos permite lidar com a dificuldade.*"

O Dalai-Lama refletiu por um momento e, fiel à sua habitual postura pragmática, acrescentou.

– Se, entretanto, apesar dos nossos esforços, não descobrimos nenhum ângulo ou perspectiva positiva para o ato de uma pessoa, nesse caso, pelo menos por um tempo, a melhor atitude a tomar pode ser a de simplesmente tentar esquecer a situação.

Inspirado pelas palavras do Dalai-Lama, mais tarde naquela noite procurei descobrir alguns "ângulos positivos" no administrador, enfoques de acordo com os quais ele não fosse "100% mau". Não foi difícil. Eu sabia que ele era um pai amoroso, por exemplo, que procurava criar os filhos da melhor maneira possível. E tive de admitir que meus confrontos com ele em última análise me beneficiaram – sua contribuição havia sido fundamental para minha decisão de abandonar o trabalho naquela instituição, o que acabou me levando para um emprego mais satisfatório. Embora essas reflexões não produzissem em mim uma estima imediata pelo homem, era inquestionável que elas amenizaram meus sentimentos de ódio, com um esforço surpreendentemente pequeno. Em breve, o Dalai-Lama apresentaria uma lição ainda mais profunda: como transformar completamente nossa atitude diante dos nossos inimigos e aprender a valorizá-los.

## UMA NOVA PERSPECTIVA DIANTE DO INIMIGO

O método básico usado pelo Dalai-Lama para transformar nossa atitude a respeito dos nossos inimigos envolve uma análise sistemática e racional da nossa reação costumeira àqueles que nos prejudicam. Ele explicou esse método.

– Vamos começar examinando nossa atitude característica diante dos nossos rivais. Em geral, é claro que não desejamos nada de bom para nossos inimigos. No entanto, mesmo que por meio dos nossos atos tornemos nosso inimigo infeliz, em que isso deveria nos alegrar tanto? Se refletirmos com atenção, como pode haver algo mais desgraçado do que essa atitude? Carregar por aí o fardo de semelhantes sentimentos de hostilidade e má vontade. E será que realmente queremos ser tão mesquinhos?

"Se nos vingarmos dos nossos inimigos, isso gera um círculo vicioso. Se retaliarmos, a outra pessoa não vai aceitar isso. Ela vai se desforrar de nós, nós agiremos da mesma forma e assim por diante. E em especial, quando isso acontece no nível das comunidades, pode passar de uma geração para a outra. O resultado é que os dois lados sofrem. Desse modo, todo o objetivo da vida é prejudicado. Pode-se ver isso nos campos de refugiados, onde se cultiva o ódio pelo outro grupo. É uma atitude que se instala desde a infância. É muito triste. Por isso, a raiva ou o ódio é como o anzol de um pescador. É importantíssimo que nos certifiquemos de não ser fisgados por esse anzol.

"Agora, algumas pessoas consideram que o ódio intenso é bom para os interesses nacionais. Para mim, isso é muito negativo. Demonstra falta de visão. Contrapor-se a esse modo de pensar é a base do espírito da não-violência e da compreensão."

Tendo questionado nossa atitude característica diante do nosso inimigo, o Dalai-Lama passou à proposta de uma forma alternativa de encarar o inimigo, uma nova perspectiva que poderia ter um impacto revolucionário na nossa vida.

– No budismo, em geral, presta-se muita atenção às nossas atitudes diante dos nossos rivais ou inimigos. Isso, porque o ódio pode ser o maior obstáculo ao desenvolvimento da compaixão e da felicidade. Se pudermos aprender a desenvolver a paciência e a tolerância para com nossos inimigos, tudo o mais passa a ser muito mais fácil. Nossa compaixão por todos os outros seres começa a fluir naturalmente.

"Portanto, para quem pratica a espiritualidade, nossos inimigos desempenham um papel crucial. Ao meu ver, a compaixão é a essência da vida espiritual. E, para que tenhamos pleno sucesso na prática do amor e da compaixão, é indispensável o exercício da paciência e da tolerância. Não há força moral que se compare à paciência, exatamente como não há pior tormento do que o ódio. Logo, devemos envidar nossos melhores esforços para não nutrir ódio pelo inimigo; mas, sim, usar o confronto como uma oportunidade para aprimorar nossa prática da paciência e da tolerância.

*"Na realidade, o inimigo é a condição necessária para a prática da paciência.* Sem uma ação do inimigo, não é possível o surgimento da paciência ou da tolerância. Nossos amigos não costumam nos testar de modo que forneça a oportunidade para cultivar a paciência. Somente nossos inimigos agem desse modo. Logo, a partir dessa perspectiva, podemos considerar nosso inimigo um grande mestre, e reverenciá-lo por nos conceder essa preciosa oportunidade para o exercício da paciência.

"Ora, há muitas, muitas pessoas no mundo, mas são relativamente poucas aquelas com quem interagimos; e é ainda menor o número daquelas que nos causam problemas. Portanto, quando deparamos com uma ocasião dessas para praticar a paciência e a tolerância, deveríamos tratá-la com gratidão. Ela é rara. Exatamente como se tivéssemos encontrado inesperadamente um tesouro na nossa própria casa, deveríamos nos sentir felizes e gratos ao nosso inimigo por nos propiciar essa oportunidade preciosa. Isso porque, se um dia chegarmos a ter sucesso na nossa prática da paciência e da tolerância, que são fatores essenciais para contrabalançar as emoções negativas, isso será devido à combinação dos nossos próprios esforços com a oportunidade fornecida pelo inimigo.

"Naturalmente, ainda podemos ter nossas dúvidas. 'Por que eu deveria venerar meu inimigo, ou admitir sua contribuição, se o inimigo não tinha nenhuma intenção de me proporcionar essa preciosa oportunidade para a prática da paciência, se ele não tinha nenhuma intenção de me ajudar? E não se trata apenas de eles não terem nenhum desejo ou intenção de me ajudar, mas de nutrirem, sim, uma intenção deliberada e maliciosa de me prejudicar! Logo, o correto é odiá-los. Decididamente, eles não são dignos de respeito.' Com efeito, é no fundo a presença no inimigo desse estado mental voltado para o ódio, dessa intenção de ferir, que torna a ação do inimigo singular. Se não fosse assim, caso se tratasse apenas do ato real de nos ferir, nós odiaríamos os médicos e os consideraríamos inimigos porque às vezes eles adotam métodos que podem ser dolorosos, como por exemplo a cirurgia. Mesmo assim, não consideramos esses atos prejudiciais ou típicos de um inimigo, porque a intenção por parte do médico era a de nos ajudar. Logo, é exatamente essa intenção deliberada de nos ferir o que torna o inimigo inigualável e nos concede essa preciosa oportunidade de praticar a paciência."

A sugestão do Dalai-Lama de que veneremos nossos inimigos pelas oportunidades de crescimento que eles nos proporcionam poderia a princípio ser um pouco difícil de engolir. No entanto, a situação é análoga à de uma pessoa que procura tonificar e fortalecer o corpo através do treinamento com pesos. Naturalmente, a atividade de levantar pesos é desconfortável no início – eles são pesados. A pessoa se esforça, transpira, luta. Porém, é o próprio ato de lutar contra a resistência que acaba resultando na nossa força. Apreciamos os bons equipamentos de peso, não por nenhum prazer imediato que nos forneçam, mas pelo benefício final que obtemos.

Talvez até mesmo as alegações do Dalai-Lama a respeito da "raridade" e "alto valor" do Inimigo sejam mais do que meras racionalizações fantasiosas. Quando escuto meus pacientes descreverem suas dificuldades com outros, isso fica totalmente claro: no fundo, a maioria das pessoas não tem legiões de inimigos e antagonistas com os quais esteja em luta, pelo menos não num nível pessoal. Geralmente o conflito apenas se restringe a algumas pessoas. Um chefe, talvez, um colega de trabalho, um ex-cônjuge ou um irmão. A partir desse ponto de vista, O Inimigo é realmente "raro" – o quinhão que nos cabe é limitado. E é a luta, o processo de resolver conflitos com O Inimigo – através do aprendizado, do estudo, da descoberta de modos alternativos de lidar com ele – que acaba resultando em verdadeiro crescimento, em profundidade de percepção e em êxito em termos psicoterápicos.

Imaginem como seria se passássemos pela vida sem nunca encontrar um inimigo ou qualquer outro obstáculo, por sinal. Se desde o berço até o túmulo, todos nos paparicassem, nos abraçassem, nos dessem comida na boca (alimentos macios e suaves, de fácil digestão), se nos divertissem com caretas engraçadas e com o eventual barulhinho de "gu-gu". Se desde a tenra infância fôssemos carregados para lá e para cá numa cesta (mais tarde, talvez, numa liteira), jamais enfrentando nenhum desafio, nenhum teste – em suma, se todos continuassem a nos tratar como um bebê. Isso poderia parecer bom a princípio. Mas, se persistisse, somente poderia resultar em nos tornarmos uma espécie de massa gelatinosa, uma monstruosidade, mesmo – com o desenvolvimento mental e emocional de uma vitela. É a própria batalha da vida que faz de nós quem nós somos. E são nossos inimigos que nos testam, que nos fornecem a resistência necessária para o crescimento.

## SERÁ QUE ESSA ATITUDE É PRÁTICA?

O método de abordar nossos problemas racionalmente e de aprender a visualizar nossos problemas ou nossos inimigos de perspectivas alternativas sem dúvida parecia um objetivo interessante, mas eu me perguntava até que ponto isso poderia realmente produzir uma transformação fundamental da atitude. Lembrei-me de ter lido numa entrevista que uma das práticas espirituais diárias do Dalai-Lama consistia em recitar uma oração, "The Eight Verses on the Training of the Mind" [Oito versos sobre o treinamento da mente], composta no século XI pelo santo tibetano Langri Thangpa. Em parte, diz ela:

> *Sempre que me relacionar com alguém, que eu me considere a criatura mais ínfima de todas e que encare o outro como supremo do fundo do meu coração!...*
>
> *Quando eu vir seres de natureza perversa, oprimidos por tormentos e pecados violentos, que eu considere de alto valor essas criaturas raras como se tivesse encontrado um precioso tesouro!...*
>
> *Quando os outros, por inveja, me tratarem mal com imprecações, calúnias e atitudes semelhantes, que eu sofra a derrota e ofereça a vitória aos outros!...*

*Quando aquele, a quem beneficiei com grande espe-*
*rança, me ferir profundamente, que eu possa encará-lo como*
*meu supremo Guru!*

*Em suma, que eu possa, direta ou indiretamente, ofe-*
*recer benefícios e felicidade a todos os seres; que eu em se-*
*gredo possa assumir nos meus ombros a dor e o sofrimento*
*de todos os seres!...*

– Sei que o senhor refletiu muito sobre essa oração –
perguntei ao Dalai-Lama depois de ler a respeito – mas o
senhor realmente acha que ela seja aplicável nestes nossos tempos? Quer dizer, ela foi composta por um monge
que vivia num mosteiro, um ambiente em que a pior coisa
que poderia acontecer seria alguém fazer intrigas a nosso
respeito, contar mentiras sobre nós ou talvez um eventual
soco ou tapa. Nesse caso, poderia ser fácil "oferecer a vitória" a essas pessoas; mas na sociedade de hoje, o "mal"
ou o mau tratamento que recebemos dos outros poderia
incluir o estupro, a tortura, o assassinato e assim por diante. A partir desse ponto de vista, a atitude recomendada
na oração realmente não parece viável. – Eu me sentia um
pouquinho presunçoso por ter feito uma observação que
me parecia bastante hábil, um verdadeiro achado.

O Dalai-Lama permaneceu em silêncio alguns minutos, com o cenho enrugado, imerso em pensamento.

– Pode haver alguma verdade no que você está dizendo – disse ele e passou a examinar circunstâncias em que
pode haver necessidade de alguma modificação para essa
atitude, em que pode ser necessário adotar medidas contra a agressividade dos outros a fim de impedir que eles fi-
ram a nós mesmos ou a terceiros.

◆

Mais tarde naquela noite, refleti sobre nossa conversa. Dois pontos sobressaíram nitidamente. Primeiro, fiquei impressionado com sua extraordinária facilidade para reexaminar suas próprias crenças e práticas. Nesse caso, ele demonstrava disposição para reavaliar uma oração amada que sem dúvida se havia fundido com seu próprio ser através de anos de repetição. O segundo ponto era menos inspirador. Fiquei arrasado com a percepção da minha própria arrogância. Ocorreu-me que eu lhe havia sugerido que a oração poderia não ser adequada por não condizer com as duras realidades do mundo moderno. Foi só mais tarde, porém, que pensei bem sobre a pessoa com quem estivera falando: um homem que havia perdido um país inteiro em conseqüência de uma das invasões mais brutais da história. Um homem que vivia no exílio havia quase quatro décadas enquanto toda uma nação colocava nele suas esperanças e sonhos de liberdade. Um homem com uma profunda noção de responsabilidade pessoal, que ouve com compaixão um desfile contínuo de refugiados que vêm desabafar suas histórias do assassinato, estupro, tortura e degradação do povo tibetano por parte dos chineses. Mais de uma vez contemplei a expressão de preocupação e tristeza infinita no seu rosto enquanto escuta esses relatos, com freqüência transmitidos por pessoas que atravessaram o Himalaia a pé (uma viagem de dois anos) só para vê-lo de relance.

E essas histórias não se limitam à violência física. Muitas vezes elas envolvem a tentativa de destruir o espírito do povo tibetano. Um refugiado tibetano uma vez me falou sobre a "escola" chinesa que foi obrigado a freqüentar quando jovem, ainda em crescimento, no Tibete. As manhãs eram dedicadas à doutrinação e ao estudo do "pequeno livro vermelho" do Presidente Mao. As tardes eram voltadas para a apresentação de vários trabalhos de casa. Os "trabalhos de casa" eram geralmente projetados de modo a erradicar do povo tibetano o espírito do budismo neles profundamente entranhado. Por exemplo, tendo conhecimento da proibição budista de matar e da crença de que todas as criaturas vivas são igualmente "seres scientes", um professor deu aos seus alunos a tarefa de matar alguma coisa e trazê-la para a escola no dia seguinte. Os alunos recebiam notas. Cada animal morto recebia uma quantidade de pontos – uma mosca valia um ponto; uma minhoca, dois; um camundongo, cinco; um gato, dez; e assim por diante. (Recentemente, quando relatei essa história a um amigo, ele abanou a cabeça com uma expressão de nojo e comentou: "Eu me pergunto quantos pontos o aluno ganharia por matar esse professor infame.")

Através de práticas espirituais, como a recitação de "The Eight Verses on the Training of the Mind", o Dalai-Lama conseguiu aceitar a realidade dessa situação e ainda assim continuar sua campanha ativa pela liberdade e pelos direitos humanos no Tibete por quarenta anos. Ao mesmo tempo, ele manteve uma atitude de humildade e compaixão para com os chineses, que inspirou milhões de pessoas no mundo inteiro. E aqui estava eu, sugerindo que sua oração talvez não fosse aplicável às "realidades" do mundo moderno. Ainda enrubesço de vergonha sempre que me lembro daquela conversa.

## A DESCOBERTA DE NOVAS PERSPECTIVAS

Ao tentar aplicar o método do Dalai-Lama de mudar a perspectiva ao encarar "o inimigo", eu por acaso deparei com outra técnica numa tarde. Durante o processo de elaboração deste livro, assisti a algumas palestras dadas pelo Dalai-Lama na Costa Leste. Para voltar para casa, peguei um vôo sem escalas até Phoenix. Como de costume, eu havia reservado uma poltrona de corredor. Apesar de ter acabado de ouvir ensinamentos espirituais, eu estava bastante irritadiço quando embarquei no avião lotado. Descobri então que por engano me haviam destinado uma poltrona de centro – sanduichado entre um homem de proporções avantajadas que tinha o hábito irritante de deixar cair o braço grosso do *meu* lado do descanso de braço e uma mulher de meia-idade com quem antipatizei de imediato já que, segundo minha conclusão, ela havia usurpado *minha* poltrona de corredor. Havia algo nessa mulher que realmente me incomodava – sua voz um pouco aguda demais, seu jeito ligeiramente autoritário, não sei bem o quê. Logo depois da decolagem, ela começou a conversar o tempo todo com o homem que estava sentado diretamente à sua frente. Revelou-se que o homem era seu marido, e eu "gentilmente" me ofereci para trocar de lugar com ele. Mas eles não aceitaram. Os dois queriam poltronas de corredor. Fiquei ainda mais contrariado. A perspectiva de passar cinco horas inteiras sentado ao lado dessa mulher parecia insuportável.

Consciente de que eu estava tendo uma reação muito forte a uma mulher que nem conhecia, decidi que deveria ser "transferência" – ela devia me lembrar de modo inconsciente alguém da minha infância – os velhos sentimentos não resolvidos de ódio-pela-mãe ou algo semelhante. Esforcei-me ao máximo mas não consegui encontrar uma candidata plausível. Ela simplesmente não me lembrava ninguém do meu passado.

Ocorreu-me então que essa era a perfeita oportunidade para praticar o desenvolvimento da paciência. Por isso, comecei pela técnica de visualizar meu inimigo na minha poltrona de corredor como uma querida benfeitora, posta ao meu lado para me ensinar paciência e tolerância. Pensei que fosse ser moleza. Afinal de contas, no que diz respeito a inimigos, seria impossível ter um mais ameno – eu acabava de conhecer essa mulher e ela na realidade não fizera nada para me prejudicar. Depois de uns vinte minutos, desisti. Ela ainda me perturbava! Resignei-me a continuar irritável pelo resto do vôo. Emburrado, lancei um olhar ferino para uma das suas mãos que furtivamente começava a invadir meu descanso de braço. Eu odiava tudo nessa mulher. Estava olhando distraído para a unha do seu polegar quando me ocorreu uma pergunta. Eu odiava aquela unha? No fundo, não. Era apenas uma unha normal. Sem nada de extraordinário. Em seguida, olhei de relance para seu olho e me perguntei se realmente odiava aquele olho. Odiava, sim. (Claro que sem nenhum motivo razoável – que é a forma mais pura do ódio). Aproximei mais meu foco. Eu odeio aquela pupila? Não. Odeio aquela córnea, aquela íris ou aquela esclerótica? Não. Então, eu realmente odeio aquele olho? Tive de admitir que não odiava. Senti que estava avançando. Passei para uma articulação dos dedos, um dedo, um maxilar, um cotovelo. Com certa surpresa, descobri que havia partes dessa mulher que eu não detestava. A concentração do foco em detalhes, em itens específicos, em vez da generalização excessiva, permitiu uma sutil mudança interna, um abrandamento. Essa mudança de perspectiva rasgou uma brecha no meu preconceito, de largura suficiente para que eu visse essa mulher simplesmente como outro ser humano. Quando estava com esse sentimento, ela de repente se voltou para mim e entabulou uma conversa. Não me lembro do que falamos – em sua maior parte papo sem importância –, mas antes do final do vôo minha raiva e irritação estavam dissipadas. Admito que ela não passou a ser minha Nova Grande Amiga, mas também não era mais A Perversa Usurpadora da Minha Poltrona de Corredor – era só um ser humano, como eu, que estava passando pela vida da melhor forma possível.

## UMA MENTE FLEXÍVEL

A capacidade de mudar de perspectiva, de encarar nossos problemas "a partir de ângulos diferentes", é propiciada por *uma flexibilidade da mente*. A maior vantagem de uma mente flexível consiste em que ela nos permite abraçar toda a vida – a plenitude de sermos vivos e humanos. Em seguida a um longo dia de palestras ao público em Tucson, uma tarde o Dalai-Lama voltava a pé à sua suíte no hotel. Enquanto caminhava lentamente para seus aposentos, uma fileira de nuvens violáceas cobriu o céu, absorvendo a luz do final da tarde e conferindo forte relevo às montanhas Catalina. Toda a paisagem era uma enorme paleta em matizes de roxo. O efeito era espetacular. O ar quente, carregado com a fragrância de plantas do deserto, de sálvia, uma umidade, uma brisa inquieta, trazendo a promessa de uma tempestade desenfreada característica da região de Sonora. O Dalai-Lama parou. Por alguns instantes, contemplou calado o horizonte, impregnando-se do panorama, e finalmente fez algum comentário sobre a beleza do local. Seguiu adiante, mas após alguns passos parou de novo, abaixando-se para examinar um minúsculo botão lilás numa pequena planta. Tocou-o de leve, observando sua forma delicada, e se perguntou em voz alta qual seria o nome da planta. Fiquei impressionado com a facilidade com que sua mente funcionava. Sua consciência parecia passar com extrema facilidade da percepção da paisagem total para o enfoque concentrado num único botão, uma apreciação simultânea da totalidade do ambiente e do detalhe mais ínfimo. Uma capacidade de abarcar todas as facetas e a variedade da vida em sua plenitude.

Cada um de nós pode desenvolver essa mesma flexibilidade mental. Pelo menos em parte, ela decorre diretamente dos nossos esforços para ampliar nossa perspectiva e deliberadamente experimentar novos pontos de vista. O resultado final é uma consciência simultânea tanto do quadro maior quanto das nossas circunstâncias individuais. Essa perspectiva dual, uma visão concomitante do "Grande Universo" e do nosso próprio "Pequeno Mundo" pode atuar como uma espécie de triagem, ajudando-nos a separar o que é importante na vida daquilo que não é.

No meu próprio caso, foi preciso que eu fosse um pouco instigado pelo Dalai-Lama, durante nossas conversas, para que pudesse começar a me livrar da minha própria perspectiva limitada. Por índole e formação, sempre tive a tendência a tratar dos problemas a partir do ponto de vista da dinâmica individual – de processos psicológicos que ocorriam meramente dentro dos limites da mente. Perspectivas sociológicas ou políticas nunca me foram de grande interesse. Numa conversa com o Dalai-Lama, comecei a questioná-lo sobre a importância de conseguir uma perspectiva mais ampla. Como tinha tomado algumas xícaras de café antes, minha conversa tornou-se bastante animada, e comecei a falar da capacidade de mudança de perspectiva como um processo interno, um objetivo solitário, baseado exclusivamente na decisão consciente de um indivíduo de adotar um ponto de vista diferente.

No meio da minha fala entusiasmada, o Dalai-Lama finalmente me interrompeu para me relembrar um ponto.

– Quando falamos de adotar uma perspectiva mais ampla, isso inclui o trabalho de cooperação com outras pessoas. Quando temos crises que são de natureza global, por exemplo, como a do ambiente ou de problemas da estrutura econômica moderna, isso exige um esforço coordenado e orquestrado entre muitas pessoas, com um sentido de responsabilidade e de compromisso. Isso é mais abrangente do que uma questão pessoal ou individual.

Fiquei irritado por ele estar forçando o tema do *mundo* enquanto eu estava tentando me concentrar no *indivíduo* (e essa minha atitude, sinto-me constrangido por admitir, exatamente quando tratávamos do tópico da ampliação dos nossos pontos de vista!).

– Esta semana, no entanto – insisti –, nas suas conversas e palestras ao público, o senhor falou muito na importância de realizar a mudança pessoal a partir de dentro, através da transformação interior. Por exemplo, o senhor falou na importância de desenvolver a compaixão, um coração sensível, de superar a raiva e o ódio, de cultivar a paciência e a tolerância...

– É verdade. Naturalmente, a mudança precisa vir do interior do indivíduo. No entanto, quando buscamos soluções para problemas globais, precisamos ser capazes de abordar esses problemas a partir do ponto de vista tanto do indivíduo quanto da sociedade como um todo. Logo, quando falamos sobre ser flexível, sobre ter uma perspectiva mais ampla, entre outras coisas, isso exige a capacidade de lidar com problemas em diversos níveis: no individual, no da comunidade e no global.

"Ora, por exemplo, na palestra na universidade no outro dia, falei sobre a necessidade de reduzir a raiva e o ódio por meio do cultivo da paciência e da tolerância. Minimizar o ódio é semelhante a um desarmamento interno. Porém, como também mencionei naquela palestra, esse desarmamento interno precisa ser acompanhado de um desarmamento externo. Isso é para mim muito, muito importante. Felizmente, depois da queda do império soviético, pelo menos por enquanto, não há mais uma ameaça de um holocausto nuclear. Por isso, creio ser esta uma época excelente, um ótimo início... Não deveríamos perder essa oportunidade! Agora acho que devemos reforçar a autêntica energia da paz. A verdadeira paz... não a mera ausência da violência ou ausência de guerras. A simples inexistência de guerras pode resultar de armas, como a dissuasão nuclear. No entanto, a mera ausência de guerras não equivale a uma paz mundial duradoura e genuína. A paz deve brotar de uma confiança mútua. E, como as armas são o maior obstáculo ao desenvolvimento da confiança mútua, creio que é chegada a hora de calcular um meio para nos livrarmos dessas armas. Isso é importantíssimo. É claro que não podemos realizar isso da noite para o dia. Creio que o modo realista é seguir passo a passo. Mas, seja como for, creio que devemos deixar muito claro nosso objetivo final: o mundo inteiro deveria ser desmilitarizado. Portanto, por um lado deveríamos estar trabalhando no sentido de desenvolver a paz interior, mas ao mesmo tempo é muito importante que nos esforcemos pelo desarmamento e pela paz exterior também, fazendo uma pequena contribuição da forma que nos for possível. Essa é nossa responsabilidade."

## A IMPORTÂNCIA DO PENSAMENTO FLEXÍVEL

Existe um relacionamento recíproco entre uma mente flexível e a capacidade de mudar de perspectiva. Uma mente ágil, flexível, nos ajuda a lidar com nossos problemas a partir de uma variedade de perspectivas e, no sentido inverso, o esforço deliberado de examinar nossos problemas com objetividade a partir de uma variedade de perspectivas pode ser visto como um tipo de treinamento de flexibilidade para a mente. No mundo de hoje, a tentativa de desenvolver um modo flexível de pensar não é simplesmente um exercício complacente para intelectuais ociosos. Pode ser uma questão de sobrevivência. Mesmo numa escala evolutiva, as espécies que foram mais flexíveis, mais adaptáveis a mudanças ambientais, sobreviveram e prosperaram. A vida atualmente é caracterizada por mudanças súbitas, inesperadas e às vezes violentas. Uma mente flexível pode nos ajudar a harmonizar as mudanças externas que estão ocorrendo ao nosso redor. Ela também pode nos ajudar a unificar todos os nossos conflitos, incoerências e ambivalências interiores. Sem o cultivo de uma mente maleável, nosso enfoque torna-se frágil, e nosso relacionamento com o mundo passa a ser caracterizado pelo medo. No entanto, ao adotar uma abordagem flexível e maleável diante da vida, podemos manter nossa serenidade mesmo nas condições mais inquietas e turbulentas. É através dos nossos esforços por alcançar uma mente flexível que podemos propiciar a capacidade de recuperação do espírito humano.

À medida que fui conhecendo melhor o Dalai-Lama, eu ficava atônito com a extensão da sua flexibilidade, da sua capacidade de adotar uma variedade de pontos de vista. Seria de se esperar que seu papel singular como o budista talvez mais reconhecido do mundo o pusesse na posição de uma espécie de Defensor da Fé.

– O senhor alguma vez se descobriu com excesso de rigidez no seu ponto de vista, com o pensamento por demais estreito? – perguntei-lhe, com aquela idéia em mente.

◆

– Hum... – ele ponderou por um instante antes de responder em tom decidido. – Não, acho que não. Na realidade, é exatamente o contrário. Às vezes sou tão flexível que sou acusado de não ter coerência política. – Ele deu uma forte risada. – Alguém pode vir a mim e apresentar uma certa idéia. E eu vejo a razão para aquilo que a pessoa diz e concordo com ela, comentando que é ótimo... Mas então aparece outra pessoa com o ponto de vista contrário, eu também vejo a razão para o que está dizendo e concordo também com ela. Às vezes sou criticado por isso e preciso que me relembrem que estamos comprometidos com tal e tal conduta e que por enquanto devemos nos ater a esse lado.

A partir dessa declaração isolada seria possível ter a impressão de que o Dalai-Lama é indeciso, que não possui princípios norteadores. Na realidade, nada poderia estar mais afastado da verdade. O Dalai-Lama possui nitidamente um conjunto de crenças básicas que atuam como um substrato para todos os seus atos: uma crença na bondade latente de todos os seres humanos. Uma crença no valor da compaixão. Uma política de benevolência. Uma noção da sua semelhança com todas as criaturas vivas.

Ao falar da importância de ser flexível, maleável e adaptável, não pretendo sugerir que nos tornemos camaleões – mergulhando em qualquer novo sistema de crenças do qual por acaso estejamos próximos na ocasião, mudando nossa identidade, absorvendo passivamente cada idéia à qual sejamos expostos. Estágios superiores do crescimento e do desenvolvimento dependem de um conjunto de valores fundamentais que possam nos nortear. Um sistema de valores que possa conferir continuidade e coerência às nossas vidas, pelo qual possamos avaliar nossas experiências. Um sistema de valores que possa nos ajudar a decidir quais objetivos são realmente dignos dos nossos esforços e quais são desprovidos de significado.

A questão é descobrir como podemos manter com coerência e firmeza esse conjunto de valores latentes e ainda assim permanecer flexíveis. O Dalai-Lama parece ter conseguido esse feito, começando por reduzir seu sistema de crenças a alguns fatos fundamentais: 1) Sou um ser humano. 2) Quero ser feliz e não quero sofrer. 3) Outros seres humanos, como eu, também querem ser felizes e não querem sofrer. Realçar o terreno comum que ele compartilha com os outros, em vez das diferenças, resulta numa sensação de ligação com todos os seres humanos e conduz à sua crença básica no valor da compaixão e do altruísmo. Usando a mesma abordagem, pode ser tremendamente gratificante apenas dedicar algum tempo a refletir sobre nosso próprio sistema de valores e reduzi-lo a seus princípios fundamentais. É a capacidade de reduzir nosso sistema de valores aos seus elementos mais essenciais, e viver de acordo com essa posição privilegiada, que nos permite maior liberdade e flexibilidade para lidar com a enorme sucessão de problemas que nos confrontam diariamente.

## A PROCURA DO EQUILÍBRIO

Desenvolver uma abordagem flexível diante da vida não só contribui para nos ajudar a lidar com problemas do dia-a-dia – também passa a ser uma pedra angular para um elemento essencial de uma vida feliz: *o equilíbrio*.

Acomodando-se confortavelmente na sua poltrona um dia de manhã, o Dalai-Lama explicou o valor de se levar uma vida equilibrada.

– Uma abordagem hábil e equilibrada diante da vida, com o cuidado de evitar exageros, torna-se um fator importantíssimo na condução da nossa existência diária. É importante em todos os aspectos da vida. Por exemplo, ao plantar uma muda de uma planta ou de uma árvore, no seu primeiríssimo estágio, é preciso ser muito hábil e delicado. Um excesso de umidade a destruirá; o excesso de sol a destruirá. A falta deles também a destrói. Logo, o que é necessário é um ambiente muito equilibrado no qual a muda possa apresentar um crescimento saudável. Ou ainda, quando se trata da saúde de uma pessoa, um excesso ou falta de qualquer coisa pode ter efeitos nocivos. Por exemplo, creio que o excesso de proteína é prejudicial, e a falta também.

"Essa abordagem hábil e delicada, com cuidados para evitar extremos, aplica-se também ao crescimento saudável mental e emocional. Por exemplo, se nos flagramos sendo arrogantes, envaidecidos, com base nas nossas qualidades ou realizações supostas ou verdadeiras, o antídoto consiste em pensar mais sobre nossos próprios problemas e sofrimento, numa contemplação dos aspectos insatisfatórios da existência. Isso irá nos ajudar a baixar o nível do nosso estado mental exaltado, trazendo-nos mais para o chão. Já, pelo contrário, se descobrirmos que refletir sobre a natureza decepcionante da existência, sobre o sofri-

mento, a dor e temas semelhantes, faz com que nos sintamos totalmente arrasados com tudo isso, aí também há o
perigo de chegar ao outro extremo. Nesse caso, poderíamos
ficar totalmente desanimados, indefesos e deprimidos, pensando que não conseguimos fazer nada, que não servimos
para nada. Nessas circunstâncias, é importante a capacidade
de elevar nossa mente refletindo sobre nossas realizações,
sobre o progresso que fizemos até o momento e sobre
outras qualidades positivas de modo a poder melhorar a
disposição e escapar daquele estado de espírito desanimado ou desmoralizado. Portanto, o que é necessário aqui é
um tipo de enfoque muito equilibrado e hábil.

"Não se trata apenas de essa abordagem ser valiosa
para nossa saúde física e emocional; ela se aplica também
ao nosso desenvolvimento espiritual. Ora, por exemplo, a
tradição budista inclui muitas técnicas e práticas diferentes. É, porém, importantíssimo ser muito hábil na aplicação
que damos às várias técnicas e procurar não chegar a extremos. Também sob esse aspecto precisamos de uma abordagem hábil e equilibrada. Quando nos dedicamos à prática budista, é essencial ter um enfoque coordenado, que
associe o estudo e o aprendizado às práticas da contemplação e da meditação. Esse é um ponto relevante para que
não haja nenhum desequilíbrio entre o aprendizado intelectual ou acadêmico e a implementação prática. Em caso
contrário, há o perigo de que um excesso de intelectuali-
zação sufoque as práticas mais contemplativas. Por outro
lado, um excesso de ênfase na implementação prática sem
o estudo acaba sufocando o entendimento. Por isso, é preciso que haja um equilíbrio...

◆

"Em outras palavras" disse ele, após um instante de reflexão "a prática da *Dharma*, a verdadeira prática espiritual, é em certo sentido semelhante a um estabilizador de voltagem. A função do estabilizador consiste em impedir oscilações de energia e, em vez disso, fornecer uma fonte de energia estável e constante."

– O senhor salienta a importância de evitar os extremos – atalhei – mas será que chegar a extremos não é o que proporciona a emoção e o entusiasmo na vida? Se evitarmos todos os extremos na vida, sempre escolhendo o "caminho do meio", isso não levaria apenas a uma existência insípida e sem graça?

– Creio que você precisa compreender a origem ou a base dos extremos de comportamento – respondeu ele, negando com um movimento de cabeça. – Tomemos por exemplo a busca de bens materiais: moradia, mobília, vestuário e assim por diante. Por um lado, pode-se ver a pobreza como um tipo de extremo, e temos todo direito de lutar para superá-la e para garantir nosso conforto físico. Por outro lado, o excesso de luxo, a busca exagerada da riqueza é outro extremo. Nosso objetivo final, ao procurar maior prosperidade, é uma sensação de satisfação, de felicidade. No entanto, a própria fundamentação da busca por *mais* é uma impressão de não ter o suficiente, um sentimento de insatisfação. Esse sentimento de insatisfação, de querer sempre mais e mais, não deriva da atração inerente que os objetos que buscamos exerceriam sobre nosso desejo; mas deriva, sim, do nosso estado mental.

"É por isso que acredito que nossa tendência a chegar a extremos é muitas vezes nutrida por um sentimento latente de insatisfação. E, naturalmente, pode haver outros fatores que levem a extremos. Mas eu considero importante reconhecer que, embora chegar a extremos possa parecer atraente ou 'empolgante' em termos superficiais, essa atitude pode de fato ser prejudicial. Há muitos exemplos dos perigos de chegar a extremos, do comportamento desenfreado. Creio que, com a análise dessas situações, conseguiremos ver que a conseqüência das atitudes extremas é que nós mesmos acabamos sofrendo. Por exemplo, numa escala planetária, se nos dedicarmos à pesca excessiva, sem uma consideração adequada pelas conseqüências a longo prazo, sem uma noção de responsabilidade, o resultado será o esgotamento da população de peixes... Ou o comportamento sexual. É claro que existe o impulso sexual biológico pela reprodução e tudo o mais, bem como a satisfação que se obtém com a atividade sexual. No entanto, se o comportamento sexual for levado a extremos, sem a responsabilidade adequada, ele leva a muitos problemas, abusos... como a violência sexual e o incesto."

– O senhor mencionou que, além de uma sensação de insatisfação, pode haver outros fatores que levem a extremos...

– É, sem dúvida – disse ele, assentindo com a cabeça.

– Pode dar um exemplo?

– Creio que a mentalidade estreita poderia ser mais um fator que leva a extremos.

– A mentalidade estreita em que sentido...?

– A pesca excessiva que leva ao esgotamento da população de peixes seria um exemplo de mentalidade estreita, no sentido de que a pessoa está olhando *exclusiva-*

*mente* para o curto prazo, e ignorando a realidade maior. Nesse caso, poderíamos usar a instrução e o conhecimento para ampliar nossa perspectiva e tornar nossos pontos de vista menos estreitos.

O Dalai-Lama apanhou suas contas de oração de uma mesa lateral, esfregando-as entre as mãos enquanto ruminava em silêncio sobre a questão. Olhando de relance para elas, de repente continuou.

– Creio que sob muitos aspectos as atitudes tacanhas levam ao pensamento radical. E isso gera problemas. Por exemplo, o Tibete foi uma nação budista durante muitos séculos. Naturalmente, disso resultou que os tibetanos consideravam ser o budismo a melhor religião, além de ter surgido a tendência a acreditar que seria positivo se *toda* a humanidade passasse a ser budista. A idéia de que *todo o mundo* deveria ser budista é totalmente radical. E esse tipo de pensamento extremo somente causa problemas. Mas agora que deixamos o Tibete, tivemos a oportunidade de entrar em contato com outras tradições religiosas e de aprender sobre elas. Isso possibilitou que nos aproximássemos mais da realidade: com a percepção de que na humanidade existem muitas disposições mentais diferentes. Mesmo que tentássemos tornar o mundo inteiro budista, isso não seria viável. Por meio de um contato mais próximo com outras tradições, percebemos os aspectos positivos delas. Agora, quando deparamos com outra religião, de início surge uma sensação positiva, agradável. Se aquela pessoa considera uma tradição diferente mais adequada, mais eficaz, acreditamos que isso seja bom! Passa a ser como ir a um restaurante. Todos podemos nos sentar à mesma mesa e pedir pratos diferentes de acordo com nosso paladar. Podemos comer pratos diferentes, sem nenhuma discussão a respeito disso!

"Por isso creio que, ao ampliar deliberadamente nossas perspectivas, podemos muitas vezes superar o tipo de pensamento radical que leva a conseqüências tão negativas."

Com esse pensamento, o Dalai-Lama deixou que as contas se enrolassem no pulso, afagou minha mão num gesto amável e se levantou para encerrar a conversa.

## Capítulo 11

# A DESCOBERTA DO SIGNIFICADO NA DOR E NO SOFRIMENTO

Victor Frankl, um psiquiatra judeu preso pelos nazistas na Segunda Guerra Mundial, disse uma vez: "O homem está pronto para suportar qualquer sofrimento e disposto a isso, desde que e enquanto consiga ver no sofrimento um significado." Frankl usou sua vivência brutal e desumana nos campos de concentração para obter uma compreensão mais profunda de como as pessoas sobreviviam às atrocidades. Com uma observação minuciosa de quem sobrevivia e quem morria, ele estabeleceu que a sobrevivência não se baseava na juventude ou na força física, mas, sim, na força derivada de um objetivo e da descoberta de significado na vida e na experiência da pessoa.

◆

Encontrar significado no sofrimento é um método poderoso para nos ajudar a enfrentar situações mesmo nos momentos mais árduos da nossa vida. No entanto, descobrir significado no nosso sofrimento não é uma tarefa simples. O sofrimento com freqüência parece ocorrer aleatoriamente, sem sentido e de modo indiscriminado, sem absolutamente nenhum tipo de significado, muito menos um significado positivo ou provido de objetivo. E enquanto estamos no meio da nossa dor e sofrimento, toda a nossa energia fica voltada para tentar escapar da situação. Durante períodos de tragédia e de crise aguda, parece impossível refletir sobre qualquer significado possível que esteja por trás do nosso sofrimento. Nessas ocasiões, é pouco o que se pode fazer além de resistir. E é natural considerar nosso sofrimento absurdo e injusto, enquanto nos perguntamos: "Por que eu?" Felizmente, porém, durante períodos de relativo conforto, períodos anteriores ou posteriores a vivências dramáticas de sofrimento, podemos refletir sobre ele, procurando desenvolver uma compreensão do seu significado. E o tempo e esforço que dedicarmos à busca de significado no sofrimento serão largamente recompensados quando golpes nocivos começarem a nos atingir. No entanto, a fim de usufruir dessas vantagens, precisamos começar nossa busca pelo significado quando tudo está correndo bem. Uma árvore com raízes fortes pode resistir à mais violenta das tempestades, mas a árvore não tem como lançar raízes no exato instante em que a tempestade surgir no horizonte.

Portanto, onde começamos nossa procura pelo significado no sofrimento? Para muitas pessoas, a procura começa com sua tradição religiosa. Embora religiões diferentes possam ter modos diferentes de entender o significado e o objetivo do sofrimento humano, todas as religiões no mundo oferecem estratégias para reagir ao sofrimento com base em suas crenças fundamentais. Nos modelos budista e hinduísta, por exemplo, o sofrimento resulta dos nossos próprios atos negativos no passado e é visto como um catalisador para a busca da liberação espiritual.

Na tradição judaico-cristã, o universo foi criado por um Deus justo e bom; e, muito embora Seus desígnios possam ser às vezes misteriosos e indecifráveis, nossa fé e confiança nos Seus desígnios possibilitam que toleremos nosso sofrimento com maior facilidade, confiantes, como diz o Talmude, em que "Tudo o que Deus faz é bem feito". A vida pode ainda ser dolorosa; mas, como a dor pela qual a mãe passa ao dar à luz, temos confiança de que ela será compensada pelo bem maior que dela resultar. O desafio inerente a essas tradições está no fato de, ao contrário do que acontece no parto, o bem maior muitas vezes não nos ser revelado. Mesmo assim, aqueles que têm uma grande fé em Deus são amparados por uma crença no propósito maior de Deus para o nosso sofrimento, como aconselha um sábio hassídico: "Quando um homem sofre, ele não deveria dizer 'Isso é péssimo! Isso é péssimo!' Nada que Deus impõe ao homem é mau. Mas é aceitável dizer 'É amargo! É amargo!' Pois entre os medicamentos existem alguns que são feitos com ervas amargas." Logo, a partir da perspectiva judaico-cristã, o sofrimento pode servir a muitos objetivos. Ele pode testar e potencialmente fortalecer nossa fé; pode nos aproximar de Deus de um modo muito fundamental e íntimo; ou pode soltar nossos vínculos com o mundo material e fazer com que nos agarremos a Deus como nosso refúgio.

Embora a tradição religiosa da pessoa possa oferecer uma assistência valiosa para a descoberta do significado, mesmo aqueles que não aceitam uma visão de mundo religiosa podem, após cuidadosa reflexão, encontrar significado e valor por trás do seu sofrimento. Apesar da total sensação de desagrado, resta pouca dúvida de que nosso sofrimento pode testar, fortalecer e aprofundar a experiência da vida. Disse uma vez o dr. Martin Luther King, Jr.: "O que não me destrói me torna mais forte." E, embora seja natural evitar o sofrimento, ele também pode nos desafiar e às vezes até fazer surgir o que há de melhor em nós. Em *O terceiro homem*, o autor Graham Greene observa: "Na Itália, ao longo de trinta anos, sob o domínio dos Bórgia, houve guerras, terror, assassinato e sangue derramado, mas eles produziram Michelangelo, Leonardo da Vinci e o Renascimento. Na Suíça, eles têm um amor fraternal, quinhentos anos de democracia e paz. E o que produziram? O relógio cuco."

Embora às vezes o sofrimento possa servir para nos fortalecer, para nos tornar fortes, em outras ocasiões seu valor pode estar no funcionamento oposto – no sentido de nos abrandar, de nos tornar mais sensíveis e benévolos. A vulnerabilidade que experimentamos no meio do nosso sofrimento pode nos abrir além de aprofundar nosso vínculo com os outros. O poeta William Wordsworth afirmou uma vez: "Uma profunda aflição humanizou minha alma." Para ilustrar esse efeito humanizador do sofrimento, ocorre-me o que aconteceu com Robert, um conhecido. Robert era o principal executivo de uma empresa de muito sucesso. Há alguns anos, ele sofreu um sério revés financeiro que detonou uma grave depressão de proporções paralisantes. Nós nos encontramos um dia, quando ele estava nas profundezas da depressão. Eu sempre havia conhecido Robert como um modelo de segurança e entusiasmo; e fiquei alarmado ao vê-lo tão desanimado.

– Nunca me senti tão mal em toda a minha vida – relatou Robert, com muita angústia na voz. – Simplesmente não consigo me livrar disso. Eu não sabia sequer que era possível alguém se sentir tão arrasado, desamparado e descontrolado. – Depois de conversar um pouco sobre suas dificuldades, eu o encaminhei a um colega para tratamento da depressão.

Algumas semanas depois, encontrei-me por acaso com a mulher de Robert, Karen, e lhe perguntei como estava o marido.

– Está muito melhor, obrigada. O psiquiatra que você recomendou receitou um antidepressivo que está ajudando muito. É claro que ainda vai levar um tempo até nós resolvermos todos os problemas com a empresa, mas ele está se sentindo muito melhor agora, e tudo vai dar certo para nós...

– Fico feliz de ouvir isso.

Karen hesitou por um instante antes de me fazer uma confidência.

– Sabe, detestei vê-lo passar por aquela depressão. Mas, de certo modo, acho que foi uma bênção. Uma noite, durante uma crise depressiva, ele começou a chorar descontroladamente. Não conseguia parar. Acabei abraçando-o durante horas enquanto ele chorava, até ele finalmente adormecer. Em vinte e três anos de casamento, essa foi a primeira vez que aconteceu algo semelhante... e para ser franca nunca me senti tão unida a ele na minha vida. E, apesar de a depressão estar melhor agora, de algum modo as coisas estão diferentes. Parece que alguma coisa simplesmente se abriu... e aquela sensação de união persiste. O fato de que ele compartilhou seu problema e de que atravessamos tudo juntos de algum modo mudou nosso relacionamento, nos deixou muito mais unidos.

Em busca de métodos para fazer com que nosso sofrimento pessoal possa adquirir significado, nós nos voltamos mais uma vez para o Dalai-Lama, que ilustrou como o sofrimento pode ser aproveitado no contexto do caminho budista.

— Na prática budista, podemos utilizar nosso sofrimento pessoal de modo formal para aprimorar nossa compaixão, usando-o como uma oportunidade para a prática de *Tong-Len*. Trata-se de uma técnica de visualização maaiana na qual visualizamos mentalmente que estamos assumindo a dor e o sofrimento do outro; e em troca lhe damos todos os nossos recursos, saúde, fortuna e assim por diante. Mais tarde, darei instruções sobre essa prática em detalhes. Portanto, ao seguir essa prática, quando sofremos doenças, dor ou sofrimento, podemos usar isso como uma oportunidade para o seguinte pensamento: "Que meu sofrimento seja um substituto para o sofrimento de todos os seres sencientes. Ao passar por isso, que eu possa poupar todos os outros seres sencientes que possam ter de suportar um sofrimento semelhante." Usamos, assim, nosso sofrimento como oportunidade para a prática de assumir para nós mesmos o sofrimento dos outros.

"Aqui, eu salientaria um ponto. Se, por exemplo, adoecemos e praticamos essa técnica dizendo: 'Que minha doença sirva como um substituto para outros que estejam sofrendo de doenças semelhantes'; se visualizarmos que estamos assumindo sua doença e seu sofrimento e lhes transmitindo nossa saúde, não estou sugerindo com isso que devamos ignorar nossa própria saúde. Quando lidamos com enfermidades, em primeiro lugar, é importante adotar medidas preventivas para que não sejamos atingidos por elas, todas as medidas de precaução, como por exemplo seguir a dieta adequada ou seja lá o que for. Assim, quando adoecemos, é importante não ignorar a necessidade de tomar os medicamentos corretos e seguir todos os outros procedimentos convencionais.

"No entanto, uma vez que estejamos de fato enfermos, práticas tais como *Tong-Len* podem fazer uma diferença significativa em *como reagimos* à situação da doença em termos da nossa atitude mental. Em vez de nos queixarmos da nossa situação, sentindo pena de nós mesmos e sendo dominados pela ansiedade e pela preocupação, podemos com efeito nos poupar esse sofrimento e dor mental a mais através da adoção da atitude acertada. A prática da meditação *Tong-Len* ou de 'dar e receber' pode não ter sucesso necessariamente no alívio da dor física real ou em conduzir a uma cura em termos físicos, mas o que ela pode fazer é nos proteger da angústia, do sofrimento e da dor psicológica desnecessária que se somam ao aspecto físico. Podemos pensar: 'Ao passar por essa dor e sofrimento, que eu possa ajudar outras pessoas e poupar outros que possam ter de passar pela mesma experiência.' *Dessa forma, nosso sofrimento adquire um novo significado já que é usado como base para uma prática religiosa ou espiritual.* E ainda, no caso de alguns indivíduos que praticam essa técnica, também é possível que, em vez de se sentirem melancólicos e entristecidos pela experiência, a pessoa possa encará-la como um privilégio. Ela pode perceber a situação como uma espécie de oportunidade e, no fundo, sentir alegria, já que essa experiência específica a tornou mais rica."

– O senhor menciona que o sofrimento pode ser usado na prática de *Tong-Len*. E anteriormente o senhor analisou o fato de que a contemplação intencional e antecipada da nossa natureza sofredora pode ser útil para nos impedir de ser arrasados quando surgirem situações difíceis... no sentido de desenvolver uma maior aceitação do sofrimento como uma parte natural da vida...

– É bem verdade... – concordou o Dalai-Lama.

– Existem outros meios pelos quais nosso sofrimento possa ser visto como algo com algum sentido? Ou a contemplação do nosso sofrimento possa pelo menos demonstrar ter algum valor prático?

– Existem, sem dúvida – respondeu ele. – Creio ter mencionado anteriormente que, dentro da estrutura do caminho budista, a reflexão sobre o sofrimento tem enorme importância porque, quando nos conscientizamos da natureza do sofrimento, desenvolvemos uma determinação maior de dar um fim às causas do sofrimento e aos atos pouco salutares que levam a ele. E isso aumenta nosso entusiasmo pelo envolvimento nos atos e feitos salutares que conduzem à felicidade e à alegria.

– E para os não-budistas o senhor vê algum benefício na reflexão sobre o sofrimento?

– Vejo. Acho que ela pode ter algum valor prático em algumas situações. Por exemplo, a reflexão sobre o sofrimento pode reduzir a arrogância, o sentimento da presunção. É claro – ele deu uma forte risada – que isso pode não parecer um benefício prático ou um motivo convincente para alguém que não considere a arrogância ou o orgulho um defeito.

"Seja como for", acrescentou, já em tom mais sério, "para mim há um aspecto da nossa vivência do sofrimento que é de importância vital. Quando se tem consciência da dor e do sofrimento, isso nos ajuda a desenvolver a capacidade para a empatia, a capacidade que permite que nos relacionemos com os sentimentos e o sofrimento das outras pessoas. Isso promove nossa capacidade para a compreensão diante dos outros. Então, como uma técnica para nos auxiliar a criar laços com os outros, pode-se considerar que ela tenha valor.

"Portanto", concluiu o Dalai-Lama, "se encaramos o sofrimento dessas formas, nossa atitude pode começar a mudar; nosso sofrimento pode não ser tão imprestável e negativo quanto pensamos."

## COMO LIDAR COM A DOR FÍSICA

Por meio da reflexão sobre o sofrimento durante os momentos mais tranqüilos da nossa vida, quando tudo está relativamente estável e indo bem, podemos muitas vezes descobrir um valor e significado mais profundo no nosso sofrimento. Às vezes, porém, podemos enfrentar tipos de sofrimento que parecem não ter nenhuma finalidade, totalmente desprovidos de qualidades redentoras. O sofrimento e a dor física muitas vezes parecem pertencer a essa categoria. Existe, entretanto, uma diferença entre a dor física, que é um processo fisiológico, e o sofrimento, que é nossa resposta mental e emocional à dor. Levanta-se, portanto, a questão: será que a descoberta de um significado e um propósito subjacente à nossa dor pode modificar nossa atitude diante dela? E será que uma mudança de atitude pode reduzir a intensidade do nosso sofrimento quando sofremos lesões físicas?

Em seu livro, *Pain: The Gift Nobody Wants* [A dor: o presente que ninguém quer], o dr. Paul Brand analisa o objetivo e o valor da dor física. O dr. Brand, especialista em hanseníase e cirurgião de mão, de renome mundial, passou seus primeiros anos de vida na Índia, onde, como filho de missionários, estava cercado de pessoas que viviam em condições de extrema dificuldade e sofrimento. Ao perceber que a dor física parecia ser prevista e tolerada muito mais do que no Ocidente, o dr. Brand passou a se interessar pelo funcionamento da dor no corpo humano. Ele acabou trabalhando com hansenianos na Índia e fez uma descoberta extraordinária. Descobriu que os estragos e as terríveis mutilações não se deviam à atuação direta do organismo causador da doença que provocaria o apodrecimento dos tecidos; mas que tudo se devia ao fato de a doença causar a perda da sensação de dor nas extremidades. Sem a proteção da dor, os hansenianos careciam de um sistema que os avisasse de danos aos tecidos. Desse modo, o dr. Brand observava pacientes que andavam ou até corriam com membros com a pele ferida ou até mesmo com ossos expostos. Isso produzia uma deterioração contínua. Sem a dor, eles às vezes enfiavam a mão no fogo para tirar dali algum objeto. Ele percebeu nos pacientes um total descaso diante da autodestruição. No seu livro, o dr. Brand relatou histórias e mais histórias dos efeitos devastadores da vida sem a sensação de dor – dos ferimentos repetidos, de casos de ratos roendo dedos das mãos e dos pés enquanto o paciente dormia tranqüilamente.

Depois de uma vida inteira de trabalho com pacientes que sentiam dor e com aqueles que sofriam da ausência da dor, o dr. Brand aos poucos veio a encarar a dor não como o inimigo universal que ela é considerada no Ocidente, mas como um sistema biológico notável, preciso e sofisticado que nos dá avisos sobre danos ao nosso corpo e assim nos protege. No entanto, por que a experiência da dor precisa ser tão desagradável? Ele concluiu que o próprio incômodo da dor, a parte que detestamos, é o que a torna tão eficaz para nos proteger e nos avisar do perigo e de lesões. A qualidade desagradável da dor força o organismo humano inteiro a dar atenção ao problema. Embora o corpo tenha movimentos de reflexo automático que formam uma camada de proteção exterior e que nos afastam rapidamente da dor, é a sensação desagradável que desperta o corpo inteiro e o obriga a prestar atenção e agir. Ela também grava a experiência na memória e serve para nos proteger no futuro.

Da mesma forma que descobrir significado no nosso sofrimento pode nos ajudar a lidar com os problemas da vida, o dr. Brand é da opinião de que uma compreensão do objetivo da dor física pode reduzir nosso sofrimento quando a dor se manifesta. Tendo em vista essa teoria, ele propõe o conceito do "seguro para a dor". Para ele, podemos nos preparar para a dor antecipadamente, enquanto estamos saudáveis, por meio da conscientização dos motivos pelos quais nós a sentimos e da dedicação de tempo para refletir sobre como seria a vida sem a dor. No entanto, como a dor aguda pode arrasar com a objetividade, devemos refletir sobre esses assuntos antes que ela nos atinja. Se conseguirmos começar a pensar na dor como uma "mensagem que nosso corpo nos está transmitindo sobre um tema que é de vital importância para nós, da forma mais eficaz para atrair nossa atenção", nossa atitude a respeito da dor começará a mudar. E à medida que nossa atitude a respeito da dor mude, nosso sofrimento diminuirá. Como afirma o dr. Brand, "estou convencido de que a atitude que cultivamos antecipadamente pode muito bem determinar como o sofrimento nos afetará quando de fato nos atingir". Ele acredita que podemos até mesmo desenvolver gratidão diante da dor. Podemos não ser gratos pela *experiência* da dor, mas podemos ser gratos pelo *sistema* de percepção da dor.

Não há dúvidas de que nossa atitude e disposição mental podem exercer forte influência sobre o grau até o qual sofremos quando estamos expostos à dor física. Digamos, por exemplo, que dois indivíduos, um operário da construção civil e um pianista clássico, sofram a mesma lesão a um dedo. Embora a intensidade da dor física possa ser a mesma para os dois indivíduos, o operário poderia sofrer muito pouco e no fundo se alegrar se o ferimento resultasse num mês de férias remuneradas das quais ele estava mesmo precisando, ao passo que a mesma lesão poderia provocar grande sofrimento ao pianista, que considerava sua atividade a fonte primordial de alegria na vida.

A idéia de que nossa atitude mental influencia nossa capacidade de perceber e suportar a dor não está limitada a situações hipotéticas, como essa. Ela foi demonstrada por muitos estudos e experimentos científicos. Pesquisadores que investigaram essa questão começaram por detectar os modos pelos quais a dor é percebida e vivenciada. A dor começa com um sinal sensorial – um alarme que dispara quando terminais nervosos são estimulados por algo que produz a sensação de perigo. Milhões de sinais são transmitidos pela medula espinhal até a base do cérebro. Esses sinais são classificados, e uma mensagem de dor segue para áreas superiores do cérebro. O cérebro então examina as mensagens previamente filtradas e decide qual reação tomar. É nesse estágio que a mente pode atribuir valor e significado à dor, e intensificar ou modificar nossa percepção dela. *Nós convertemos a dor em sofrimento na mente.* Para reduzir o sofrimento da dor, precisamos traçar uma distinção crucial entre a dor da dor e a dor que criamos através dos nossos pensamentos sobre a dor. O medo, a raiva, a culpa, a solidão e o desamparo são todos eles reações emocionais que podem intensificar a dor. Portanto, ao desenvolver uma abordagem para lidar com a dor, podemos naturalmente trabalhar nos níveis inferiores da percepção da dor, recorrendo a ferramentas da medicina moderna, tais como medicamentos e outros procedimentos, mas podemos também trabalhar nos níveis superiores, modificando nossa atitude e nossa perspectiva.

Muitos pesquisadores estudaram o papel da mente na percepção da dor. Pavlov chegou a treinar cães para superar o instinto da dor, por meio da associação de um choque elétrico a um prêmio em alimento. O pesquisador Ronald Melzak levou um passo adiante os experimentos de Pavlov. Ele criou filhotes de *terrier* escocês num ambiente acolchoado no qual eles não enfrentariam as colisões e arranhões normais no crescimento. Esses cães não aprenderam reações básicas à dor. Eles não reagiam, por exemplo, quando suas patas eram espetadas com um alfinete, ao contrário dos irmãos da mesma ninhada que ganiam de dor quando espetados. Com base em experiências como essas, Melzak concluiu que grande parte daquilo que chamamos de dor, aí incluída a desagradável reação emocional, era aprendida em vez de ser instintiva. Outras experiências com seres humanos, que envolveram a hipnose e o uso de placebos, também demonstraram que, em muitos casos, as funções superiores do cérebro podem suplantar os sinais emitidos pelos estágios inferiores no trajeto da dor. Isso demonstra como a mente pode muitas vezes determinar de que modo percebemos a dor; e ajuda a explicar as interessantes conclusões de pesquisadores como os drs. Richard Sternback e Bernard Tursky, da Harvard

♦

Medical School (mais tarde ratificadas num estudo da dra. Maryann Bates *et al.*), que observaram a existência de diferenças significativas entre grupos étnicos diferentes quanto à sua capacidade de perceber e suportar a dor.

Fica aparente, portanto, que a afirmação de que nossa atitude a respeito da dor pode influenciar a intensidade do nosso sofrimento não está baseada simplesmente em especulações filosóficas, mas é corroborada por comprovação científica. E se nosso estudo do significado e valor da dor resultar numa mudança de atitude com relação a ela, não teremos desperdiçado nossos esforços. Ao procurar descobrir um propósito subjacente à nossa dor, o dr. Brand tece mais uma observação fascinante e de importância crítica. Ele cita muitos relatos de pacientes de hanseníase que alegavam, "É claro que eu vejo minhas mãos e meus pés, mas de algum modo eles não parecem fazer parte de *mim*. É como se fossem apenas ferramentas." Portanto, a dor não só nos avisa e nos protege; ela também *nos unifica*. Sem a sensação da dor nas nossas mãos ou pés, essas partes parecem não mais pertencer ao nosso corpo.

Da mesma forma que a dor física unifica nossa sensação de ter um corpo, podemos imaginar que a experiência do sofrimento em geral atue como uma força unificadora que nos liga aos outros. Talvez esse seja o significado máximo por trás do nosso sofrimento. *É nosso sofrimento que é o elemento mais fundamental que compartilhamos com os outros, o fator que nos une a todos os seres vivos.*

Concluímos nosso exame do sofrimento humano com as instruções do Dalai-Lama sobre a prática de *Tong-Len*, à qual fez referência em nossa conversa anterior. Como ele irá explicar, o objetivo dessa meditação de visualização é o de fortalecer nossa compaixão. No entanto, ela também pode ser vista como uma poderosa ferramenta para ajudar a transmutar nosso próprio sofrimento pessoal. Quando submetidos a qualquer forma de sofrimento ou agrura, podemos recorrer a essa prática para promover nossa compaixão visualizando o alívio a outros que estejam passando por sofrimento semelhante, através da absorção e dissolução do seu sofrimento no nosso próprio – uma espécie de sofrimento por tabela.

O Dalai-Lama apresentou as seguintes instruções diante de uma numerosa platéia numa tarde de setembro particularmente quente, em Tucson. Os aparelhos de ar-condicionado do auditório, em luta com as temperaturas do deserto lá fora, cada vez mais altas, acabaram derrotados pelo calor adicional gerado por mil e seiscentos corpos. A temperatura no recinto começou a subir, criando um nível geral de desconforto que era especialmente apropriado para a prática de uma meditação sobre o sofrimento.

## A prática de Tong-Len

– Nesta tarde, vamos meditar sobre a prática de *Tong-Len*, "Dar e Receber". Essa prática destina-se a ajudar a treinar a mente, a fortalecer o poder natural e a força da compaixão. Alcança-se esse resultado porque a meditação *Tong-Len* ajuda a combater nosso egoísmo. Ela aumenta o poder e a força da mente, ao promover nossa coragem para nos abrirmos para o sofrimento dos outros.

◆

"Para iniciar o exercício, primeiro visualizemos de um lado um grupo de pessoas que esteja em desesperada necessidade de ajuda, os que estão num lamentável estado de sofrimento, os que vivem em condições de miséria, dificuldade e dor. Visualizemos mentalmente esse grupo de pessoas de um lado de nós. Então, no outro lado, visualizemos a nós mesmos como a encarnação de uma pessoa egocêntrica, com uma atitude habitual de egoísmo, indiferente ao bem-estar e às necessidades dos outros. Em seguida, entre esse grupo de sofredores e essa representação egoísta de nós mesmos, visualizemos a cada um de nós no centro, como um observador neutro.

"Em seguida, observemos para que lado nos inclinamos naturalmente. Temos mais tendência para o lado do indivíduo sozinho, a encarnação do egoísmo? Ou nossos sentimentos naturais de empatia vão mais para o grupo de pessoas mais fracas que passam necessidade? Se olharmos com objetividade, podemos ver que o bem-estar de um grupo ou de um grande número de indivíduos é mais importante do que o de um único indivíduo.

"Depois disso, concentremos nossa atenção nas pessoas carentes e desesperadas. Voltemos nossa energia positiva para elas. Vamos em pensamento dar-lhes nossos sucessos, nossos recursos, nossa coleção de virtudes. E depois de fazer isso, visualizemos que estamos aceitando sobre nossos ombros seu sofrimento, seus problemas e todos os seus aspectos negativos.

"Por exemplo, podemos visualizar uma criança inocente e faminta da Somália e sentir qual seria nossa reação natural diante dessa visão. Nesse exemplo, quando vivenciamos um profundo sentimento de empatia pelo sofrimento daquele indivíduo, ele não se baseia em considerações tais como o parentesco ou a amizade. Nem conhecemos aquela pessoa. No entanto, o fato de que a outra pessoa é um ser humano e de que nós mesmos somos seres humanos propicia o despertar da nossa capacidade natural para a empatia e permite que estendamos a mão. Assim, podemos visualizar algo dessa natureza e pensar que aquela criança não tem nenhuma condição própria que lhe possibilite livrar-se do seu estado atual de dificuldade ou tormento. Então, em pensamento, assumamos todo o sofrimento da pobreza, da inanição e do sentimento de privação; e, em pensamento, passemos nossos recursos, nosso dinheiro e sucesso a essa criança. Assim, através da prática dessa visualização do 'dar e receber', podemos treinar nossa mente.

"Quando nos envolvemos nessa prática, às vezes é útil começar imaginando nosso próprio sofrimento futuro e, com uma atitude de compaixão, assumir nosso próprio sofrimento futuro sobre nossos ombros neste exato momento, com o sincero desejo de nos livrarmos de todo sofrimento futuro. Depois de ganhar alguma prática na geração de um estado mental cheio de compaixão voltado para nós mesmos, podemos então ampliar o processo de modo a incluir a aceitação da carga de sofrimento dos outros.

"Quando fazemos a visualização de 'assumir nos nossos ombros', é útil visualizar esses sofrimentos, problemas e dificuldades na forma de substâncias venenosas, de armas perigosas ou de animais apavorantes: tudo cuja mera visão normalmente nos faça estremecer. Visualizemos, portanto, o sofrimento com essas formas e depois absorvamos essas formas diretamente no nosso coração.

"O objetivo de visualizar essas formas negativas e assustadoras sendo dissolvidas e incorporadas ao nosso coração consiste em destruir as costumeiras atitudes egoístas que ali residem. Porém, para aqueles indivíduos que possam ter problemas com a auto-imagem, com o ódio a si mesmo, com a raiva de si mesmo ou com um baixo amor-próprio, é importante que cada um julgue por si mesmo se essa prática em particular é adequada ou não. Pode ser que não seja.

"Essa prática de *Tong-Len* pode tornar-se muito poderosa se combinarmos o 'dar e receber' com a respiração; ou seja, se imaginarmos o 'receber' quando inspirarmos e o 'dar' quando expirarmos. Quando realizamos essa visualização de modo eficaz, ela provoca um certo desconforto. Essa é uma indicação de que ela está atingindo seu alvo: a atitude egocêntrica que geralmente temos. Agora, vamos meditar."

Na conclusão das suas instruções sobre *Tong-Len*, o Dalai-Lama transmitiu uma idéia importante. Nenhum exercício em particular agradará ou será adequado a todos. Na nossa viagem espiritual, é importante que cada um de nós decida se uma prática específica nos é apropriada. Por vezes, uma prática não nos agradará de início; e, até que ela possa surtir efeito, nós precisamos entendê-la melhor. Esse sem dúvida foi meu caso quando segui as instruções do Dalai-Lama sobre *Tong-Len* naquela tarde. Descobri que eu tinha alguma dificuldade com essa meditação – uma certa sensação de resistência – muito embora eu não conseguisse identificá-la com exatidão naquele momento. Mais tarde naquela noite, porém, refleti sobre as instruções do Dalai-Lama e percebi que meu sentimento de resistência surgiu desde o início das instruções, no ponto em que ele concluiu que o grupo de indivíduos era mais importante do que o indivíduo sozinho. Era um conceito que eu tinha ouvido antes, ou seja, o axioma de Vulcano proposto pelo sr. Spock em *Jornada nas estrelas*: *As necessidades de muitos superam em importância as necessidades de um indivíduo*. Havia, entretanto, uma dificuldade com esse argumento. Antes de levantar a questão com o Dalai-Lama, talvez por não querer dar a impressão de só estar "querendo levar vantagem", sondei um amigo que estudava o budismo havia muito tempo.

– Um ponto me incomoda – disse eu. – Afirmar que as necessidades de um grande grupo de pessoas superam em importância aquelas de apenas um indivíduo faz sentido em teoria, mas no dia-a-dia não interagimos com as pessoas *en masse*. Interagimos com uma pessoa de cada vez, com uma série de indivíduos. Ora, nesse nível de interação pessoal, por que as necessidades daquele indivíduo deveriam suplantar as minhas? Também sou um indivíduo único... Somos iguais...

– Bem, isso é verdade – disse meu amigo depois de pensar um instante. – Mas creio que, se você conseguisse tentar considerar cada indivíduo como *verdadeiramente* igual a você mesmo, não mais importante, *mas também não menos importante*, creio que seria suficiente começar daí.

Nunca mencionei essa questão com o Dalai-Lama.

◆

*Quarta Parte*

# A SUPERAÇÃO
# DE OBSTÁCULOS

## Capítulo 12

# A REALIZAÇÃO DE MUDANÇAS

### O PROCESSO DA MUDANÇA

—**E**xaminamos a possibilidade de alcançar a felicidade por meio do esforço para eliminar nossos comportamentos e estados mentais negativos. Em geral, qual seria sua abordagem para de fato realizar isso, superar os comportamentos negativos e fazer mudanças positivas na nossa vida? – perguntei.

– *O primeiro passo envolve o aprendizado* – respondeu o Dalai-Lama –, a educação. Creio ter mencionado anteriormente a importância do aprendizado...

– O senhor está se referindo a quando conversamos a respeito da importância de aprender sobre como as emoções e comportamentos negativos são prejudiciais à nossa busca da felicidade, e como as emoções positivas são benéficas?

– Isso mesmo. Mas ao examinar uma abordagem para realizar mudanças positivas dentro de nós mesmos, o aprendizado é apenas o primeiro passo. Há outros fatores também: a convicção, a determinação, a ação e o esforço. *Logo, o passo seguinte é desenvolver a convicção.* O aprendizado e a educação são importantes porque ajudam a pessoa a desenvolver a convicção da necessidade de mudar e ajudam a aumentar sua noção de compromisso. *Essa convicção da necessidade de mudar por sua vez desenvolve a determinação. Em seguida, a pessoa transforma a determinação em ação:* a forte determinação de mudar possibilita que a pessoa faça um esforço sistemático para implementar as mudanças efetivas. *Esse fator final de esforço é de importância crítica.*

"Desse modo, por exemplo, se estamos tentando parar de fumar, primeiro precisamos nos conscientizar de que o fumo é prejudicial ao corpo. Precisamos de educação. Creio, por exemplo, que a informação e a educação do público a respeito dos efeitos nocivos do fumo modificaram o comportamento das pessoas. Creio que agora nos países do Ocidente é muito menor o número de pessoas que fumam do que num país comunista como a China, em virtude da disponibilidade de informações. No entanto, esse *aprendizado* por si só costuma não ser suficiente. É preciso aumentar essa conscientização até que ela leve a uma firme *convicção* quanto aos efeitos nocivos do fumo. Isso reforça nossa *determinação* de mudar. Finalmente, é preciso exercer o *esforço* de estabelecer novos padrões de comportamento. É desse modo que a mudança e a transformação interiores ocorrem em todas as coisas, não importa o que estejamos tentando realizar.

"Ora, não importa que comportamento estejamos tentando alterar, não importa para que ato ou objetivo específico estejamos direcionando nossos esforços, precisamos começar com o desenvolvimento de um forte desejo ou disposição. Precisamos gerar grande entusiasmo. *E aqui, uma noção de grave importância é um fator preponderante.* Essa noção de seriedade é um elemento poderoso para nos ajudar a superar problemas. Por exemplo, o conhecimento sobre os terríveis efeitos da AIDS produziu uma noção dessa natureza que pôs um freio no comportamento sexual de muitas pessoas. Creio que, com freqüência, uma vez que estejam disponíveis as informações adequadas, esse sentido de seriedade e compromisso surgirá.

"Portanto, essa noção de grave importância pode ser um fator vital para a efetiva mudança. Ela pode nos dar uma energia tremenda. Por exemplo, num movimento político, se existe uma sensação de desespero, pode surgir uma enorme noção de gravidade, tão intensa que as pessoas podem até se esquecer de que estão com fome, e pode não haver nenhum cansaço ou exaustão no esforço para alcançarem seus objetivos.

"A importância da noção de gravidade não se aplica apenas à superação de problemas num nível pessoal, mas também no nível comunitário e global. Quando estive em

St. Louis, por exemplo, conheci o governador. Lá eles pouco antes haviam tido fortes inundações. O governador me disse que se preocupou, quando a inundação ocorreu pela primeira vez, por acreditar que, tendo em vista a natureza individualista da sociedade, as pessoas não fossem colaborar, que elas pudessem não se dedicar àquele esforço orquestrado de cooperação. No entanto, quando a crise aconteceu, ele ficou pasmo com a reação das pessoas. Elas foram tão solidárias e tão dedicadas ao esforço conjunto para lidar com os problemas da inundação que ele ficou muito impressionado. Portanto, a meu ver, isso demonstra que, a fim de alcançar objetivos importantes, precisamos de uma avaliação da noção de gravidade, como nesse caso. A crise era tão séria que as pessoas instintivamente uniram forças para reagir a ela. Infelizmente", comentou ele, com tristeza, "não costumamos ter essa noção da gravidade dos fatos."

Fiquei surpreso ao ouvi-lo falar na importância da noção de premência, tendo em vista o estereótipo ocidental da atitude asiática de "deixar como está para ver como fica", atitude decorrente da crença em muitas vidas. Se não acontecer agora, sempre haverá uma outra vez...

– Mas então a questão é saber como desenvolver esse forte sentido de entusiasmo para mudar ou a noção da gravidade no dia-a-dia. Existe alguma abordagem específica do budismo? – perguntei.

– Para um praticante do budismo, existem diversas técnicas usadas para gerar entusiasmo – respondeu o Dalai-Lama. – A fim de criar uma noção de segurança e entusiasmo, encontramos no texto do Buda uma análise do precioso valor da existência humana. Falamos sobre quanto potencial se encontra no nosso corpo, como ele pode ser significativo, os bons propósitos para os quais ele pode ser usado, os benefícios e vantagens de ter uma forma humana, e assim por diante. E essas discussões estão ali para instilar uma noção de confiança e coragem, bem como para induzir um sentido de compromisso a fim de que usemos nosso corpo humano de modo positivo.

"Depois, para gerar um sentido de grave importância a fim de nos dedicarmos a práticas espirituais, relembramos o praticante da nossa impermanência, nossa morte. Quando falamos da impermanência nesse contexto, estamos falando em termos muito convencionais, não acerca dos aspectos mais sutis do conceito de impermanência. Em outras palavras, somos relembrados de que um dia poderemos não mais estar aqui. Esse tipo de entendimento. Essa conscientização da impermanência é estimulada de modo a que, quando estiver associada à nossa apreciação do enorme potencial da nossa existência humana, ela nos confira um sentido de urgência, de que *devemos usar cada instante precioso*."

– Essa contemplação da nossa impermanência e morte parece ser uma técnica poderosa – observei – para ajudar a motivar a pessoa, para desenvolver um sentido de urgência com o objetivo de efetuar mudanças positivas. Ela não poderia ser usada como técnica também por não-budistas?

– Creio que se poderia tomar cuidado na aplicação das várias técnicas a não-budistas – disse ele, pensativo. – Talvez essa se aplique mais a práticas budistas. Afinal, seria possível usar a mesma contemplação com o objetivo exatamente oposto – comentou, com uma risada – "Ah, ninguém garante que eu vá estar vivo amanhã. Então tanto faz se eu me divertir a valer hoje!"

– O senhor tem alguma sugestão de como os não-budistas poderiam desenvolver esse sentido de urgência?

– Bem, como já salientei, é aí que entram a informação e a educação. Por exemplo, antes de conhecer certos especialistas e estudiosos, eu não tinha conhecimento da crise do meio ambiente. No entanto, depois que os conheci e que eles me explicaram os problemas que estamos enfrentando, fui inteirado da gravidade da situação. Isso também pode valer para outros problemas que enfrentamos.

– Mas às vezes, mesmo dispondo das informações, nós ainda poderíamos não ter a energia necessária para mudar. Como podemos superar isso? – perguntei.

O Dalai-Lama parou para pensar, antes de responder.

– Creio que nesse caso pode haver categorias diferentes. Uma poderia derivar de alguns fatores biológicos que podem estar contribuindo para a apatia ou falta de energia. Quando a causa da nossa apatia ou falta de energia se deve a fatores biológicos, talvez seja preciso trabalhar no nosso estilo de vida. Se tentarmos dormir o suficiente, seguir uma dieta saudável, evitar o álcool e assim por diante, atitudes desse tipo ajudarão a manter nossa mente alerta. E, em alguns casos, podemos até mesmo recorrer a medicamentos ou outros tratamentos físicos se a causa tiver como origem uma enfermidade. Mas existe também outro tipo de apatia ou preguiça, o tipo que deriva simplesmente de uma certa fraqueza da mente...

– É, é a esse tipo que eu estava me referindo...

◆

– Para superar esse tipo de apatia e gerar dedicação e entusiasmo com o objetivo de dominar estados mentais ou comportamentos negativos, mais uma vez eu creio que o método mais eficaz, e talvez a única solução, é a constante conscientização dos efeitos destrutivos do comportamento negativo. Pode ser preciso que nos lembremos repetidas vezes desses efeitos destrutivos.

As palavras do Dalai-Lama pareciam verdadeiras; mas eu, na qualidade de psiquiatra, tinha uma percepção aguçada de como alguns modos de pensar e comportamentos negativos podem se tornar firmemente entrincheirados, de como para algumas pessoas era difícil mudar. Partindo do pressuposto de que havia complexos fatores psicodinâmicos em jogo, eu havia passado horas incontáveis a examinar e dissecar a resistência dos pacientes à mudança. Com esse problema em mente, perguntei-lhe.

– As pessoas costumam querer promover mudanças positivas na vida, dedicar-se a comportamentos mais saudáveis e assim por diante. Mas às vezes parece simplesmente que há uma espécie de inércia ou resistência... Como o senhor explicaria por que isso ocorre?

– É muito fácil... – começou ele a falar, com despreocupação.

FÁCIL?

– É porque nós simplesmente nos habituamos ou nos acostumamos a fazer as coisas de um certo modo. E então é como se fôssemos mimados, fazendo só aquilo que gostamos de fazer, que estamos acostumados a fazer.

– Mas como podemos superar isso?

– Usando o desenvolvimento de hábitos em nosso benefício. *Através da familiaridade constante, podemos deci-*

◆

*didamente estabelecer novos modelos de comportamento.* Eis um exemplo. Em Dharamsala, eu geralmente acordo e começo meu dia às 3h30, apesar de que aqui no Arizona eu esteja acordando às 4h30. Aqui tenho uma hora a mais para dormir – disse ele, com uma risada. – No início, é preciso um pouco de esforço para a pessoa se acostumar a isso, mas depois de alguns meses tudo passa a ser uma rotina fixa e não é preciso fazer nenhum esforço especial. Portanto, mesmo que fôssemos dormir tarde, poderia haver uma tendência a querer mais alguns minutos de sono, mas ainda acordamos às 3h30 sem ter de prestar uma atenção especial a isso. Podemos nos levantar e cumprir as práticas diárias. Isso se deve à força do hábito.

"Desse modo, através do esforço constante, creio que podemos dominar qualquer forma de condicionamento negativo e promover mudanças positivas na nossa vida. Mas ainda precisamos nos conscientizar de que a mudança genuína não acontece do dia para a noite. Ora, por exemplo, no meu próprio caso, creio que, se eu comparar meu estado mental normal de hoje com o de vinte ou trinta anos atrás, a diferença é grande. No entanto, cheguei a essa diferença passo a passo. Comecei a aprender o budismo por volta dos cinco ou seis anos de idade, mas naquela época eu não sentia o menor interesse pelos ensinamentos budistas" (deu uma risada) "apesar de ser chamado de reencarnação suprema. Creio que foi só quando estava com uns dezesseis anos que realmente comecei a sentir alguma seriedade com relação ao budismo. E tentei começar a prática a sério. Então, ao longo de muitos anos, comecei a desenvolver uma profunda estima pelos princípios budistas;

e práticas que a princípio me pareciam extremamente impossíveis e quase antinaturais passaram a ser muito mais naturais e de fácil interação. Isso ocorreu em decorrência da familiarização gradativa. Naturalmente, esse processo levou mais de quarenta anos.

"Portanto, veja só, no fundo, o desenvolvimento mental demora. Se alguém disser que, depois de muitos anos de dificuldades, as coisas mudaram, posso levar isso a sério. Há uma possibilidade maior de que as mudanças sejam genuínas e duradouras. Se alguém disser que, depois de um curto período, digamos dois anos, houve uma grande transformação, considero isso pouco realista."

Embora seja inquestionável que a abordagem do Dalai-Lama à mudança era razoável, havia uma questão que parecia precisar ser sanada.

– Bem, o senhor mencionou a necessidade de um alto nível de entusiasmo e determinação para transformar a mente, para realizar mudanças positivas. Entretanto, ao mesmo tempo, reconhecemos que a mudança genuína ocorre devagar e pode demorar muito – observei. – Quando a mudança se processa com tanta lentidão, é fácil que a pessoa perca o estímulo. O senhor nunca se sentiu desanimado pelo ritmo lento do progresso em relação à sua prática espiritual ou se sentiu desencorajado em outras áreas da sua vida?

– Sim, sem dúvida.

– E como o senhor lida com isso? – perguntei.

– No que diz respeito à minha própria prática espiritual, *se deparo com algum obstáculo ou problema, considero útil tomar distância e adotar a perspectiva de longo prazo*

♦

*em vez da de curto prazo.* Nesse sentido, na minha opinião, refletir sobre um poema específico me dá coragem e ajuda a sustentar minha determinação.

> *Enquanto existir o espaço*
> *Enquanto persistirem os seres sencientes*
> *Que eu também viva*
> *Para dissipar as desgraças do mundo.*

"Porém, no que diz respeito à liberdade do Tibete, se eu recorrer a esse tipo de crença, a esses versos, a estar preparado para esperar por eras a fio... 'enquanto existir o espaço' e assim por diante, creio que estarei sendo tolo. Nesse caso, precisamos nos envolver de modo mais imediato ou ativo. É claro que, nessa situação, a luta pela liberdade, quando reflito sobre os quatorze ou quinze anos de esforços por negociações sem nenhum resultado, quando penso nos quase quinze anos de fracasso, surge em mim uma certa impaciência e frustração. Mas essa sensação de frustração não me desanima ao ponto de perder a esperança."

– Mas o que exatamente o impede de perder a esperança? – perguntei, forçando um pouco mais a questão.

– Mesmo na situação do Tibete, creio que encarar a situação a partir de uma perspectiva mais ampla pode decididamente ser útil. Por exemplo, se eu encarar a situação dentro do Tibete a partir de uma perspectiva estreita, concentrando minha atenção *exclusivamente* naquilo, a situação parece quase desesperadora. No entanto, se eu adotar uma perspectiva mais ampla, uma perspectiva mundial, verei uma situação internacional na qual sistemas comunistas e totalitários inteiros estão entrando em colapso, na qual até mesmo na China há um movimento democrático e o moral dos tibetanos continua alto. Por isso, não desisto.

Levando-se em conta a vasta base e formação do Dalai-Lama em filosofia e meditação budista, é interessante que ele identifique o aprendizado e a educação como o primeiro passo para realizar a transformação interior, em vez de práticas espirituais mais transcendentais ou místicas. Embora a educação seja geralmente reconhecida por sua importância para o aprendizado de novas técnicas ou para garantir um bom emprego, seu papel como fator essencial para se alcançar a felicidade costuma ser ignorado. Entretanto, estudos revelaram que mesmo a formação meramente acadêmica está diretamente associada a uma vida mais feliz. Numerosas pesquisas chegaram a resultados conclusivos de que níveis superiores de instrução apresentam uma correlação positiva com uma saúde melhor e uma vida mais longa, além de até mesmo protegerem o indivíduo da depressão. Ao tentar identificar as razões para esses efeitos benéficos da educação, cientistas argumentaram que indivíduos mais instruídos têm mais consciência dos fatores de risco à saúde, têm mais condições de implementar opções por estilos de vida mais saudáveis, têm uma noção melhor de poder pessoal e amor-próprio, dispõem de melhores técnicas para solução de problemas e de estratégias mais eficazes – todos esses, fatores que podem contribuir para uma vida mais saudável e mais feliz. Portanto, se a mera

◆

formação acadêmica está associada a uma vida mais feliz, o quanto não será mais eficaz o tipo de aprendizado e educação mencionado pelo Dalai-Lama – uma educação que se concentra especificamente em entender e implementar todo o leque de fatores que levam a uma felicidade duradoura?

O passo seguinte no caminho do Dalai-Lama para a mudança envolve a geração de "determinação e entusiasmo". Esse passo é também amplamente aceito pela ciência ocidental contemporânea como um importante fator para a realização dos objetivos do indivíduo. Num estudo, por exemplo, o psicólogo da educação Benjamin Bloom examinou as vidas de alguns dos cientistas, atletas e artistas mais completos dos Estados Unidos. Descobriu que a garra e a determinação, não o extraordinário talento natural, levaram ao sucesso nos seus campos específicos. Como em qualquer outro setor, seria possível supor que esse princípio se aplicaria igualmente à arte de alcançar a felicidade.

Cientistas do comportamento pesquisaram exaustivamente os mecanismos que fazem surgir, sustentam e direcionam nossas atividades, referindo-se a esse campo como o estudo da "motivação humana". Psicólogos identificaram três tipos principais de motivação. O primeiro tipo, a *motivação primária*, consiste naqueles impulsos baseados em necessidades biológicas que precisam ser atendidas para que haja sobrevivência. Nele estaria incluída, por exemplo, a necessidade de alimento, água e ar. Outra categoria de motivação envolve a *necessidade de estímulo e de informação* de um ser humano. Pesquisadores propõem a hipótese de que essa seja uma necessidade inata, indispensável

◆

para o amadurecimento, o desenvolvimento e o funcionamento adequado do sistema nervoso. A última categoria, chamada de *motivações secundárias*, é composta das motivações que têm como base necessidades e impulsos adquiridos. Muitas motivações secundárias estão relacionadas a necessidades adquiridas de sucesso, poder, *status* ou realização pessoal. Nesse nível de motivação, nosso comportamento e nossos impulsos podem ser influenciados por forças sociais e moldados pelo aprendizado. É nesse estágio que as teorias da psicologia moderna se encontram com o conceito do Dalai-Lama de desenvolver "determinação e entusiasmo". No sistema do Dalai-Lama, entretanto, a garra e a determinação geradas não são usadas exclusivamente na busca do sucesso material mas vão se manifestando à medida que o indivíduo adquire uma compreensão mais clara dos fatores que levam à verdadeira felicidade e são usados na busca da realização de metas superiores, como a benevolência, a compaixão e o aprimoramento espiritual.

O "esforço" é o fator final para a realização da mudança. O Dalai-Lama identifica o esforço como um fator necessário para o estabelecimento do novo condicionamento. A idéia de que podemos mudar nossos comportamentos e pensamentos negativos por meio de um novo condicionamento não é apenas comum entre psicólogos ocidentais, mas é de fato a pedra angular da teoria behaviorista contemporânea. Esse tipo de terapia tem como alicerce a teoria básica de que as pessoas em grande parte *aprenderam* a ser como são; e, ao propor estratégias para criar novos condicionamentos, a terapia behaviorista provou sua eficácia para uma ampla faixa de problemas.

◆

Embora a ciência tenha recentemente revelado que a predisposição genética de cada um desempenha um nítido papel no modo característico de um indivíduo reagir ao mundo, a maioria dos psicólogos e cientistas sociais é da opinião de que uma grande proporção do nosso modo de agir, pensar e sentir é determinada pelo aprendizado e pelo condicionamento, que resulta da nossa criação e das forças culturais e sociais que nos cercam. E, como se reconhece que os comportamentos são em grande parte estabelecidos pelo condicionamento, e reforçados e amplificados pelo "hábito", isso abre a possibilidade, como sustenta o Dalai-Lama, de extinção do condicionamento negativo ou nocivo para substituí-lo por um condicionamento benéfico, que melhore a vida.

Fazer um esforço contínuo para mudar o comportamento exterior não é útil somente para superar maus hábitos, mas pode também mudar nossas atitudes e sentimentos latentes. Experiências demonstraram que não são só nossas atitudes e traços psicológicos que determinam nosso comportamento, idéia de aceitação geral, mas que nosso comportamento também pode mudar nossas atitudes. Pesquisadores concluíram que mesmo forçar artificialmente uma carranca ou um sorriso tende a induzir as emoções correspondentes de raiva ou felicidade. Isso sugere que a simples "simulação" e a repetição de um comportamento positivo pode acabar produzindo uma verdadeira transformação interior. Isso poderia ter implicações importantes para a abordagem do Dalai-Lama da construção de uma vida mais feliz. Se começarmos com o simples ato de ajudar os outros com regularidade, por exemplo, mesmo que não

◆

nos *sintamos* especialmente generosos ou interessados, podemos descobrir que uma transformação interior está ocorrendo, à medida que muito aos poucos formos desenvolvendo autênticos sentimentos de compaixão.

## EXPECTATIVAS REALISTAS

Na realização de transformações e mudanças interiores genuínas, o Dalai-Lama salienta a importância de fazer um esforço contínuo. Trata-se de um processo gradual. Isso revela um forte contraste com a proliferação de técnicas e terapias de auto-ajuda "com soluções rápidas" que se tornaram tão populares na cultura ocidental nas últimas décadas – técnicas que vão desde as "afirmações positivas" à "descoberta da criança interior".

O enfoque do Dalai-Lama é voltado para o lento desenvolvimento e maturação. Ele acredita no tremendo poder da mente, poder talvez ilimitado, mas de uma mente que tenha sido sistematicamente treinada, direcionada, concentrada, uma mente forjada por anos de experiência e de raciocínio bem fundamentado. Levamos muito tempo para desenvolver o comportamento e os hábitos mentais que contribuem para nossos problemas. Levaremos um tempo igualmente longo para estabelecer os novos hábitos que trazem a felicidade. Não há como evitar esses ingredientes essenciais: determinação, esforço e tempo. Esses são os verdadeiros segredos para alcançar a felicidade.

Quando enveredamos pelo caminho da transformação, é importante ter expectativas razoáveis. Se nossas expectativas forem muito altas, estaremos nos predispondo para a decepção. Se forem muito baixas, isso extingue nossa disposição a desafiar nossas limitações e realizar nosso verdadeiro potencial. Em continuidade à nossa conversa sobre o processo da mudança, o Dalai-Lama explicou.

– Nunca deveríamos perder de vista a importância de ter uma atitude realista, de ser muito sensíveis e respeitosos diante da realidade concreta da nossa situação à medida que avançamos no caminho em direção ao nosso objetivo final. Reconheçamos as dificuldades inerentes ao nosso caminho, bem como o fato de que podem ser necessários tempo e esforço contínuos. É importante fazer uma nítida distinção na nossa mente entre nossos *ideais* e os *parâmetros* pelos quais avaliamos nosso progresso. Como budista, por exemplo, fixamos muito alto nossos ideais: a plena Iluminação é nossa expectativa máxima. Considerar a plena Iluminação nosso ideal de realização não é uma atitude extrema. Já esperar alcançá-la rapidamente, aqui e agora, passa a ser. Usar a plena Iluminação como um *parâmetro* em vez de como nosso *ideal* faz com que desanimemos e percamos totalmente a esperança quando não a alcançamos com rapidez. Por isso, precisamos de uma abordagem realista. Por outro lado, se dissermos que vamos nos concentrar só no aqui e no agora; que esse é o enfoque prático; e que não nos importamos com o futuro ou com a realização máxima de atingir a condição do Buda, aí, mais uma vez, temos outra atitude extrema. Precisamos, portanto, descobrir uma abordagem que se situe em algum ponto intermediário. Precisamos encontrar um equilíbrio.

◆

"Lidar com expectativas é realmente uma questão complexa. Se temos expectativas excessivas, sem uma base adequada, isso geralmente resulta em problemas. Por outro lado, sem expectativas e esperança, sem aspirações, não pode haver progresso. Alguma esperança é essencial. Portanto, descobrir o perfeito equilíbrio não é fácil. É preciso avaliar cada situação em si."

Eu ainda tinha dúvidas que me atormentavam. Embora possamos sem dúvida modificar parte dos nossos comportamentos e atitudes negativas, desde que dediquemos tempo e esforço suficientes, até que ponto é realmente possível erradicar as emoções negativas? Dirigi-me ao Dalai-Lama.

– Já falamos sobre o fato de que a felicidade máxima depende de eliminarmos nossos comportamentos e estados mentais negativos, sentimentos como a raiva, o ódio, a ganância, entre outros...

O Dalai-Lama assentiu.

– No entanto, emoções dessa natureza parecem fazer parte da nossa composição psicológica natural. Todos os seres humanos parecem sentir essas emoções mais perversas com intensidade maior ou menor. E, se for esse o caso, será razoável odiar, negar e combater uma parte de nós mesmos? Quer dizer, parece pouco prático, e até mesmo antinatural, tentar erradicar completamente algo que é uma parte integral da nossa constituição natural.

– É mesmo, algumas pessoas sugerem que a raiva, o ódio e outras emoções negativas são uma parte natural da mente – respondeu o Dalai-Lama, abanando a cabeça. – Para essas pessoas, como essas emoções são uma parte natural da nossa constituição, não há realmente como mudar esses estados mentais. Mas essa visão está errada. Ora, por exemplo, todos nós nascemos em estado de ignorância. Nesse sentido, a ignorância também é perfeitamente natural. Seja como for, quando pequenos, somos muito ignorantes. No entanto, à medida que vamos crescendo, dia após dia, por meio da educação e do aprendizado, podemos adquirir conhecimentos e dissipar a ignorância. Porém, se nos deixarmos ficar num estado de ignorância, sem desenvolver conscientemente nosso aprendizado, não conseguiremos dissipá-la. Logo, se nos deixarmos ficar num "estado natural" sem fazer um esforço para acabar com a ignorância, não brotarão espontaneamente as forças ou fatores da educação e do aprendizado, que se opõem a ela. Do mesmo modo, através do treinamento adequado, podemos aos poucos reduzir nossas emoções negativas e aumentar estados mentais positivos tais como o amor, a compaixão e o perdão.

– Mas, se essas emoções fazem parte da nossa psique, como poderemos sair vitoriosos na luta contra algo que é inerente a nós mesmos?

– Ao refletir sobre como combater as emoções negativas, ajuda saber como funciona a mente humana – respondeu o Dalai-Lama. – Ora, é claro que a mente humana é muito complexa. Mas é também muito habilidosa. Ela consegue descobrir meios pelos quais pode lidar com uma variedade de situações e condições. Para começar, a mente tem a capacidade de adotar perspectivas diferentes através das quais pode tratar de vários problemas.

◆

"Dentro da prática budista, essa capacidade de adotar perspectivas diferentes é utilizada numa série de meditações nas quais o indivíduo isola mentalmente diferentes aspectos de si mesmo e então inicia uma conversa entre eles. Existe, por exemplo, uma prática de meditação destinada a promover o altruísmo, segundo a qual entabulamos um diálogo entre nossa própria 'atitude egocêntrica', um eu que é a encarnação do egocentrismo, e nós mesmos como praticantes da espiritualidade. É uma espécie de relacionamento de diálogo. Da mesma forma, nesse caso, embora traços negativos tais como o ódio e a raiva façam parte da nossa mente, podemos nos dedicar a uma iniciativa na qual tomamos nossa raiva e ódio como objeto e o combatemos.

"Além disso, na nossa própria experiência diária, muitas vezes nos descobrimos em situações nas quais nos culpamos ou nos criticamos. Costumamos dizer: 'Ai, em tal dia assim assim, eu me decepcionei comigo mesmo'. E então nos criticamos. Ou podemos nos culpar por fazer algo errado ou por não fazer alguma coisa, e sentimos raiva de nós mesmos. Nesse caso, também, entabulamos uma espécie de diálogo com nós mesmos. Na realidade, não existem duas identidades distintas; trata-se apenas de uma continuidade no mesmo indivíduo. Mesmo assim, faz sentido que nos critiquemos, que sintamos raiva de nós mesmos. Isso é algo que todos nós conhecemos por experiência própria.

"Portanto, apesar de na realidade só haver uma única individualidade contínua, nós podemos adotar duas perspectivas diferentes. O que acontece quando estamos nos cri-

◆

ticando? O 'eu' que está criticando parte de uma perspectiva da pessoa como totalidade, do ser inteiro; e o 'eu' que está sendo criticado é um eu da perspectiva de uma experiência particular ou de um acontecimento específico. E assim podemos ver a possibilidade da existência de um 'relacionamento do eu com o eu'.

"Para desenvolver esse ponto, pode ser bastante útil refletir sobre os diversos aspectos da nossa própria identidade pessoal. Tomemos o exemplo de um monge budista tibetano. Esse indivíduo pode ter uma noção de identidade personalizada a partir da perspectiva de ser um monge, 'meu eu enquanto monge'. Além disso, ele também pode ter um nível de identidade pessoal que não é muito baseado no seu aspecto monástico mas, sim, na sua origem étnica, de tibetano. Com isso, ele pode dizer, 'eu enquanto tibetano'. E então, em outro nível, essa pessoa pode ter outra identidade na qual o fato de ser monge e a origem étnica podem não desempenhar um papel importante. Ele pode pensar, 'eu enquanto ser humano'. Podemos ver, portanto, perspectivas diferentes dentro da identidade individual de cada pessoa.

"O que isso indica é que, quando nos relacionamos conceitualmente com algo, somos capazes de encarar um fenômeno de muitos ângulos diferentes. E a capacidade para ver as coisas de ângulos diferentes é totalmente seletiva. Podemos nos concentrar num ângulo específico, num aspecto especial daquele fenômeno, e adotar uma perspectiva particular. Essa capacidade torna-se muito importante quando procuramos identificar e eliminar certos aspectos negativos de nós mesmos, ou ressaltar traços positivos. *Graças a essa capacidade de adotar uma perspectiva diferente, podemos isolar partes de nós mesmos que procuramos eliminar e podemos enfrentá-las.*

"Ora, ao examinar melhor esse tema, surge uma questão muito importante. Embora possamos entrar em combate com a raiva, o ódio e os outros estados mentais negativos, que garantia ou certeza nós temos de que é possível a vitória contra eles?

"Quando falamos desses estados mentais negativos, eu deveria ressaltar que estou me referindo àquilo que em tibetano se chama de *Nyon Mong*, ou em sânscrito de *Klesha*. Esse termo significa literalmente 'aquilo que aflige de dentro'. Essa é uma expressão muito longa. Por isso costuma ser traduzida por 'ilusões'. A própria etimologia da palavra tibetana *Nyon Mong* nos dá uma sensação de que se trata de um acontecimento emocional e cognitivo que aflige nossa mente de modo espontâneo, destrói nossa paz mental ou provoca uma perturbação na nossa psique quando se manifesta. Se prestarmos atenção suficiente, é fácil reconhecer a natureza aflitiva dessas 'ilusões' simplesmente porque elas apresentam essa tendência de destruir nossa serenidade e presença de espírito. É, porém, muito mais difícil descobrir se podemos superá-las. Essa é uma dúvida que está diretamente associada a toda a idéia de ser possível atingir a plena realização do nosso potencial espiritual. E é uma questão muito séria e difícil.

"Portanto, de que fundamentos dispomos para aceitar que essas emoções aflitivas e acontecimentos cognitivos, ou 'ilusões', podem acabar sendo arrancadas e eliminadas da nossa mente? No pensamento budista, temos três pre-

◆

missas ou fundamentos principais, segundo os quais acreditamos que isso possa acontecer.

"A primeira premissa é que todos os estados mentais 'ilusórios', todas as emoções e pensamentos aflitivos, são essencialmente deturpados, já que se enraízam numa percepção equivocada da verdadeira realidade da situação. Por mais poderosas que sejam, no fundo essas emoções negativas não possuem nenhum fundamento válido. São baseadas na ignorância. Por outro lado, todas as emoções ou estados mentais positivos, como por exemplo o amor, a compaixão e o *insight*, entre outros, têm uma base sólida. Quando a mente está vivenciando esses estados positivos, não existe deturpação. Além disso, esses fatores positivos estão ancorados na realidade. Podem ser verificados por nossa própria experiência. Existe uma espécie de solidez e enraizamento na razão e na compreensão. Esse não é o caso com as emoções aflitivas, como a raiva e o ódio. E ainda por cima, todos esses estados mentais positivos têm a qualidade de permitir que aumentemos sua capacidade e ampliemos seu potencial de modo ilimitado, se os praticarmos com regularidade através do treinamento e da constante familiaridade..."

– O senhor pode explicar um pouco mais – disse eu, interrompendo-o. – O que realmente quer dizer com a afirmativa de que os estados mentais positivos têm uma "base válida", ao passo que os estados mentais negativos não têm "nenhuma base válida"?

– Bem, por exemplo – esclareceu o Dalai-Lama –, a compaixão é considerada uma emoção positiva. Ao gerar compaixão, começamos por admitir que não queremos o sofrimento e que temos o direito à felicidade. Isso pode ser verificado e legitimado pela nossa própria experiência. Reconhecemos então que outras pessoas, exatamente como nós, também não querem sofrer e também têm o direito à felicidade. Essa passa a ser a base para começarmos a gerar compaixão.

"Essencialmente, há duas categorias de emoções ou estados mentais: a positiva e a negativa. Um modo de classificar essas emoções é em termos do entendimento de que as emoções positivas são aquelas que podem ser justificadas enquanto as negativas são as que não podem ser justificadas. Por exemplo, examinamos anteriormente o tópico do desejo, como há desejos positivos e desejos negativos. O desejo para que sejam atendidas nossas necessidades básicas é positivo. É justificável. Baseia-se no fato de que todos nós existimos e temos o direito de sobreviver. E, para que possamos sobreviver, há certas coisas que são imprescindíveis, certas necessidades que têm de ser satisfeitas. Logo, esse tipo de desejo tem um fundamento válido. E, como já vimos, há outros tipos de desejo que são negativos, como o desejo em excesso e a ganância. Esses tipos de desejo não são baseados em motivos válidos e costumam só gerar problemas e complicar nossa vida. São desejos que se baseiam simplesmente num sentimento de insatisfação, de querer mais, muito embora as coisas que queremos não sejam realmente necessárias. Desejos dessa natureza não dispõem de motivos válidos a ampará-los. Portanto, desse modo podemos dizer que as emoções positivas têm um fundamento firme e válido, enquanto falta às emoções negativas essa base legítima."

◆

O Dalai-Lama continuou seu exame da mente humana, dissecando o funcionamento da mente com a mesma atenção minuciosa que um botânico poderia usar ao classificar espécies de flores raras.

– Ora, isso nos traz de volta à segunda premissa na qual baseamos a alegação de que nossas emoções negativas podem ser arrancadas e eliminadas. *Essa premissa tem como sustentação o fato de que nossos estados mentais positivos podem atuar como antídotos contra nossas tendências negativas e estados mentais ilusórios. A segunda premissa é que, à medida que aumentarmos a capacidade desses antídotos, quanto maior for sua força, tanto mais capazes nós seremos de reduzir a intensidade das aflições mentais e emocionais;* e tanto mais poderemos neutralizar suas influências e efeitos.

"Quando falamos em eliminar estados mentais negativos, há um ponto que devemos ter em mente. Dentro da prática budista, o cultivo de certas qualidades mentais positivas específicas, como a paciência, a tolerância, a benevolência, entre outras, pode atuar como um antídoto específico para estados mentais negativos como a raiva, o ódio e o apego. A aplicação de antídotos tais como o amor e a compaixão pode reduzir significativamente o grau ou influência das aflições mentais e emocionais; mas, como eles procuram eliminar apenas determinadas emoções aflitivas específicas ou individuais, em certo sentido podem ser vistos apenas como medidas parciais. Essas emoções aflitivas, tais como o apego e o ódio, estão em última análise enraizadas na ignorância – na percepção equivocada da verdadeira natureza da realidade. Portanto, parece haver um con-

◆

senso entre todas as tradições budistas de que, a fim de superar *plenamente* todas essas tendências negativas, é preciso aplicar o antídoto contra a ignorância – o 'fator Sabedoria'. Este é indispensável. O 'fator Sabedoria' envolve a produção de *insight* que penetre na verdadeira natureza da realidade.

"Portanto, dentro da tradição budista, nós dispomos não só de antídotos para estados mentais específicos – a paciência e a tolerância atuam como antídotos específicos para a raiva e o ódio – mas também temos um antídoto geral – o *insight* que penetra na natureza essencial da realidade e atua contra *todos* os estados mentais negativos. É semelhante a modos de acabar com uma planta venenosa: podemos eliminar os efeitos perniciosos cortando ramos e folhas específicos ou podemos eliminar a planta inteira, indo até a raiz para erradicá-la."


Para concluir sua análise da possibilidade de eliminar nossos estados mentais negativos, o Dalai-Lama explicou.

– A terceira premissa é que a natureza essencial da mente é pura. Ela tem como base a crença de que a consciência sutil básica não é conspurcada por emoções negativas. Sua natureza é pura, um estado ao qual nos referimos como "a mente da Luz Límpida". Essa natureza essencial da mente é também chamada de Natureza do Buda. Logo, como as emoções negativas não fazem parte intrínseca dessa Natureza do Buda, existe uma possibilidade de eliminá-las e purificar a mente.

"Portanto, é a partir dessas três premissas que o budismo aceita que as aflições mentais e emocionais podem ser eliminadas por meio do cultivo deliberado de forças contrárias como o amor, a compaixão, a tolerância e o perdão, bem como através de várias práticas, tais como a meditação."

A idéia de que a natureza oculta da mente é pura e de que nós temos a capacidade para eliminar completamente nossos modelos negativos de pensamento era um tópico sobre o qual eu tinha ouvido o Dalai-Lama falar antes. Ele havia comparado a mente a um copo de água lamacenta. Os estados mentais aflitivos eram como as "impurezas" ou a lama, que poderiam ser removidas de modo a revelar a natureza "pura" da água. Isso parecia um pouco abstrato; e, passando para interesses mais práticos, eu o interrompi.

– Digamos que a pessoa aceite a possibilidade de eliminar suas emoções negativas e até mesmo comece a dar passos nessa direção. A partir das nossas conversas, no entanto, eu depreendo que seria necessário um esforço tremendo para erradicar esse lado perverso: uma enorme dedicação ao estudo, à contemplação, a constante aplicação de antídotos, a prática intensiva de meditação e assim por diante. Isso poderia ser adequado para um monge ou para alguém que pudesse devotar muito tempo e atenção a essas práticas. Mas o que dizer de uma pessoa comum, com família e tudo o mais, que talvez não tenha o tempo ou a oportunidade de pôr em prática essas técnicas intensivas? Para elas, não seria mais adequado simplesmente tentar controlar as emoções que as afligem, aprender a viver com elas e administrá-las de modo razoável, em vez de tentar erradicá-las completamente? É como os pacientes com diabetes. Eles podem não ter meios para uma cura completa; mas se dedicarem atenção à dieta, se fizerem uso da insulina e de outros recursos, eles podem controlar a doença e prevenir seus sintomas e seqüelas negativas.

– É, essa é a melhor forma! – respondeu ele, com entusiasmo. – Concordo com você. Quaisquer passos, por menores que sejam, que tomemos no sentido de reduzir a influência das emoções negativas podem ser muito úteis. Decididamente isso pode ajudar a pessoa a levar uma vida mais feliz e satisfatória. No entanto, também é possível que um leigo alcance altos níveis de realização espiritual: alguém que tenha emprego, família, um relacionamento sexual com seu cônjuge e assim por diante. E não é só isso, mas houve indivíduos que só começaram a prática a sério já tarde na vida, quando estavam com mais de quarenta, cinqüenta ou até mesmo oitenta anos; e, mesmo assim, conseguiram tornar-se grandes mestres de alto nível.

– O senhor pessoalmente conheceu muitos indivíduos que na sua opinião possam ter atingido esses estados sublimes? – indaguei.

– Creio que isso é muito, muito difícil de avaliar. Ao meu ver, os praticantes verdadeiros e sinceros nunca se vangloriam disso. – E deu uma risada.

Muitos no Ocidente voltam-se para as crenças religiosas como fonte de felicidade, mas a abordagem do Dalai-Lama é fundamentalmente diferente da de muitas religiões ocidentais por depender muito mais do raciocínio e do treinamento da mente do que da fé. Sob certos aspectos, o enfoque do Dalai-Lama é semelhante a uma ciência da mente, um sistema que poderíamos aplicar exatamente como as pessoas usam a psicoterapia. No entanto, o que o Dalai-Lama sugere vai mais além. Embora estejamos acostumados à idéia de recorrer a técnicas psicoterápicas como a terapia comportamental para atacar maus hábitos específicos – o fumo, a bebida, as explosões de raiva – não estamos habituados a cultivar atributos positivos – o amor, a compaixão, a paciência, a generosidade – como armas contra todas as emoções e estados mentais negativos. O método do Dalai-Lama para alcançar a felicidade tem por base a idéia revolucionária de que os estados mentais negativos não são parte intrínseca das nossas mentes; são obstáculos transitórios que impedem a expressão do nosso estado latente de alegria e felicidade.

A maioria das escolas tradicionais da psicoterapia ocidental costuma concentrar o foco na adaptação à neurose do paciente em vez de numa completa reformulação de todo o seu modo de encarar a vida. Elas examinam a história pessoal do indivíduo, seus relacionamentos, suas experiências diárias (aí incluídos sonhos e fantasias) e até mesmo o relacionamento com o terapeuta no esforço de resolver os conflitos interiores do paciente, as motivações inconscientes e a dinâmica psicológica que pode estar contribuindo para seus problemas ou sua infelicidade. O objetivo consiste em obter estratégias mais saudáveis para encarar a vida, uma adaptação e melhora dos sintomas, em vez de treinar a mente de modo direto para ser feliz.

A característica mais notável do método de treinamento da mente do Dalai-Lama envolve a idéia de que *os esta-*

*dos mentais positivos podem atuar como antídotos diretos para os estados mentais negativos.* Quando se procuram abordagens análogas a essa na moderna ciência do comportamento, a terapia cognitiva talvez seja a que mais se aproxima. Essa forma de psicoterapia vem se tornando cada vez mais popular ao longo das últimas décadas e já comprovou ser muito eficaz no tratamento de uma ampla variedade de problemas comuns, especialmente de transtornos do humor, como por exemplo a depressão e a ansiedade. A moderna terapia cognitiva, desenvolvida por psicoterapeutas tais como o dr. Albert Ellis e o dr. Aaron Beck, baseia-se na idéia de que as emoções que nos perturbam e nossos comportamentos desajustados são causados por distorções no pensamento e por crenças irracionais. A terapia concentra sua atenção em ajudar o paciente a sistematicamente identificar, examinar e corrigir essas distorções no pensamento. Os pensamentos corretivos, em certo sentido, passam a ser um antídoto contra os modelos deturpados de pensamento que são a fonte do sofrimento do paciente.

Por exemplo, uma pessoa é rejeitada por outra e reage com um sentimento excessivo de mágoa. O terapeuta cognitivo primeiro ajuda a pessoa a identificar a crença irracional latente; por exemplo: "Eu preciso ser amado e aprovado por quase todas as pessoas significativas na minha vida em qualquer ocasião ou, se não for assim, tudo é horrível, e eu não presto para nada." O terapeuta então apresenta à pessoa provas que questionam essa crença irrealista. Embora essa abordagem possa parecer superficial, muitos estudos demonstraram que a terapia cognitiva funciona.

◆

Na depressão, por exemplo, os terapeutas cognitivos alegam que são os pensamentos negativos e derrotistas que servem de alicerce para a depressão. Praticamente da mesma forma que os budistas consideram deturpadas todas as emoções aflitivas, os terapeutas cognitivos encaram esses pensamentos negativos, geradores da depressão, como "essencialmente desvirtuados". Na depressão, o pensamento pode desvirtuar-se pelo hábito de considerar os acontecimentos em termos de oito-ou-oitenta; pelo excesso de generalização (ex.: se perdemos um emprego ou não passamos de ano, automaticamente pensamos: "sou um fracasso total!"); ou pela percepção seletiva de apenas certos acontecimentos (ex.: três fatos positivos e dois negativos podem acontecer num dia, mas a pessoa deprimida ignora os fatos positivos e se concentra exclusivamente nos negativos). Portanto, no tratamento da depressão, com a ajuda do terapeuta, o paciente é encorajado a monitorar o surgimento automático de pensamentos negativos (ex.: "Eu não sirvo para nada") e a corrigir energicamente esses pensamentos distorcidos por meio da coleta de informações e provas que os contradigam ou neguem (ex.: "Dei duro para criar dois filhos", "Tenho talento para cantar", "Sempre fui um bom amigo", "Consegui manter um emprego difícil" e assim por diante). Pesquisadores comprovaram que ao substituir nossos modos deturpados de pensar por informações precisas, é possível provocar uma mudança nos nossos sentimentos e melhorar nosso humor.

O próprio fato de que podemos mudar nossas emoções e combater pensamentos negativos com a aplicação de modos de pensar alternativos corrobora a posição do Dalai-

Lama de que podemos superar estados mentais negativos através da aplicação de "antídotos", ou seja, os estados mentais positivos correspondentes. E, quando esse fato é associado a recentes provas científicas de que podemos mudar a estrutura e o funcionamento do cérebro por meio do cultivo de novos pensamentos, a idéia de podermos alcançar a felicidade através do treinamento da mente parece uma possibilidade muito real.

*Capítulo 13*

# COMO LIDAR COM A RAIVA
# E O ÓDIO

Se deparamos com uma pessoa que levou uma flechada, não perdemos tempo nos perguntando de onde a flecha pode ter vindo, a que casta pertencia o indivíduo que a atirou; analisando de que tipo de madeira a flecha era feita, ou de que modo foi talhada a ponta da flecha. Em vez disso, deveríamos nos concentrar em arrancar a flecha imediatamente.

*– Shakyamuni, o Buda*

Voltemo-nos agora para algumas dessas "flechas", os estados mentais negativos que destroem nossa felicidade, e seus respectivos antídotos. Todos os estados mentais negativos atuam como obstáculos à nossa felicidade, mas vamos começar com a raiva, que parece ser um dos maiores empecilhos. Ela é descrita pelo filósofo estóico Sêneca como "a mais hedionda e frenética de todas as emoções". Os efeitos destrutivos da raiva e do ódio foram bem documentados por recentes estudos científicos. É claro que não precisamos de comprovação científica para perceber como essas emoções podem toldar nosso discernimento,

◆

causar sensações de extremo desconforto ou devastação em nossos relacionamentos pessoais. Nossa própria experiência pode nos dizer isso. No entanto, em anos recentes, foram realizados grandes avanços na documentação dos efeitos físicos nocivos da raiva e da hostilidade. Dezenas de estudos demonstraram que essas emoções são uma causa importante de doenças e de morte prematura. Pesquisadores como o dr. Redford Williams na Duke University e o dr. Robert Sapolsky na Stanford University conduziram pesquisas que demonstram que a raiva, a fúria e a hostilidade são especialmente prejudiciais ao sistema cardiovascular. Acumularam-se tantas provas dos efeitos danosos da hostilidade que ela agora é de fato considerada um importante fator de risco de doenças cardíacas, no mínimo igual a fatores de risco tradicionais como o colesterol alto ou a pressão alta, ou talvez maior do que eles.

E, uma vez que aceitemos a idéia dos efeitos nocivos da raiva e do ódio, a próxima pergunta passa a ser como superá-los.

No meu primeiro dia como consultor psiquiátrico numa instituição de tratamento, eu estava sendo encaminhado ao meu novo consultório por uma integrante da equipe quando ouvi gritos aterradores que reverberavam pelo corredor...

– *Estou com raiva...*

– *Mais alto!*

– ESTOU COM RAIVA!

– MAIS ALTO! MOSTRE QUE ESTÁ! EU QUERO VER!

– ESTOU COM RAIVA!! COM RAIVA!! QUE ÓDIO!!! QUE ÓDIO!!!

Era realmente assustador. Comentei com a funcionária que parecia estar ocorrendo uma crise que exigia atenção urgente.

– Não se preocupe com isso – disse ela, rindo. – Estão só fazendo terapia de grupo no final do corredor... ajudando uma paciente a se conectar com sua raiva.

Mais tarde naquele dia, estive com a paciente em pessoa. Ela parecia exausta.

– Estou *tão relaxada* – disse ela. – Aquela sessão de terapia realmente funcionou. Estou com a sensação de ter posto para fora toda a minha raiva.

Na nossa sessão seguinte, no entanto, a paciente relatou.

– Bem, acho que acabei não pondo para fora toda a minha raiva. Logo depois de sair daqui ontem, quando eu estava saindo do estacionamento, um idiota quase me deu uma fechada... e eu fiquei *furiosa*! E não parei de xingá-lo entre dentes até chegar em casa. Acho que ainda preciso de mais algumas dessas sessões de raiva para botar para fora o resto.

Quando se propõe dominar a raiva e o ódio, o Dalai-Lama começa investigando a natureza dessas emoções destrutivas.

– Em geral – explicou ele – há muitas espécies diferentes de emoções negativas ou aflitivas, como a presunção, a arrogância, o ciúme, o desejo, a luxúria, a intolerância e assim por diante. Mas de todas essas, o ódio e a raiva são considerados os maiores males por serem os obstáculos de maior vulto ao desenvolvimento da compaixão e do altruísmo; e por destruírem nossa virtude e nossa serenidade mental.

"Quando pensamos na raiva, pode haver dois tipos. Um pode ser positivo. Isso se deveria principalmente à nossa motivação. Pode haver alguma raiva que seja motivada pela compaixão ou por uma sensação de responsabilidade. Nos casos em que a raiva é motivada pela compaixão, ela pode ser usada como um impulso ou um catalisador para um ato positivo. Nessas circunstâncias, uma emoção humana como a raiva pode agir como uma força para provocar a ação urgente. Ela cria um tipo de energia que permite a um indivíduo agir com rapidez e decisão. Pode ser um poderoso fator de motivação. Logo, esse tipo de raiva pode às vezes ser positivo. Infelizmente, porém, muito embora esse tipo de raiva possa funcionar como um tipo de proteção e nos proporcionar alguma energia a mais, com freqüência essa energia também é cega, de modo que não se sabe ao certo se ela acabará sendo construtiva ou destrutiva.

"Pois, apesar de em raras circunstâncias alguns tipos de raiva poderem ser positivos, em geral, a raiva gera rancor e ódio. E, quanto ao ódio, ele nunca é positivo. Não gera absolutamente nenhum benefício. É sempre totalmente negativo.

"Não podemos superar a raiva e o ódio simplesmente suprimindo-os. *Precisamos cultivar diligentemente os antídotos ao ódio: a paciência e a tolerância.* Seguindo o modelo de que falamos antes, a fim de sermos capazes de cultivar com êxito a paciência e a tolerância, precisamos gerar entusiasmo, um forte desejo de atingir o objetivo.

◆

Quanto maior o entusiasmo, maior nossa capacidade para suportar as dificuldades que encontraremos durante o processo. Quando nos dedicamos à prática da paciência e da tolerância, na realidade, o que está acontecendo é um envolvimento num combate com o ódio e a raiva. Já que se trata de uma situação de combate, buscamos a vitória, mas também temos de estar preparados para a possibilidade de perder a batalha. Portanto, enquanto estamos envolvidos no combate, não deveríamos perder de vista o fato de que, nesse processo, enfrentaremos muitos problemas. Deveríamos ter a capacidade de suportar essas agruras. Quem sai vitorioso contra o ódio e a raiva através de um processo tão árduo é um verdadeiro herói.

"É com isso em mente que geramos esse forte entusiasmo. O entusiasmo resulta da descoberta dos efeitos benéficos da tolerância e da paciência bem como dos efeitos destrutivos e negativos da raiva e do ódio, associada à reflexão sobre eles. E esse próprio ato, essa conscientização em si, criará uma afinidade com os sentimentos de tolerância e paciência além de fazer com que tenhamos mais cautela e cuidado diante de pensamentos irados e cheios de ódio. Geralmente, não nos incomodamos muito com a raiva ou ódio, e o sentimento simplesmente aparece. No entanto, uma vez que desenvolvamos uma atitude de cautela para com essas emoções, essa mesma atitude relutante pode agir como uma medida preventiva contra a raiva ou ódio.

"Os efeitos destrutivos do ódio são muito visíveis, muito óbvios e imediatos. Por exemplo, quando um pensamento muito forte ou intenso de ódio brota dentro de nós, naquele mesmo instante, ele nos domina totalmente e destrói nossa paz mental. Nossa presença de espírito desaparece por completo. Quando um ódio ou raiva surge com tanta intensidade, ele sufoca a melhor parte do nosso cérebro, que é a capacidade de distinguir o certo do errado assim como as conseqüências a curto e a longo prazo dos nossos atos. Nosso poder de discernimento torna-se totalmente inoperante, sem poder mais funcionar. É quase como se tivéssemos enlouquecido. Essa raiva e ódio costumam nos lançar num estado de confusão, que só serve para tornar muito mais graves nossos problemas e dificuldades.

"Mesmo no nível físico, o ódio produz uma transformação física muito feia e desagradável no indivíduo. No mesmo instante em que surgem os fortes sentimentos de raiva ou ódio, por mais que a pessoa tente simular ou adotar uma postura digna, é muito óbvio que o rosto da pessoa apresenta uma aparência contorcida e repulsiva. Sua expressão é muito desagradável, e da pessoa emana uma vibração muito hostil. Os outros podem perceber isso. É quase como se sentissem a pressão saindo do corpo daquela pessoa. Tanto assim que, não só os seres humanos são capazes de sentir isso, até mesmo bichos, animais de estimação, procuram evitar a pessoa naquele instante. Além disso, quando uma pessoa nutre pensamentos rancorosos, eles tendem a se acumular dentro da pessoa; e isso pode causar sintomas, tais como a perda de apetite, a insônia, que sem dúvida fazem com que a pessoa se sinta mais tensa e nervosa.

"Por motivos como esses, o ódio é comparado a um inimigo. Esse inimigo interno, esse inimigo interior, não tem nenhuma outra função além de nos fazer mal. Ele é que é nosso verdadeiro inimigo, nosso maior inimigo. Não tem nenhuma outra função além de simplesmente nos destruir, tanto em termos imediatos quanto a longo prazo. "Ele é muito diferente de um inimigo normal. Embora um inimigo normal, uma pessoa que consideremos inimiga nossa, possa dedicar-se a atividades que nos são prejudiciais, ela pelo menos tem outras funções. Essa pessoa precisa comer; essa pessoa precisa dormir. De modo que exerce muitas outras funções e, assim, não pode dedicar vinte e quatro horas por dia da sua existência a esse projeto de nos destruir. Já o ódio não tem nenhuma outra função, nenhum outro objetivo, que não seja o de nos destruir. Logo, ao nos conscientizarmos desse fato, deveríamos tomar a resolução de nunca dar oportunidade para que esse inimigo, o ódio, surja dentro de nós."

– No que diz respeito a lidar com a raiva, qual é sua opinião sobre os métodos da psicoterapia ocidental que encorajam a expressão da nossa raiva?

– Nesse caso, creio ser preciso entender que pode haver situações diferentes – explicou o Dalai-Lama. – Em alguns casos, as pessoas nutrem sentimentos de raiva e mágoa baseados em algo que foi feito a elas no passado, uma violência ou algo semelhante, e esse sentimento é abafado. Há uma expressão tibetana que diz que, se houver alguma doença num búzio, podemos eliminá-la com um forte sopro. Em outras palavras, se alguma coisa estiver obstruindo o búzio, basta soprar e o caminho estará livre. Da mesma forma, nesse caso, é possível imaginar uma situação na qual, em virtude da repressão de certas emoções ou certos sentimentos de raiva, talvez seja melhor simplesmente abrir o coração e expressá-los.

"Porém, creio que em geral a raiva e o ódio são os tipos de emoção que, se deixados à vontade ou sem controle, costumam se agravar e continuar a crescer. Se simplesmente nos acostumarmos cada vez mais a deixar que eles aconteçam e só continuarmos a expressá-los, isso normalmente resulta em seu crescimento, não na sua redução. Por isso, para mim, quanto mais adotarmos uma atitude cautelosa e quanto mais procurarmos reduzir o nível da sua intensidade, melhor será."

– Se o senhor é da opinião de que expressar ou liberar nossa raiva não resolve, então qual é a solução? – indaguei.

– Ora, antes de mais nada, sentimentos de raiva e ódio surgem de uma mente que está perturbada pela insatisfação e descontentamento. Portanto, podemos nos preparar com antecedência, com o trabalho constante no sentido de gerar o contentamento interior e cultivar a benevolência e a compaixão. Isso produz uma certa serenidade mental que pode ajudar a impedir que a raiva sequer se manifeste. E então, quando surgir de fato uma situação que nos deixe com raiva, deveríamos encarar de frente nossa raiva para analisá-la. Deveríamos pesquisar quais fatores deram origem àquela manifestação específica de raiva ou ódio. Depois, deveríamos analisá-la mais detidamente, procurando ver se foi uma reação inadequada e, em especial, se foi construtiva ou destrutiva. E faremos um esforço para exercer uma certa moderação e disciplina interior, combatendo-a energicamente por meio da aplicação de antídotos: contrabalançando essas emoções negativas com pensamentos de paciência e tolerância.

◆

O Dalai-Lama fez uma pausa e depois acrescentou, com seu habitual pragmatismo.

– É claro que, no esforço por superar a raiva e o ódio, no estágio inicial podemos ainda experimentar essas emoções negativas. Existem, porém, níveis diferentes. Caso se trate de uma raiva de intensidade branda, naquele momento podemos tentar enfrentá-la diretamente e combatê-la. No entanto, caso se manifeste uma emoção negativa muito forte, naquele momento talvez seja difícil desafiá-la ou enfrentá-la. Se for esse o caso, naquele instante talvez o melhor seja simplesmente tentar deixá-la de lado, pensar em alguma outra coisa. Uma vez que nossa mente se acalme um pouco, então poderemos analisar, poderemos raciocinar. – Em outras palavras, refleti, ele estava recomendando que "déssemos um tempo". E prosseguiu: – No esforço para eliminar a raiva e o ódio, o cultivo deliberado da paciência e da tolerância é indispensável. Poderíamos conceber o valor e a importância da paciência e da tolerância nos seguintes termos: no que tange aos efeitos destrutivos dos pensamentos irados e cheios de ódio, não podemos nos proteger deles através da riqueza. Mesmo que sejamos milionários, ainda estamos sujeitos aos efeitos destrutivos da raiva e do ódio. Nem pode a educação por si só dar uma garantia de que estaremos protegidos desses efeitos. De modo semelhante, a lei não tem como nos fornecer essas garantias ou proteção. Nem mesmo as armas nucleares, por mais sofisticado que seja o sistema de defesa, podem nos oferecer proteção ou defesa contra esses efeitos...

O Dalai-Lama fez uma pausa para tomar fôlego e concluiu em voz firme e clara.

◆

A SUPERAÇÃO DE OBSTÁCULOS

*– O único fator que pode nos dar refúgio ou proteção com relação aos efeitos destrutivos da raiva e do ódio é nossa prática da tolerância e da paciência.*

Mais uma vez, a sabedoria tradicional do Dalai-Lama está em total harmonia com os dados científicos. O dr. Dolf Zillmann, da University of Alabama, realizou experiências que demonstraram que pensamentos irados costumam gerar um estado de excitação fisiológica que nos deixa ainda mais propensos à raiva. A raiva alimenta-se da raiva; e, à medida que nosso estado de excitação aumenta, reagimos com maior facilidade a estímulos ambientais que provoquem a raiva.

Se lhe dermos corda, a raiva tem a tendência a aumentar. Então, como devemos tratar de dissipar nossa raiva? Como sugere o Dalai-Lama, dar vazão à raiva e à fúria tem vantagens muito limitadas. A expressão terapêutica da raiva como meio de catarse parece ter tido origem nas teorias freudianas da emoção, cuja operação ele considerava semelhante à de um modelo hidráulico: quando a pressão aumenta, precisa ser liberada. A idéia de nos livrarmos da nossa raiva através da sua expressão tem algum apelo dramático e de certo modo poderia até parecer divertida, mas o problema é que esse método simplesmente não funciona. Muitos estudos ao longo das quatro últimas décadas revelaram consistentemente que a expressão verbal e física da nossa raiva não contribui em nada para dissipá-la e só piora a situação. O dr. Aaron Siegman, psicólogo e pesquisador da raiva na University of Maryland, acredita por exemplo que é exatamente esse tipo de expressão repetida da raiva e da fúria que aciona os sistemas internos de alerta e as reações bioquímicas que têm maior probabilidade de causar dano às nossas artérias.

Embora esteja claro que dar vazão à nossa raiva não é a solução, também não resolve nada ignorar nossa raiva ou fingir que ela não existe. Como examinamos na Terceira Parte, evitar nossos problemas não faz com que eles desapareçam. Então, qual é a melhor atitude? É interessante que pesquisadores contemporâneos da raiva, como o dr. Zillmann e o dr. Williams, estejam em consenso quanto à constatação de que métodos semelhantes ao do Dalai-Lama parecem ser os mais eficazes. Como o estresse em geral abaixa os limites daquilo que poderia detonar a raiva, o primeiro passo é preventivo: cultivar um contentamento interior e um estado mental mais calmo, como recomenda o Dalai-Lama, pode decididamente ser útil. E, quando a raiva de fato se manifesta, pesquisas demonstraram que um questionamento enérgico, uma análise lógica e uma reavaliação dos pensamentos que detonaram a raiva podem ajudar a dissipá-la. Há também comprovação experimental com a indicação de que as técnicas que examinamos anteriormente, tais como a mudança de perspectiva ou a procura dos diferentes ângulos de uma situação, também podem ser muito eficazes. É claro que tudo isso costuma ser mais fácil diante de níveis mais baixos ou moderados de raiva. Portanto, praticar a intervenção precoce, antes que os pensamentos de ódio e raiva aumentem cumulativamente, pode ser um fator importante.

◆

Em virtude da sua enorme influência na superação da raiva e do ódio, o Dalai-Lama discorreu mais detidamente sobre o significado e o valor da paciência e da tolerância.

– Nas nossas experiências do dia-a-dia, a tolerância e a paciência têm grandes vantagens. Por exemplo, desenvolvê-las permitirá que sustentemos e mantenhamos nossa presença de espírito. Portanto, se um indivíduo possui essa capacidade de tolerância e paciência, mesmo que ele viva num ambiente muito tenso, o que provoca nervosismo e estresse, enquanto essa pessoa tiver tolerância e paciência, sua serenidade e paz de espírito não serão perturbadas.

"Outra vantagem de reagir a situações difíceis com paciência em vez de ceder à raiva é que nos protegemos de potenciais conseqüências indesejáveis que poderiam derivar da nossa reação raivosa. Se reagimos a situações com raiva ou ódio, não só isso deixa de nos proteger do dano ou mal que já nos tenha sido feito – o dano ou mal já ocorreu mesmo – mas, ainda por cima, nós criamos uma causa a mais para nosso próprio sofrimento no futuro. No entanto, se reagimos a um mal com paciência e tolerância, muito embora possamos enfrentar mágoa e constrangimento temporários, ainda assim evitaremos as conseqüências potencialmente perigosas a longo prazo. Por meio do sacrifício de aspectos sem importância, quando toleramos pequenas agruras ou problemas, nós nos tornamos capazes de evitar experiências ou sofrimentos que poderiam ser muito mais sérios no futuro. Para dar um exemplo, se um prisioneiro condenado pudesse salvar a vida, sacrificando seu braço como punição, será que essa pessoa não se sentiria grata pela oportunidade? Ao suportar a dor e o sofrimento de ter um braço decepado, a pessoa estaria se livrando da morte, um sofrimento maior."

– Para a mentalidade ocidental – observei – a paciência e a tolerância são sem dúvida consideradas virtudes; mas, quando estamos sendo atormentados diretamente por outros, quando alguém está voltado para nos prejudicar, reagir com "paciência e tolerância" parece ter um toque de fraqueza, de passividade.

O Dalai-Lama abanou a cabeça, discordando de mim.

– Como a paciência e a tolerância derivam de uma capacidade de permanecermos firmes e inabaláveis, sem sermos dominados pelas situações ou condições adversas que enfrentamos, não deveríamos considerar a tolerância ou a paciência sinais de fraqueza ou de que nos demos por vencidos; mas, sim, um sinal de força, originado de uma profunda capacidade para manter a firmeza. Reagir a uma situação penosa com paciência e tolerância em vez de reagir com raiva e ódio envolve uma moderação atuante, que provém de uma mente forte, provida de autodisciplina.

"É claro que, quando examinamos o conceito da paciência, como na maioria dos outros conceitos, pode haver tipos positivos e negativos de paciência. A impaciência nem sempre é errada. Por exemplo, ela pode nos ajudar a tomar a iniciativa para realizar coisas. Mesmo nas tarefas diárias, como na limpeza do nosso quarto, se tivermos paciência demais, poderíamos avançar muito devagar e conseguir fazer muito pouco. Ou ainda, a impaciência para alcançar a paz mundial – essa sem dúvida pode ser positiva. Porém, em situações que são difíceis e desafiadoras, a paciência ajuda a manter nossa força de vontade e pode nos amparar."

◆

Animando-se cada vez mais à medida que se aprofundava na análise do significado da paciência, o Dalai-Lama acrescentou.

– Creio haver uma ligação muito íntima entre a humildade e a paciência. A humildade envolve a capacidade de adotar uma postura mais beligerante, a capacidade de retaliar se quisermos e, no entanto, decidir deliberadamente não agir dessa forma. É isso o que eu chamaria de humildade genuína. Creio que a verdadeira tolerância ou paciência tem um componente ou elemento de autodisciplina e moderação – a percepção de que poderíamos ter agido de outro modo, de que poderíamos ter assumido uma abordagem mais agressiva, mas resolvemos não fazê-lo. Por outro lado, ser forçado a adotar uma certa atitude passiva em virtude de um sentimento de desamparo ou deficiência, isso eu não chamaria de humildade genuína. Pode ser uma espécie de mansidão, mas não é a verdadeira tolerância.

"Ora, quando falamos sobre como deveríamos desenvolver a tolerância para com aqueles que nos prejudicam, não deveríamos considerar erroneamente que isso significa que deveríamos simplesmente aceitar com docilidade tudo que seja feito contra nós." O Dalai-Lama fez uma pausa e depois riu. "Pelo contrário, se necessário, o melhor a fazer, a decisão mais sábia talvez seja a de simplesmente fugir correndo, para muito longe!"

– Nem sempre conseguimos deixar de ser atingidos por meio de uma fuga...

– É verdade – respondeu ele. – Às vezes, podemos deparar com situações que exigem fortes medidas defensivas. Creio, porém, que podemos assumir uma posição firme e

◆

até mesmo adotar fortes medidas defensivas a partir de um sentimento de compaixão, ou de uma noção de interesse pelo outro, em vez de agir assim com base na raiva. Um dos motivos pelos quais existe a necessidade de adotar uma forte medida defensiva contra alguém é que, se deixarmos a oportunidade passar – não importa qual tenha sido o mal ou crime perpetrado contra nós – daí resulta o perigo de que essa pessoa se habitue a esses atos negativos, o que no fundo causará sua própria desgraça e é muito destrutivo a longo prazo para a própria pessoa. Portanto, uma forte medida defensiva é necessária, mas com essa atitude mental podemos efetuá-la por compaixão e interesse por aquele indivíduo. Por exemplo, no que diz respeito a nossos entendimentos com a China, mesmo que haja uma probabilidade de surgimento de algum sentimento de ódio, nós deliberadamente nos controlamos e procuramos reduzi-lo. Fazemos um esforço consciente para desenvolver um sentimento de compaixão pelos chineses. E, na minha opinião, medidas defensivas podem acabar tendo maior eficácia sem os sentimentos de raiva e ódio.

"Agora, já examinamos métodos para desenvolver a paciência e a tolerância, bem como para afastar a raiva e o ódio, métodos tais como o uso do raciocínio para analisar a situação, a adoção de uma perspectiva mais ampla e o enfoque de outros ângulos de uma situação. *Um resultado final, ou um produto da paciência e da tolerância, é o perdão. Quando somos realmente pacientes e tolerantes, o perdão surge espontaneamente.*

"Embora possamos ter passado por muitos acontecimentos negativos no passado, com o desenvolvimento da paciência e da tolerância, é possível nos livrarmos das sensações de raiva e ressentimento. Se analisarmos a situação, perceberemos que o passado é passado, de modo que de nada adianta continuar a sentir raiva e ódio, que não mudam a situação mas apenas causam uma perturbação na nossa mente bem como a perpetuação da nossa infelicidade. Naturalmente, ainda podemos nos lembrar dos acontecimentos. Esquecer e perdoar são dois atos diferentes. Não há nada de errado em simplesmente lembrar esses acontecimentos negativos. Quando se tem a mente perspicaz, sempre ocorrerá a lembrança." Ele riu. "Creio que o Buda se lembrava de tudo. Mas, com o desenvolvimento da paciência e da tolerância, é possível abandonar os sentimentos negativos associados aos acontecimentos."

## MEDITAÇÕES SOBRE A RAIVA

Em muitas dessas conversas, o método básico do Dalai-Lama para superar a raiva e o ódio envolvia o uso do raciocínio e da análise para investigar as causas da raiva, para combater esses estados mentais nocivos através do entendimento. Em certo sentido, pode-se considerar que essa abordagem usa a lógica para neutralizar a raiva e o ódio, bem como para cultivar os antídotos da paciência e da tolerância. No entanto, essa não era a única técnica. Em suas palestras ao público, ele suplementou sua análise com a apresentação de instruções sobre essas duas meditações simples porém eficazes para ajudar a superar a raiva.

## Meditação sobre a raiva: Exercício 1

– Imaginemos uma situação na qual alguém que conhecemos muito bem, alguém que nos seja íntimo e querido, esteja em circunstâncias nas quais ele tenha um acesso de raiva. Podemos imaginar essa ocorrência num relacionamento muito cáustico ou numa situação em que esteja acontecendo algo que seja perturbador em termos pessoais. A pessoa está tão furiosa que perdeu toda a serenidade mental, está gerando vibrações muito negativas e até mesmo chegou ao ponto de se ferir ou de quebrar objetos.

"Vamos então refletir sobre os efeitos imediatos da raiva dessa pessoa. Veremos uma transformação física em andamento. Essa pessoa de quem somos íntimos, de quem gostamos, que no passado sentíamos prazer só de ver, agora está transformada nessa pessoa feia, até mesmo em termos físicos. O motivo pelo qual eu creio que deveríamos visualizar isso acontecendo a uma outra pessoa reside no fato de ser mais fácil ver os defeitos dos outros do que os nossos. Assim, por meio da imaginação, meditemos e façamos essa visualização por alguns minutos.

"Ao final da visualização, analisemos a situação e associemos as circunstâncias à nossa própria experiência. Vejamos que nós mesmos estivemos nesse estado muitas vezes. Tomemos a seguinte resolução: 'Nunca me deixarei dominar por raiva e ódio tão intensos porque, se permitir isso, estarei nessa mesma situação. Também sofrerei todas as conseqüências, perderei minha paz de espírito, minha serenidade, assumirei essa aparência física horrível' e assim por diante. Portanto, uma vez que tenhamos tomado essa decisão, durante os últimos minutos da meditação, concentremos nossa mente nessa conclusão, sem maiores análises, apenas permitindo que nossa mente se detenha na resolução de não se deixar influenciar pela raiva ou pelo ódio."

*Meditação sobre a raiva: Exercício 2*

– Vamos fazer outra meditação com o recurso da visualização. Comecemos por visualizar alguém que não nos agrade, alguém que nos irrite, que nos cause muitos problemas ou que nos dê nos nervos. Imaginemos, então, uma situação na qual essa pessoa nos aborreça, ou faça alguma coisa que nos ofenda ou perturbe. E, em imaginação, quando visualizarmos essa parte, deixemos que nossa reação natural se manifeste; que ela flua espontaneamente. Depois vejamos como nos sentimos, vejamos se isso provoca uma aceleração do ritmo dos nossos batimentos cardíacos, entre outras coisas. Analisemos se nos sentimos à vontade ou constrangidos; vejamos se imediatamente retornamos à serenidade ou se desenvolvemos algum desconforto mental. Julguemos por nós mesmos; investiguemos. Portanto, durante alguns minutos, talvez três ou quatro, vamos investigar e experimentar. E então, ao fim da nossa investigação, se descobrirmos que "Sim, de nada adianta permitir que a irritação cresça. De imediato, eu perco minha paz de espírito", vamos dizer a nós mesmos "No futuro, não agirei mais desse modo." Vamos desenvolver essa determinação. Finalmente, durante os últimos minutos do exercício, fixemos nossa mente com atenção concentrada nessa conclusão ou determinação. Essa é a meditação.

O Dalai-Lama parou por um instante e então, olhando ao redor do salão de estudantes sinceros que se preparavam para praticar essa meditação, riu e acrescentou.

– Creio que, se eu tivesse a faculdade cognitiva, a capacidade ou a nitidez de percepção para ler o pensamento dos outros, veria um maravilhoso espetáculo aqui!

Um burburinho de risos percorreu a platéia e logo se extinguiu à medida que os ouvintes iniciavam a meditação, começando a tarefa de combater a raiva.

## Capítulo 14

# COMO LIDAR COM A ANSIEDADE
# E REFORÇAR O AMOR-PRÓPRIO

Estima-se que ao longo da vida pelo menos um em cada quatro norte-americanos irá sofrer de uma ansiedade ou preocupação de intensidade debilitante, grave o suficiente para preencher os critérios do diagnóstico médico de um transtorno da ansiedade. No entanto, mesmo aqueles que nunca passaram por um estado de ansiedade patológica ou incapacitante, em uma ou outra ocasião vivenciam níveis excessivos de preocupação e ansiedade que não servem a nenhum objetivo útil e não fazem nada a não ser solapar a felicidade e interferir com a capacidade da pessoa de realizar suas metas.

◆

O cérebro humano é equipado com um sistema sofisticado projetado para registrar as emoções do medo e da preocupação. Esse sistema atende a uma função importante – ele nos mobiliza para reagir ao perigo pondo em andamento uma complexa seqüência de eventos bioquímicos e fisiológicos. O lado adaptativo da preocupação consiste em que ela nos permite prever o perigo e tomar medidas preventivas. Por isso, certos tipos de medo e um certo nível de preocupação podem ser saudáveis. No entanto, sentimentos de medo e ansiedade podem persistir e até se agravar na ausência de uma ameaça autêntica; e, quando essas emoções crescem além de qualquer proporção com relação a algum perigo real, elas se tornam sinais de má adaptação. A ansiedade e a preocupação excessivas podem, como a raiva e o ódio, ter efeitos devastadores na mente e no corpo, tornando-se a fonte de muito sofrimento emocional e até mesmo de enfermidades físicas.

Do ponto de vista mental, a ansiedade crônica pode prejudicar o discernimento, aumentar a irritabilidade e bloquear nossa eficácia geral. Ela também pode levar a problemas físicos, entre eles incluídos a redução da função imunológica, as doenças cardíacas, os transtornos gastrintestinais, a fadiga, a tensão e a dor muscular. Já se demonstrou por exemplo que transtornos da ansiedade provocaram a inibição do crescimento em meninas adolescentes.

Quando procuramos estratégias para lidar com a ansiedade, devemos primeiro reconhecer, como o Dalai-Lama salientará, que pode haver muitos fatores que contribuam para a experiência da ansiedade. Em alguns casos, pode haver um forte componente biológico. Algumas pessoas parecem ter uma certa vulnerabilidade neurológica à vivência de estados de preocupação e ansiedade. Cientistas descobriram recentemente um gene que está associado à propensão à ansiedade e ao pensamento negativo. Entretanto, nem todos os casos de preocupação tóxica têm origem genética, e há poucas dúvidas quanto ao fato de o aprendizado e o condicionamento desempenharem um papel importante na sua etiologia.

Não importa, porém, se nossa ansiedade é predominantemente física ou psicológica na sua origem, a boa notícia é que há algo que podemos fazer a respeito dela. Nos casos mais graves de ansiedade, a medicação pode ser útil como parte do tratamento. No entanto, a maioria daqueles de nós que são atormentados por ansiedade e preocupações incômodas do dia-a-dia não precisará de intervenção farmacológica. Especialistas no campo do controle da ansiedade em geral são da opinião de que o melhor é uma abordagem multidimensional. Isso incluiria em primeiro lugar a eliminação da possibilidade de qualquer condição médica subjacente ser a causa da nossa ansiedade. A dedicação ao aprimoramento da nossa saúde física através da dieta e exercícios adequados também pode ajudar. E, como salientou o Dalai-Lama, cultivar a compaixão e aprofundar nossa ligação com os outros pode promover a boa higiene mental e ajudar a combater estados ansiosos.

Na busca por estratégias práticas para superar a ansiedade, porém, há uma técnica que sobressai por ser especialmente eficaz: a intervenção cognitiva. Esse é um dos principais métodos usados pelo Dalai-Lama para dominar a ansiedade e as preocupações do dia-a-dia. Por aplicar o mesmo procedimento utilizado com a raiva e o ódio, essa técnica envolve um enérgico questionamento dos pensamentos geradores de ansiedade, bem como sua substituição por atitudes e pensamentos positivos bem ponderados.

Em decorrência da extrema difusão da ansiedade na nossa cultura, eu tinha muita vontade de levantar essa questão com o Dalai-Lama e descobrir como ele lida com ela. Sua agenda estava especialmente cheia naquele dia, e eu pude sentir minha ansiedade subir momentos antes da nossa entrevista quando fui informado pelo seu secretário de que teríamos de abreviar nossa conversa. Sentindo-me sem tempo suficiente e preocupado com a possibilidade de que ele não pudesse tratar de todos os tópicos que eu queria examinar, sentei-me rapidamente e comecei a falar, regredindo à minha tendência intermitente de tentar extrair dele respostas simplistas.

– O senhor sabe que o medo e a ansiedade podem ser um grande obstáculo à realização das nossas metas, sejam elas exteriores, sejam de crescimento interior. Em psiquiatria, temos vários métodos para lidar com esses aspectos, mas estou curioso para saber seu ponto de vista. Qual é o melhor método para superar o medo e a ansiedade?

Resistindo ao meu convite para simplificar demais a questão, o Dalai-Lama respondeu, com sua abordagem tipicamente meticulosa.

– Ao lidar com o medo, creio que precisamos antes de mais nada reconhecer que existem muitos tipos diferentes de medo. Alguns são muito genuínos, têm como base motivos legítimos, como por exemplo o medo da violência ou do derramamento de sangue. Vemos claramente que esses atos são muito nocivos. Existe também o medo relacionado às conseqüências negativas a longo prazo dos nossos atos negativos, o medo do sofrimento, medo das nossas emoções negativas, como o ódio. Creio que esses são os medos certos. Ter esse tipo de medo faz com que adotemos o caminho correto, que cheguemos mais perto de nos transformarmos em pessoas sensíveis. – Ele parou para refletir e depois conjecturou. – Embora em certo sentido esses sejam tipos de medo, creio que talvez possa haver alguma diferença entre o temor a essas circunstâncias e a percepção pela mente da natureza destrutiva dessas circunstâncias...

Parou de falar por alguns momentos e parecia estar em profunda reflexão, enquanto eu lançava olhares furtivos na direção do relógio. Estava claro que ele não se sentia tão pressionado pela falta de tempo quanto eu. Finalmente, continuou a falar, com tranqüilidade.

– Por outro lado, alguns medos são nossa própria criação. Esses medos podem ser baseados principalmente em projeções mentais. – Deu uma risada. – Por exemplo, há medos muito infantis, como quando eu era criança, passava por algum lugar escuro, especialmente por alguns dos aposentos escuros no Potala*, e sentia medo. Esse medo era basea-

---

* O Potala era o tradicional palácio de inverno dos Dalai-Lamas, e um símbolo do patrimônio religioso e histórico do Tibete. Construído originalmente pelo rei tibetano Song-tsen Gampo no século VII, ele foi mais tarde destruído, voltando a ser reconstruído apenas no século XVII

do inteiramente na projeção mental. Ou, quando eu era pequeno, as pessoas que varriam o chão e as que cuidavam de mim sempre me avisavam que havia uma coruja que pegava as criancinhas e as devorava! – O Dalai-Lama riu ainda mais. – E eu realmente acreditava nelas!

"Há outros tipos de medo baseados na projeção mental", prosseguiu ele. "Por exemplo, se temos sentimentos negativos, em decorrência da nossa própria situação mental, podemos projetar nossos sentimentos na outra pessoa, que então nos aparece como alguém negativo e hostil. Resultado, sentimos medo. Esse tipo de medo, creio eu, está relacionado ao ódio e ocorre como uma espécie de criação mental. Portanto, ao lidar com o medo, precisamos primeiro recorrer à nossa faculdade do raciocínio e procurar descobrir se existe ou não um motivo legítimo para nosso medo."

– Bem, em vez de um medo intenso ou de foco concentrado relativo a uma situação ou a um indivíduo específico, muitos de nós são atormentados por mais de uma preocupação difusa e permanente acerca de uma variedade de problemas do dia-a-dia. O senhor tem alguma sugestão sobre como lidar com isso?

– Uma das abordagens – respondeu ele, assentindo com a cabeça – que eu pessoalmente considero úteis para reduzir esse tipo de preocupação consiste em cultivar o seguin-

---

pelo quinto Dalai-Lama. A estrutura atual atinge a altura majestosa de 132 metros a partir do topo da "Montanha Vermelha" em Lhasa. Tem mais de 400m de comprimento, treze andares e mais de mil aposentos, salões de reunião, santuários e capelas.

te pensamento: *Se a situação ou problema for tal que possa ser resolvida, não há necessidade de preocupação.* Em outras palavras, se houver uma solução ou uma saída para essa dificuldade, não precisamos nos sentir dominados por ela. A atitude acertada consiste em procurar a solução. É mais sensato gastar a energia voltando a atenção para a solução do que nos preocupando com o problema. *Por outro lado, se não houver saída, nenhuma solução, nenhuma possibilidade de equacionar o problema, também não fará sentido nos preocuparmos já que não poderemos fazer nada a respeito mesmo.* Nesse caso, quanto mais rápido aceitarmos esse fato, menos ele nos incomodará. Naturalmente, essa fórmula implica que enfrentemos direto o problema. Se não for assim, não conseguiremos descobrir se existe ou não uma solução para ele.

— E se pensar nisso não ajudar a aliviar nossa ansiedade?

— Bem, talvez precisemos refletir um pouco mais sobre esses pontos e reforçar essas idéias. Vamos nos relembrar repetidamente dessa atitude. Seja como for, creio que esse enfoque pode ajudar a reduzir a ansiedade e a preocupação, mas isso não significa que sempre vá funcionar. Se estivermos lidando com uma ansiedade permanente, creio ser necessário examinar a situação específica. Existem tipos diferentes de ansiedade e causas diferentes para ela. Por exemplo, alguns tipos de ansiedade ou nervosismo poderiam ter origens biológicas: algumas pessoas têm a tendência a suar nas palmas das mãos, o que de acordo com o sistema médico tibetano poderia indicar um desequilíbrio de níveis de energia sutil. Alguns tipos de ansiedade, exatamente como alguns tipos de depressão, podem ter origens biológicas, e para esses o tratamento médico pode ser útil. Portanto, para que lidemos com a ansiedade com eficácia, precisamos identificar seu tipo e sua causa.

"Quer dizer que, de modo semelhante ao medo, pode haver diferentes tipos de ansiedade. Por exemplo, um tipo, que imagino que possa ser comum, poderia envolver o medo de parecer tolo diante dos outros ou o medo de que os outros possam ter má opinião a nosso respeito..."

– O senhor alguma vez sentiu esse tipo de ansiedade ou nervosismo? – perguntei, interrompendo-o.

O Dalai-Lama deu uma forte risada e respondeu sem hesitar.

– Claro que sim!

– O senhor pode dar um exemplo?

Ele pensou por um momento antes de responder.

– Ora, por exemplo, em 1954 na China, no primeiro dia de reunião com o Presidente Mao Tsé-tung, e também em outra ocasião em reunião com Chou En-lai. Naquela época, eu não estava perfeitamente familiarizado com o protocolo correto e as convenções. O procedimento habitual para uma reunião consistia em começar com algum tipo de conversa informal e só então passar para o exame do assunto em pauta. Naquela ocasião, porém, eu estava tão nervoso que, no momento em que me sentei, mergulhei direto no assunto em pauta! – O Dalai-Lama riu com essa lembrança. – Lembro-me de que depois meu intérprete, um comunista tibetano que era de grande confiança e muito meu amigo, olhou para mim e começou a rir, com provocações por esse motivo.

"Creio que até mesmo hoje em dia, imediatamente antes do início de uma palestra ou de ensinamentos ao público, sempre sinto um pouco de ansiedade. Por isso, alguns dos meus auxiliares costumam me dizer: 'Se era esse o caso, por que o senhor aceitou o convite para transmitir os ensinamentos para começo de conversa?'" Ele riu novamente.

– E então como é que o senhor lida com esse tipo de ansiedade? – perguntei.

– Não sei... – disse ele, baixinho, num tom queixoso e sem afetação. Fez uma pausa, e ficamos sentados em silêncio por muito tempo, enquanto ele mais uma vez parecia estar imerso em meticulosas considerações e reflexões. Afinal, prosseguiu: – Creio que ter a honestidade e a motivação adequada é o segredo para superar esses tipos de medo e ansiedade. Portanto, se estou ansioso antes de uma palestra, costumo me lembrar de que a razão principal, o objetivo de proferir a conferência, é o de pelo menos trazer algum benefício às pessoas, não o de exibir meu conhecimento. Portanto, aqueles pontos que conheço eu me disponho a explicar. Aqueles que não entendo perfeitamente... não fazem diferença. Digo apenas que para mim aquilo é difícil. Não há nenhum motivo para esconder nada, nem para fingir. Com esse ponto de vista, com essa motivação, não preciso me preocupar quanto a parecer bobo ou me incomodar com o que outros pensem de mim. *Descobri, portanto, que a motivação sincera atua como um antídoto para reduzir o medo e a ansiedade.*

– Bem, às vezes a ansiedade envolve mais do que a sensação de parecer bobo diante dos outros. Ela é mais como um medo do fracasso, uma sensação de ser incompetente... – refleti por um instante, ponderando quanta informação pessoal deveria revelar.

◆

O Dalai-Lama escutava com atenção, assentindo em silêncio enquanto eu falava. Não sei ao certo o que foi. Talvez tenha sido sua atitude de compreensão solidária; mas, antes que eu me desse conta, eu já tinha passado do exame de questões gerais e amplas para pedir conselhos sobre como lidar com meus próprios medos e ansiedades.

– Não sei... às vezes, com meus pacientes, por exemplo... alguns são muito difíceis de tratar... casos em que não se trata de fazer um diagnóstico preciso como o da depressão ou de alguma outra enfermidade que seja de cura fácil. Há alguns pacientes com graves transtornos da personalidade, por exemplo, que não respondem à medicação e que não conseguem apresentar grande progresso na psicoterapia apesar dos meus melhores esforços. Às vezes, eu simplesmente não sei o que fazer com essas pessoas, como ajudá-las. Parece que não consigo captar o que está acontecendo com elas. E isso faz com que eu me sinta imobilizado, como que impotente – queixei-me. – Faz com que eu me sinta incompetente, e isso gera de fato um certo tipo de medo, de ansiedade.

Ele escutou com ar solene e perguntou com uma voz benévola.

– Você diria que consegue ajudar 70% dos seus pacientes?

– Pelo menos isso – respondi.

– Então, creio que não há nenhum problema nesse caso – disse ele, dando-me um tapinha de leve na mão. – Se você conseguisse ajudar apenas 30% dos seus pacientes, eu talvez sugerisse que você pensasse em mudar de profissão. Mas creio que está se saindo bem. No meu caso, as pessoas também me procuram pedindo ajuda. Muitas estão procurando por milagres, curas milagrosas e assim por diante, e naturalmente não posso ajudar todo o mundo. Mas creio que o principal é a motivação – ter uma sincera motivação para ajudar. Então, é só dar o melhor de nós e não temos de nos preocupar com isso.

"No meu caso, há também naturalmente algumas situações que são tremendamente delicadas ou sérias e representam uma enorme responsabilidade. Creio que o pior é quando as pessoas põem muita confiança ou fé em mim, em circunstâncias nas quais algumas soluções estão fora do alcance da minha capacidade. Nesses casos, é claro que às vezes surge uma ansiedade. Aqui, mais uma vez, voltamos à importância da motivação. Depois, eu procuro me lembrar de que, no que diz respeito à minha motivação, sou sincero e que me esforcei ao máximo. Com uma motivação sincera, uma motivação de compaixão, mesmo que eu cometa um erro ou fracasse, não há motivo para remorso. Da minha parte, fiz o que pude. Portanto, se fracassei, foi porque a situação estava fora do alcance dos meus melhores esforços. Assim, a motivação sincera elimina o medo e nos proporciona segurança. Por outro lado, se nossa motivação oculta for a de enganar alguém, nesse caso se falharmos, realmente ficaremos nervosos. Porém, se cultivarmos uma motivação orientada pela compaixão, caso fracassemos, não haverá nenhum remorso.

"Portanto, ainda mais uma vez, creio que a motivação correta pode ser uma espécie de proteção, que atua como um escudo contra esses sentimentos de medo e ansiedade. A motivação é importantíssima. Com efeito, todas as ações

◆

humanas podem ser encaradas em termos de movimento, e o agente por trás de todas as ações é nossa motivação.

Se desenvolvermos uma motivação pura e sincera, se formos motivados por um desejo de ajudar alicerçado na generosidade, na compaixão e no respeito, poderemos realizar qualquer tipo de trabalho em qualquer campo e funcionar com eficácia muito maior, com menos receio ou preocupação, sem ter medo da opinião dos outros, sem temer se acabaremos tendo ou não sucesso na realização do nosso objetivo. Mesmo que deixemos de alcançar nosso objetivo, poderemos ter a boa sensação de termos tentado. No entanto, com uma motivação perversa, as pessoas podem nos elogiar, ou nós podemos atingir nossos objetivos, mas ainda assim não seremos felizes."

Ao examinar os antídotos para a ansiedade, o Dalai-Lama oferece duas soluções, cada uma atuando num nível diferente. A primeira envolve um combate enérgico à preocupação e ruminação crônica, através da aplicação de um pensamento neutralizador: relembrando-nos de que *se o problema tiver uma solução, não há necessidade de preocupação. Se ele não tiver solução, também não faz sentido nos preocuparmos.*

O segundo antídoto é uma solução de alcance mais amplo. Ele envolve a transformação da nossa motivação fundamental. Há um contraste interessante entre o enfoque do Dalai-Lama quanto à motivação humana e o da psicologia e da ciência ocidental. Como examinamos anteriormente, pesquisadores que estudaram a motivação humana investigaram os motivos humanos normais, analisando tanto as necessidades e impulsos instintivos quanto os adquiridos. Nesse nível, o Dalai-Lama concentrou-se em desenvolver e usar impulsos adquiridos para melhorar nosso "entusiasmo e determinação". Sob alguns aspectos, isso é semelhante à opinião de muitos "especialistas em motivação" do Ocidente, que também procuram de modo convencional reforçar nosso entusiasmo e determinação no sentido de realizar objetivos. No entanto, a diferença é que o Dalai-Lama procura forjar a determinação e o entusiasmo com o objetivo de que nos dediquemos a comportamentos mais salutares e eliminemos traços mentais negativos, em vez de dar ênfase ao êxito em alcançar o sucesso material, o dinheiro ou o poder. E talvez a diferença mais surpreendente seja a seguinte: ao passo que os "especialistas em motivação" estão ocupados insuflando as chamas de motivos *já existentes* para o sucesso material, e que os teóricos ocidentais dedicam sua atenção total a categorizar os padrões das motivações humanas, o interesse primordial do Dalai-Lama pela motivação humana reside em *reformular e mudar* nossa motivação fundamental por uma motivação voltada para a compaixão e a benevolência.

No sistema do Dalai-Lama para treinar a mente e alcançar a felicidade, *quanto mais nos aproximamos de ser motivados pelo altruísmo, tanto mais destemidos nos tornamos, mesmo diante de circunstâncias extremamente propensas a gerar ansiedade.* Porém, o mesmo princípio pode ser aplicado de modo menos importante, até quando nossa motivação não chega a ser totalmente altruísta. Tomar distância, simplesmente ter certeza de que não pretendemos prejudicar ninguém e de que nossa motivação é sincera podem ajudar a reduzir a ansiedade em situações normais do dia-a-dia.

Não muito tempo depois dessa última conversa com o Dalai-Lama, almocei com um grupo de pessoas entre as quais se incluía um rapaz que eu ainda não conhecia, estudante de uma universidade local. Durante o almoço, alguém perguntou como estava indo minha série de conversas com o Dalai-Lama, e eu relatei a troca de idéias sobre a superação da ansiedade. Depois de ouvir calado enquanto eu descrevia a idéia da "motivação sincera como um antídoto para a ansiedade", o estudante me confiou que sempre havia sido terrivelmente tímido e muito ansioso em situações sociais. Pensando em como poderia aplicar essa técnica para superar sua própria ansiedade, ele disse a meia voz.

— Bem, tudo isso é bem interessante; mas acho que a parte mais difícil é ter essa motivação sublime voltada para a benevolência e para a compaixão.

— Suponho que seja mesmo — tive de admitir.

A conversa em geral passou para outros assuntos, e nós terminamos nosso almoço. Por acaso, deparei com o mesmo estudante universitário na semana seguinte no mesmo restaurante.

— Está lembrado de termos falado da motivação e da ansiedade no outro dia? — perguntou ele, abordando-me em tom animado. — Pois bem, eu experimentei, e realmente funciona! Foi com uma garota que trabalha numa loja de departamentos no *shopping center*, e que eu já vi muitas vezes. Sempre tive vontade de convidá-la para sair, mas eu não a conhecia e sempre fui muito tímido e ansioso. Por isso, nunca lhe dirigi a palavra. Pois bem, no outro dia, fui lá de novo, mas dessa vez comecei a pensar na minha motivação para fazer o convite. É claro que minha motivação é que eu gostaria de namorá-la. Mas por trás dessa aspiração o que existe é simplesmente o desejo de poder encontrar alguém que eu ame e que me ame. Quando pensei nisso, percebi que nada havia de errado com esse desejo, que minha motivação era sincera; que eu não desejava nenhum mal nem a ela nem a mim, mas só coisas boas. O simples fato de manter essa idéia em mente e de me lembrar dela algumas vezes pareceu me ajudar de alguma forma: ele me deu coragem para iniciar uma conversa com ela. Meu coração ainda estava batendo forte, mas é maravilhoso eu pelo menos ter sido capaz de reunir forças para falar com ela.

– Fico feliz de saber – disse eu. – O que aconteceu depois?

– Bem, acabei descobrindo que ela já tem um namorado firme. Fiquei um pouco decepcionado, mas tudo bem. Já foi ótimo eu ter conseguido superar minha timidez. E isso fez com que eu me desse conta de que, se eu tiver certeza de que não há nada de errado com minha motivação e se não me esquecer disso, a técnica pode ajudar na próxima vez em que eu estiver na mesma situação.

◆

## A HONESTIDADE COMO ANTÍDOTO PARA O BAIXO AMOR-PRÓPRIO OU PARA O EXCESSO DE CONFIANÇA EM SI MESMO

Uma noção salutar de confiança é um fator crítico para atingirmos nossos objetivos. Isso vale tanto se nosso objetivo for obter um diploma universitário, criar uma empresa de sucesso, ter um relacionamento satisfatório ou treinar a mente para sermos mais felizes. Um baixo amor-próprio inibe nossos esforços para avançar, para enfrentar desafios e até mesmo para assumir alguns riscos quando necessário na busca da realização dos nossos objetivos. O excesso de confiança em si mesmo pode ser igualmente nocivo. Aqueles que sofrem de uma noção exagerada das suas próprias capacidades e realizações estão permanentemente sujeitos a frustrações, decepções e acessos de raiva quando a realidade se manifesta e o mundo não corrobora a visão idealizada que têm de si mesmos. E eles estão sempre a um passo de afundar na depressão quando não conseguem se posicionar à altura da idealização da imagem que fazem de si mesmos. Além disso, a superioridade desses indivíduos costuma resultar numa noção de arrogar-se direitos e numa espécie de altivez que os distancia dos outros e impede relacionamentos satisfatórios em termos emocionais. Finalmente, superestimar sua capacidade pode levá-los a assumir riscos perigosos. Como o inspetor Dirty Harry Callahan, numa disposição filosófica, nos diz no filme *Magnum 44* (enquanto observa o vilão exageradamente confiante ir pelos ares): "Cada um precisa conhecer suas limitações".

◆

Na tradição da psicoterapia ocidental, teóricos associaram tanto a insuficiência quanto o excesso de confiança em si mesmo a transtornos na imagem que a pessoa faz de si própria e foram procurar as origens desses transtornos nos primeiros anos de criação da pessoa. Muitos teóricos encaram tanto a imagem depreciada de si mesmo quanto a imagem superestimada como dois lados da mesma moeda, conceituando por exemplo o enaltecimento de si mesmo como uma defesa inconsciente contra inseguranças latentes e sentimentos negativos que o indivíduo nutre por si mesmo. Em especial, os psicoterapeutas de orientação psicanalítica formularam teorias sofisticadas sobre como ocorrem distorções na imagem de si mesmo. Eles explicam como a auto-imagem é formada à medida que as pessoas internalizam o retorno que obtêm do ambiente. Descrevem como as pessoas desenvolvem seus conceitos de quem são por meio da incorporação de mensagens explícitas e implícitas a respeito de si mesmas recebidas dos pais; e como podem ocorrer distorções quando as primeiras interações com quem cuida delas não são nem salutares nem propiciadoras do seu desenvolvimento.

Quando transtornos na auto-imagem são graves o suficiente para causar problemas significativos nas suas vidas, muitas dessas pessoas recorrem à psicoterapia. Psicoterapeutas que trabalham com o *insight* concentram-se em ajudar os pacientes a adquirir uma compreensão dos modelos desajustados dos seus primeiros relacionamentos, que foram a causa do problema; e fornecem um *feedback* adequado bem como um ambiente terapêutico no qual os pacientes possam aos poucos reestruturar e corrigir sua auto-imagem negativa. Já o Dalai-Lama concentra sua atenção em "arrancar a flecha" em vez de perder tempo procurando saber quem a atirou. Em vez de perguntar por que as pessoas têm um baixo amor-próprio ou um excesso de confiança em si mesmas, ele apresenta um método para combater diretamente esses estados mentais negativos.

Nas últimas décadas, a natureza do "eu" foi um dos tópicos mais pesquisados no campo da psicologia. Na década de 1980, a "década do eu", por exemplo, a cada ano milhares de artigos eram publicados com análises de questões relacionadas ao amor-próprio e à confiança em si mesmo. Com isso em mente, abordei o tema com o Dalai-Lama.

– Numa das nossas outras conversas, o senhor falou da humildade como uma característica positiva, e de como está associada ao cultivo da paciência e da tolerância. Na psicologia ocidental, e na nossa cultura em geral, parece que a humildade é em grande parte preterida, para que se desenvolvam qualidades como altos níveis de amor-próprio e de confiança em si mesmo. Com efeito, no Ocidente confere-se muita importância a esses atributos. Eu queria apenas saber o seguinte. O senhor acha que os ocidentais às vezes tendem a dar ênfase excessiva à confiança em si mesmos? Que essa atitude é um pouco complacente demais, ou exageradamente egocêntrica?

– Não necessariamente – respondeu o Dalai-Lama –, embora esse assunto possa ser muito complexo. Por exemplo, os grandes praticantes espirituais são aqueles que fizeram um voto, ou desenvolveram a determinação, de erradicar todos os seus estados mentais negativos a fim de ajudar a trazer a felicidade máxima a todos os seres sencientes. Eles têm esse tipo de sonho e aspiração. Isso exige uma fortíssima noção de autoconfiança. E essa autoconfiança pode ser muito importante porque ela nos proporciona uma certa ousadia mental que nos ajuda a realizar grandes objetivos. De certo modo, isso pode dar a impressão de uma espécie de arrogância, embora não em termos negativos. Ela está baseada em motivos legítimos. Portanto, nesse caso, eu os consideraria muito corajosos... eu os consideraria heróis.

– Bem, para um grande mestre espiritual, o que na superfície pode parecer uma forma de arrogância talvez na realidade seja um tipo de autoconfiança e coragem – admiti. – Para as pessoas normais, porém, nas circunstâncias do dia-a-dia, é mais provável que ocorra o oposto: alguém parece ter forte confiança em si mesmo ou alto grau de amor-próprio, mas de fato pode se tratar simplesmente de arrogância. Entendo que, segundo o budismo, a arrogância é classificada como uma das "emoções doentias básicas". Com efeito, já li que, de acordo com um sistema, são relacionados sete tipos diferentes de arrogância. Portanto, considera-se muito importante evitar ou superar a arrogância. Mas também é considerado importante desenvolver um forte sentido de autoconfiança. Entre as duas parece às vezes haver uma diferença mínima. Como podemos reconhecer a diferença entre elas e cultivar uma enquanto procuramos reduzir a outra?

– Às vezes é dificílimo distinguir entre a confiança e a arrogância – admitiu ele. – Talvez um modo de distinguir entre as duas seja ver se ela é legítima ou não. Podemos ter uma sensação de superioridade muito legítima ou segura com relação a outra pessoa, e essa sensação poderia ser bastante justificada e ter fundamento. Mas também poderia haver uma noção exagerada do eu, totalmente infundada. Essa seria a arrogância. Portanto, em termos do seu estado fenomenológico, elas podem parecer semelhantes...

– Mas uma pessoa arrogante *sempre* acha que tem um motivo válido para...

– É verdade, é verdade – reconheceu o Dalai-Lama.

– Então, como podemos distinguir entre as duas? – indaguei.

– Creio às vezes que só é possível fazer uma avaliação em retrospectiva, seja do ponto de vista do indivíduo, seja do ponto de vista de uma terceira pessoa. – O Dalai-Lama fez uma pausa e brincou. – Talvez a pessoa devesse ir à justiça para descobrir se seu caso é de orgulho exagerado ou arrogância! – E deu uma risada.

– Ao traçar a distinção entre a presunção e a autoconfiança legítima – prosseguiu –, poderíamos pensar em termos das conseqüências das nossas atitudes. A presunção e a arrogância geralmente levam a conseqüências negativas, ao passo que a autoconfiança salutar gera conseqüências mais positivas. Portanto, nesse caso, quando estamos lidando com a "confiança em si mesmo", é preciso examinar qual é o sentido subjacente ao "si mesmo". Creio que podemos classificar duas categorias. Um sentido do eu, ou do "ego", está interessado exclusivamente na realização do nosso próprio interesse, dos nossos desejos egoístas, com total menosprezo pelo bem-estar dos outros. O outro sentido do ego ou da noção do eu tem como base um interesse verdadeiro pelos outros e o desejo de ser útil. Para que possa realizar esse desejo de ser útil, é preciso que a pessoa tenha um forte sentido de identidade e uma noção de autoconfiança. Esse tipo de autoconfiança é o que gera conseqüências positivas.

– Creio que anteriormente o senhor mencionou que um método para ajudar a reduzir a arrogância ou o orgulho, se a pessoa reconhecesse o orgulho como defeito e desejasse superá-lo, era o de contemplar o próprio sofrimento: refletindo sobre todas as formas pelas quais estamos sujeitos ou propensos ao sofrimento, e assim por diante. Além da contemplação do nosso sofrimento, existe alguma outra técnica ou antídoto para trabalhar com o orgulho?

– Um antídoto consiste em refletir sobre a diversidade de disciplinas das quais não temos nenhum conhecimento. Por exemplo, no sistema educacional moderno, temos uma quantidade de disciplinas. Portanto, se pensarmos sobre quantos campos nos são desconhecidos, isso pode ajudar a superar o orgulho.

O Dalai-Lama parou de falar; e eu, pensando que aquilo era tudo o que ele diria sobre o tema, comecei a folhear minhas anotações para passar para um tópico novo. De repente, ele voltou a falar, num tom pensativo.

– Sabe, estivemos conversando sobre o desenvolvimento de uma autoconfiança salutar... *Creio que talvez a honestidade e a autoconfiança estejam intimamente associadas.*

– O senhor quer dizer ser honesto com nós mesmos a respeito das nossas capacidades e assim por diante? Ou está se referindo a ser honesto com os outros?

◆

– Os dois. Quanto mais honestos, mais francos nós formos, menos medo vamos ter, porque não haverá nenhuma ansiedade quanto à possibilidade de sermos desmascarados ou expostos aos outros. Por isso, creio que, quanto mais honestos nós formos, mais autoconfiança teremos...

– Estou interessado em examinar um pouco mais como o senhor lida pessoalmente com a questão da autoconfiança. O senhor já mencionou que as pessoas parecem procurá-lo com a expectativa de que o senhor realize milagres. Parecem pôr muita pressão nos seus ombros e ter expectativas muito altas. Mesmo que o senhor tenha uma motivação fundamental correta, isso não lhe causa uma certa falta de confiança nas suas capacidades?

– Nesse caso, creio ser preciso ter em mente o que queremos dizer quando usamos as expressões "falta de confiança" ou "ter confiança" em relação a algum ato específico ou o que quer que seja. Para termos falta de confiança quanto a alguma coisa, está implícito que se tem uma espécie de crença de que se pode realizar aquilo; de que, em termos gerais, a tarefa está ao nosso alcance. Então, se alguma coisa está dentro da nossa capacidade e nós não conseguimos realizá-la, começamos a pensar que talvez não sejamos suficientemente bons ou competentes, que não estamos à altura ou alguma idéia semelhante. No entanto, o fato de eu perceber que não consigo realizar milagres... isso não provoca uma falta de confiança, porque, para começar, eu nunca acreditei que tivesse essa capacidade. Não espero de mim mesmo a capacidade de realizar feitos como os Budas plenamente iluminados: ser capaz de tudo conhecer, de tudo perceber ou de agir corretamente em todas as

◆

circunstâncias. Por isso, quando as pessoas me procuram e me pedem que as cure, que faça algum milagre ou algo parecido, em vez de me fazer sentir falta de confiança em mim mesmo, isso me deixa totalmente constrangido.

*"Em geral, creio que ser honesto consigo mesmo e com os outros a respeito do que se é ou do que não se é capaz de fazer pode neutralizar essa sensação de falta de auto-confiança.*

"Ora, por exemplo, ao lidar com a situação com a China, às vezes eu sinto uma falta de autoconfiança. Mas geralmente consulto autoridades e em alguns casos indivíduos que não sejam autoridades a respeito dessa situação. Peço a opinião aos meus amigos e depois debato a questão. Como muitas dessas decisões são tomadas com base em conversas com várias pessoas, sem precipitação, qualquer decisão que seja tomada faz com que eu me sinta muito confiante; e não há nenhuma noção de remorso por ter seguido aquela linha de ação."

Uma auto-avaliação destemida e honesta pode ser uma arma poderosa contra a indecisão e a baixa autoconfiança. A crença do Dalai-Lama de que esse tipo de franqueza pode agir como um antídoto para esses estados mentais negativos foi de fato confirmada por uma série de estudos recentes que demonstram com clareza que as pessoas providas de uma visão realista e precisa de si mesmas têm a tendência a gostar mais de si mesmas e a ser mais confiantes do que aquelas com um autoconhecimento fraco ou impreciso.

Ao longo dos anos, muitas vezes presenciei demonstrações do Dalai-Lama de como a autoconfiança provém da honestidade e objetividade quanto às nossas capacidades. Foi uma total surpresa para mim quando pela primeira vez eu o ouvi dizer "Eu não sei" diante de uma platéia numerosa em resposta a uma pergunta. Ao contrário da atitude à qual eu estava acostumado entre conferencistas no meio acadêmico ou entre aqueles que se apresentavam como autoridades, o Dalai-Lama admitiu sua falta de conhecimento sem embaraço, sem explicações, sem tentar, desviando-se do assunto, dar a impressão de ter o conhecimento.

Na realidade, ele parecia extrair algum prazer quando deparava com uma pergunta difícil para a qual não tinha resposta; e costumava fazer piadas a respeito. Por exemplo, uma tarde em Tucson, ele estava comentando um verso do *Guide to the Bodhisattva's Way of Life*, de Shantideva, que era extremamente complexo na sua lógica. Lutou um pouco com o verso, confundiu-se e deu uma boa gargalhada.

– Estou confuso! Acho melhor deixá-lo de lado. Agora, no verso seguinte...

Em resposta a risos simpáticos da platéia, ele riu ainda mais forte e comentou.

– Existe uma expressão específica para essa abordagem. É como um velho comendo, um velho com dentes muito fracos. O que for macio ele come. O que for duro ele simplesmente deixa de lado. – Ainda rindo, ele prosseguiu: – Por isso, por hoje vamos deixar esse verso de lado. – Nem por um instante ele se afastou da sua própria suprema confiança.

♦

## A REFLEXÃO SOBRE NOSSO POTENCIAL COMO UM ANTÍDOTO PARA O ÓDIO A NÓS MESMOS

Numa viagem à Índia em 1991, dois anos antes da visita do Dalai-Lama ao Arizona, encontrei-me rapidamente com ele na sua casa em Dharamsala. Naquela semana, ele havia participado de reuniões diárias com um ilustre grupo de cientistas, médicos, psicólogos e professores de meditação ocidentais, numa tentativa de examinar a interação entre mente e corpo e compreender o relacionamento entre a experiência emocional e a saúde física. Reuni-me com o Dalai-Lama num final de tarde, depois de uma das suas sessões com os cientistas. Mais para o final da nossa entrevista, o Dalai-Lama fez uma pergunta.

– Você sabe que esta semana estive me encontrando com uns cientistas?

– Sei...

– Nesta semana foi levantado um assunto que considerei muito surpreendente. Esse conceito do "ódio a si mesmo". Ele lhe é familiar?

– Sem dúvida. Uma boa proporção dos meus pacientes sofre desse problema.

– Quando aquelas pessoas estavam falando a respeito disso, eu de início não tive certeza se estava entendendo bem o conceito – disse ele, com uma risada. – Pensei: "É claro que nos amamos! Como uma pessoa pode se odiar?" Embora eu acreditasse ter alguma compreensão de como a mente funciona, essa idéia do ódio a si mesmo era totalmente nova para mim. O motivo pelo qual eu a considerava tão inacreditável é que os budistas praticantes trabalham muito no esforço de superar nossa atitude egocêntrica, nossos pensamentos e motivações egoístas. Por esse ponto de vista, creio que nos amamos e nos valorizamos demais. Por isso, pensar na possibilidade de alguém não se valorizar e até mesmo de se odiar era algo totalmente incrível. Como psiquiatra, você poderia me explicar esse conceito, como ele ocorre?

Descrevi-lhe sucintamente a visão psicológica de como surge o ódio a si mesmo. Expliquei-lhe como nossa imagem de nós mesmos é moldada pelos nossos pais e pela nossa criação, como captamos deles mensagens implícitas sobre nós mesmos à medida que crescemos e nos desenvolvemos; e delineei as condições específicas que geram uma imagem negativa de nós mesmos. Passei então a detalhar os fatores que exacerbam o ódio a nós mesmos, como por exemplo quando nosso comportamento não está à altura da nossa imagem idealizada de nós mesmos, e descrevi alguns dos modos pelos quais o ódio a nós mesmos pode ser corroborado em termos culturais, especialmente em algumas mulheres e algumas minorias. Enquanto eu estava analisando esses pontos, o Dalai-Lama continuava a assentir, pensativo, com uma expressão curiosa, como se ainda estivesse tendo alguma dificuldade para captar esse estranho conceito.

Groucho Marx disse uma vez em tom espirituoso: "Eu nunca entraria para um clube que me aceitasse". Numa extensão desse tipo de atitude pessoal negativa que resultou numa observação sobre a natureza humana, Mark Twain

◆

disse: "Nenhum homem, no fundo do seu íntimo, sente algum respeito razoável por si mesmo". E, tomando essa visão pessimista da humanidade para incorporá-la às suas teorias psicológicas, o psicólogo humanista Carl Rogers uma vez afirmou: "A maioria das pessoas se menospreza; considera-se desprezível e indigna de ser amada."

Existe na nossa sociedade uma idéia corrente, compartilhada por muitos psicoterapeutas contemporâneos, de que o ódio a si mesmo prevalece na cultura ocidental. Embora ele sem dúvida exista, felizmente pode não estar tão disseminado quanto muitos acreditam. Decerto é um problema comum entre aqueles que procuram a psicoterapia, mas às vezes os psicoterapeutas com clínica particular têm uma visão parcial, uma tendência a basear sua opinião geral sobre a natureza humana naqueles poucos indivíduos que entram nos seus consultórios. A maioria dos dados baseados em evidências experimentais estabeleceu, entretanto, o fato de que as pessoas têm a tendência (ou pelo menos é isso o que querem) a ver-se sob uma luz favorável, classificando-se como "melhor do que a média" em praticamente todas as pesquisas com perguntas sobre qualidades subjetivas e socialmente desejáveis.

Desse modo, embora o ódio a si mesmo possa não ser tão generalizado quanto normalmente se acredita, ele ainda pode ser um obstáculo tremendo para muita gente. Fiquei tão surpreso com a reação do Dalai-Lama quanto ele próprio ficou com o conceito do ódio a si mesmo. Sua resposta inicial em si pode ser muito reveladora e benéfica.

Há dois pontos relacionados à sua notável reação que justificam um exame. O primeiro consiste simplesmente no fato de ele não estar familiarizado com a existência do ódio a si mesmo. O pressuposto de que o ódio a si mesmo é um problema humano muito comum leva a uma sensação impressionista de que se trata de uma característica profundamente entranhada na psique humana. No entanto, o fato de ela ser praticamente desconhecida em culturas inteiras, nesse caso na cultura tibetana, é um forte sinal a nos lembrar que essa perturbação mental, como todos os outros estados mentais negativos que examinamos, *não é uma parte intrínseca da mente humana*. Ela não é algo com que já nascemos, cujo peso cai irrevogável nas nossas costas; nem é uma característica indelével da nossa natureza. Ela pode ser eliminada. Somente essa percepção já serve para enfraquecer seu poder, oferecer-nos esperança e aumentar nosso compromisso de eliminá-la.

O segundo ponto relacionado à reação inicial do Dalai-Lama foi sua contestação, "*Odiar* a nós mesmos? É claro que nós nos *amamos!*": Para aqueles de nós que sofrem de ódio a nós mesmos ou que conhecem alguém que tenha esse problema, essa resposta pode parecer incrivelmente ingênua à primeira vista. Porém, depois de um exame mais minucioso, pode surgir uma verdade penetrante nessa sua resposta. O amor é difícil de definir, e pode haver definições diferentes. No entanto, uma definição do amor, e talvez a forma mais pura e enaltecida desse sentimento, é um desejo total, absoluto e incondicional da felicidade do outro, não importa se o outro faça algo para nos ferir ou mesmo se gostamos dele ou não. Ora, no fundo do nosso coração, não há nenhuma dúvida quanto a todos nós querermos ser felizes. *Portanto, se nossa definição do amor está*

*baseada num desejo autêntico de que alguém seja feliz, en-
tão cada um de nós de fato ama a si mesmo – cada um de
nós deseja sinceramente sua própria felicidade.* No meu
trabalho em consultório, às vezes encontrei os casos mais
extremos de ódio a si mesmo, ao ponto em que a pessoa
passa a ter pensamentos recorrentes de suicídio. No entanto, mesmo nos casos mais extremos, a idéia da morte em
última análise se baseia no desejo (por mais desorientado
e equivocado que seja) do indivíduo de se *libertar* do sofrimento, não de causá-lo.

Logo, talvez o Dalai-Lama não estivesse muito longe
do alvo na sua crença de que todos nós temos um amor-
próprio latente; e essa idéia sugere um poderoso antídoto
ao ódio a nós mesmos. Podemos neutralizar diretamente
pensamentos de autodesvalorização relembrando-nos de
que, por mais que detestemos algumas das nossas características, por trás de tudo isso nós desejamos ser felizes, e
esse é um tipo profundo de amor.

Numa visita subseqüente a Dharamsala, retomei o assunto do ódio a si mesmo com o Dalai-Lama. Àquela altura
ele já estava familiarizado com o conceito e havia começado a desenvolver métodos para combater o problema.

– Do ponto de vista do budismo – explicou –, estar em
estado de depressão, em estado de desânimo, é considerado uma espécie de caso extremo que pode obviamente ser
um obstáculo para que demos os passos necessários para
atingir nossos objetivos. Um estado de ódio a si mesmo é
ainda mais extremo do que um simples desânimo e pode

ser muitíssimo perigoso. Para aqueles que se dedicam à prática budista, o antídoto para o ódio a si mesmo consistiria em refletir sobre o fato de que todos os seres humanos, nós mesmos incluídos, têm a natureza do Buda – a semente ou o potencial para a Perfeição, para a plena Iluminação – por mais fraca, miserável ou carente que possa ser nossa situação atual. Portanto, aquelas pessoas envolvidas na prática budista que padecem de raiva de si mesmas ou ódio de si mesmas deveriam evitar a contemplação da natureza sofrida da existência ou da natureza insatisfatória subjacente à existência. Em vez disso, elas deveriam se concentrar mais nos aspectos positivos da existência, tais como a avaliação do enorme potencial que se encontra dentro de nós como seres humanos. E, ao refletir sobre essas oportunidades e potenciais, elas conseguirão aumentar seu sentido de valor e sua autoconfiança.

Propus minha pergunta, que já se tornou padrão, originada da perspectiva de um não-budista.

– Bem, e qual seria o antídoto para alguém que nunca ouviu falar do conceito de natureza do Buda ou que pode não ser budista?

– Em geral, um ponto que poderíamos salientar para essas pessoas é que como seres humanos recebemos o dom dessa maravilhosa inteligência humana. Além disso, todos os seres humanos têm a capacidade de agir com muita determinação e de direcionar esse forte sentido de determinação para qualquer ponto em que gostariam de aplicá-lo. Disso não há dúvida. Logo, se mantivermos uma conscientização desses potenciais e nos lembrarmos deles repetidamente até que isso se torne parte do nosso modo habitual de per-

◆

ceber os seres humanos – a nós mesmos inclusive – isso poderia servir para ajudar a reduzir sentimentos de desânimo, desamparo e menosprezo por nós mesmos.

O Dalai-Lama parou por um momento, e depois prosseguiu com uma inflexão de sondagem que sugeria que ele ainda estava investigando vigorosamente, que continuava engajado num processo de descoberta.

– Creio que nesse caso poderíamos traçar um tipo de analogia com nossa forma de tratar de enfermidades físicas. Quando os médicos tratam um paciente para curá-lo de uma doença específica, eles não só lhe administram antibióticos para aquela condição especial, mas também se certificam de que as condições físicas básicas da pessoa é tal que lhe permita ingerir antibióticos e tolerá-los. Ora, para ter certeza disso, os médicos verificam por exemplo se a pessoa está em geral bem nutrida, e muitas vezes eles podem também ter de dar vitaminas ou sei lá o quê para fortalecer o corpo. Desde que a pessoa tenha essa resistência básica no organismo, haverá o potencial ou capacidade no corpo para curar-se da enfermidade através da medicação. *Da mesma forma, desde que tenhamos conhecimento e nos mantenhamos conscientes do fato de que dispomos desse dom maravilhoso da inteligência humana bem como de uma capacidade de desenvolver determinação para usá-la em termos positivos, em certo sentido dispomos dessa saúde mental básica. Uma força latente, que deriva da nossa percepção desse imenso potencial humano.* Essa percepção pode atuar como uma espécie de mecanismo integrado que nos permita lidar com qualquer dificuldade, não importa que situação estejamos enfrentando, sem perder a esperança nem afundar no ódio a nós mesmos.

◆

Lembrar a nós mesmos as maravilhosas qualidades que compartilhamos com todos os seres humanos atua de modo a neutralizar o impulso de pensar que somos perversos ou que não temos mérito. Muitos tibetanos fazem dessa uma prática diária de meditação. Talvez seja por esse motivo que na cultura tibetana o ódio a si mesmo nunca se enraizou.

*Quinta Parte*

# REFLEXÕES FINAIS SOBRE COMO LEVAR UMA VIDA ESPIRITUAL

# Capítulo 15

# VALORES ESPIRITUAIS
# ESSENCIAIS

A arte da felicidade tem muitos componentes. Como vimos, ela começa com o desenvolvimento de uma compreensão das fontes mais verdadeiras da felicidade e de estabelecermos nossas prioridades na vida com base no cultivo dessas fontes. Isso envolve uma disciplina interior, um processo gradual de extirpar estados mentais destrutivos e substituí-los por estados mentais positivos, construtivos, como por exemplo a benevolência, a tolerância e o perdão. Ao identificar os fatores que levam a uma vida plena e satisfatória, concluímos com uma análise do componente final: a espiritualidade.

◆

Existe uma tendência natural de associar a espiritualidade à religião. A abordagem do Dalai-Lama para que alcancemos a felicidade foi forjada pelos seus anos de treinamento rigoroso como monge budista ordenado. Ele é também considerado por muitos como um eminente estudioso do budismo. Para muitos, porém, não é sua compreensão de complexas questões filosóficas que desperta maior interesse mas, sim, seu calor humano, seu humor, sua abordagem prática da vida. Com efeito, ao longo das nossas conversas, sua qualidade básica de ser humano parecia superar até mesmo seu papel primordial como monge budista. Apesar da cabeça raspada e do extraordinário hábito marrom-avermelhado, apesar da sua posição como uma das figuras religiosas mais proeminentes no mundo, o tom das nossas conversas sempre foi simplesmente de um ser humano para com outro, no exame de problemas que afetam a todos nós.

Ao nos ajudar a entender o verdadeiro significado da espiritualidade, o Dalai-Lama começou traçando uma distinção entre espiritualidade e religião.

– Creio ser essencial apreciar nosso potencial como seres humanos e reconhecer a importância da transformação interior. Isso deveria ser realizado através daquilo que poderia ser chamado de processo de desenvolvimento mental. Às vezes, chamo essa atividade de ter uma dimensão espiritual na vida.

"Pode haver dois níveis de espiritualidade. Um nível está relacionado a nossas crenças religiosas. Neste mundo, há tanta gente diferente, tantas disposições diferentes. Somos cinco bilhões de seres humanos; e, sob um certo aspecto, creio que precisamos de cinco bilhões de religiões diferentes, tendo em vista a enorme variedade de disposições. Creio que cada indivíduo deveria enveredar por um caminho espiritual que melhor se adequasse à sua disposição mental, à sua inclinação natural, ao seu temperamento, às suas crenças, família, formação cultural.

"Ora, por exemplo, como sou monge budista, considero o budismo o mais conveniente. Para mim, concluí que o budismo é o melhor. Mas isso não significa que o budismo seja o melhor para todo o mundo. Isso está claro. E é categórico. Se eu acreditasse que o budismo era o melhor para todos, seria uma tolice, porque pessoas diferentes têm disposições mentais diferentes. Portanto, a variedade das pessoas exige uma variedade de religiões. O objetivo da religião é beneficiar as pessoas. E eu creio que, se tivéssemos apenas uma religião, depois de algum tempo ela deixaria de beneficiar muita gente. Se tivéssemos um restaurante, por exemplo, e nele só fosse servido um prato – dia após dia, em todas as refeições – não lhe restariam muitos fregueses depois de algum tempo. As pessoas precisam e gostam de variedade na comida porque existem muitos paladares diferentes. Do mesmo modo, as religiões destinam-se a nutrir o espírito humano. E creio que podemos aprender a celebrar essa diversidade em religiões e desenvolver uma profunda apreciação da variedade das religiões. Certas pessoas podem considerar que o judaísmo, a tradição cristã ou a tradição islâmica é a mais eficaz para elas. Por isso, devemos respeitar e apreciar o valor de todas as diferentes tradições religiosas importantes no mundo.

"Todas essas religiões podem fazer uma contribuição efetiva para o bem da humanidade. Todas foram projetadas

◆

para tornar o indivíduo mais feliz; e o mundo, um lugar melhor. No entanto, para que a religião tenha um impacto em tornar o mundo um lugar melhor, creio ser importante que cada praticante siga sinceramente os ensinamentos daquela religião. Ele precisa incorporar os ensinamentos religiosos à sua vida, onde quer que se encontre, para poder recorrer a eles como uma fonte de força interior. E é preciso adquirir uma compreensão mais profunda das idéias da religião, não apenas num nível intelectual mas com uma profundidade de sentimento, tornando-as parte da nossa experiência interior.

"Creio que deveria ser cultivado um profundo respeito por todas as diferentes tradições religiosas. Um motivo para respeitar essas outras tradições é que todas elas podem fornecer uma estrutura ética que pode comandar nosso comportamento e ter efeitos positivos. Por exemplo, na tradição cristã, uma crença em Deus pode proporcionar à pessoa uma estrutura ética coerente e bem-definida pela qual ela pode pautar seu comportamento e seu estilo de vida. E ela pode ser uma abordagem poderosíssima porque existe uma certa intimidade criada no nosso relacionamento com Deus; e o modo de demonstrar nosso amor por Deus, o Deus que nos criou, é demonstrando amor e compaixão pelos seres humanos nossos semelhantes.

"Acredito que há muitas razões similares para respeitar outras tradições religiosas também. Naturalmente, todas as religiões importantes proporcionaram enorme benefício a milhões de seres humanos ao longo de muitos séculos no passado. E, mesmo neste exato momento, milhões de pessoas ainda se beneficiam, obtêm algum tipo de ins-

◆

piração, dessas diferentes tradições religiosas. Isso está claro. Também no futuro essas diferentes tradições religiosas oferecerão inspiração a milhões nas gerações que estão por vir. Essa é a verdade. Portanto, é importantíssimo perceber essa realidade e respeitar outras tradições.

"Para mim, a única forma de reforçar esse respeito mútuo é através do contato mais íntimo entre os fiéis das diferentes religiões – contato pessoal. Ao longo dos últimos anos envidei esforços para me reunir e dialogar, por exemplo, com a comunidade cristã e com a comunidade judaica; e creio que alguns resultados realmente positivos derivaram disso. Por meio desse tipo de contato mais íntimo, podemos tomar conhecimento das contribuições valiosas que essas religiões fizeram à humanidade e descobrir aspectos úteis das outras tradições, com os quais podemos aprender. Talvez até descubramos métodos e técnicas que poderíamos adotar na nossa própria prática.

"Portanto, é essencial que desenvolvamos laços mais firmes entre as várias religiões. Com isso, poderemos fazer um esforço comum em prol da humanidade. São tantas as coisas que dividem a humanidade... tantos problemas no mundo. A religião deveria ser um remédio destinado a ajudar a reduzir o conflito e o sofrimento no mundo, não outra fonte de conflito.

"Costumamos ouvir as pessoas dizerem que todos os seres humanos são iguais. Com isso queremos dizer que todos têm o óbvio desejo da felicidade. Cada um tem o direito de ser uma pessoa feliz. E todos têm o direito de superar o sofrimento. Portanto, se alguém extrai felicidade ou benefícios de uma tradição religiosa em particular, torna-se importante respeitar os direitos dos outros. Devemos, por isso, aprender a respeitar todas as principais tradições religiosas. Isso é evidente."

Durante a semana de palestras do Dalai-Lama em Tucson, o espírito de respeito mútuo era mais do que uma idéia desejável. Encontravam-se na platéia integrantes de muitas religiões diferentes, entre eles incluída uma boa representação do clero cristão. Apesar das diferenças entre as tradições, o recinto estava permeado por uma atmosfera de paz e harmonia. Isso era palpável. Havia também um espírito de intercâmbio, e entre os não-budistas ali presentes não era pequena a curiosidade quanto à prática espiritual diária do Dalai-Lama. Essa curiosidade levou um ouvinte a uma pergunta.

– Quer sejamos budistas, quer pertençamos a uma tradição diferente, práticas tais como a oração parecem receber ênfase. Por que a oração é importante para uma vida espiritual?

– Creio que a oração é, principalmente, um simples lembrete diário dos nossos princípios e convicções mais arraigados – respondeu o Dalai-Lama. – Eu mesmo repito alguns versos budistas todas as manhãs. Os versos podem parecer orações, mas na realidade são lembretes. Lembretes de como falar com os outros, de como lidar com as pessoas, de como lidar com problemas na vida diária, esse tipo de coisa. Portanto, na maior parte do tempo, minha prática envolve lembretes: reexaminar a importância da compaixão, do perdão, tudo isso. E, naturalmente, ela também inclui certas meditações budistas quanto à natureza da realidade, bem como certas práticas de visualização. Por isso, na minha prática diária, nas minhas próprias orações diárias, se não me apressar, posso levar umas quatro horas. É bastante tempo.

A idéia de passar quatro horas por dia em oração propiciou a pergunta de outro participante.

– Sou mãe de duas crianças pequenas e trabalho fora. Tenho pouquíssimo tempo livre. Para alguém que seja realmente ocupado, como é que a pessoa consegue tempo para esse tipo de oração e de prática de meditação?

– Mesmo no meu caso, se eu quiser me queixar, sempre posso reclamar da falta de tempo – comentou o Dalai-Lama. – Sou muito ocupado. No entanto, se fizermos um esforço, sempre poderemos encontrar algum tempo, digamos, no início da manhã. E depois, creio que há certos períodos, como os fins de semana. Podemos sacrificar parte da nossa diversão. – Ele deu uma risada. – Portanto, no mínimo, digamos uma meia hora por dia. Ou, se nos esforçarmos, se tentarmos com afinco, talvez consigamos encontrar trinta minutos pela manhã e trinta minutos à noite. Se realmente nos dedicarmos a pensar nisso, talvez seja possível descobrir um modo de arrumar um tempinho.

"Porém, se pensarmos a sério sobre o verdadeiro significado das práticas espirituais, veremos que elas estão associadas ao desenvolvimento e treinamento do nosso estado mental, das atitudes, do estado e do bem-estar emocional e psicológico. Não deveríamos restringir nosso entendimento da prática espiritual a termos de algumas atividades físicas ou atividades verbais, como recitar orações ou cantar hinos. Se nossa noção da prática espiritual se limitar apenas a essas atividades, naturalmente, vamos precisar de uma hora específica, um período marcado para realizar essa prática – porque não podemos sair por aí cumprindo as tarefas do dia-a-dia, como cozinhar entre outras, enquanto recitamos mantras. Isso poderia ser perfeitamente irritante para as pessoas ao nosso redor. No entanto, se entendermos a prática espiritual no seu sentido verdadeiro, poderemos usar todas as vinte e quatro horas do dia para nossa prática. *A verdadeira espiritualidade é uma atitude mental que se pode praticar a qualquer hora.* Por exemplo, se nos encontramos numa situação na qual poderíamos nos sentir tentados a insultar alguém, imediatamente tomamos precauções e nos impedimos de agir dessa forma. De modo semelhante, se encontrarmos uma situação na qual talvez percamos as estribeiras, ficamos alerta imediatamente e dizemos a nós mesmos que não, que essa não é a atitude adequada. Na realidade, isso é prática espiritual. A partir dessa perspectiva, sempre teremos tempo.

"Isso me lembra um dos mestres tibetanos Kadampa, chamado Potowa, que dizia que, para um praticante da meditação que tenha um certo grau de percepção e estabilidade interior, todos os acontecimentos, todas as experiências às quais estamos expostos nos chegam como uma espécie de ensinamento. Uma experiência de aprendizado. Isso para mim é muito verdadeiro.

"Portanto, a partir dessa perspectiva, mesmo quando somos expostos a, digamos, cenas perturbadoras de violência e sexo, como na televisão e nos filmes, existe uma possibilidade de encará-las como uma consciência prévia dos efeitos nocivos de ir aos limites. Desse modo, em vez de

◆

nos sentirmos totalmente dominados pela visão, podemos considerar essas cenas como um tipo de indicador da natureza prejudicial das emoções negativas desenfreadas – algo de que podemos extrair lições."

Extrair lições de velhas reprises de *The A-Team* ou de *Melrose Place* é uma coisa. Como budista praticante, porém, o regime espiritual pessoal do Dalai-Lama sem dúvida inclui características exclusivas do caminho budista. Ao descrever sua prática diária, por exemplo, ele mencionou que ela incluía meditações budistas sobre a natureza da realidade, bem como certas práticas de visualização. Embora no contexto dessa conversa ele mencionasse essas práticas somente de passagem, ao longo dos anos tive oportunidade de ouvi-lo debater esses tópicos exaustivamente – suas palestras representaram algumas das mais complexas análises que já ouvi sobre *qualquer* assunto. Suas palestras sobre a natureza da realidade eram repletas de argumentos e análises labirintinas, de natureza filosófica; suas descrições de visualizações tântricas eram inconcebivelmente intricadas e sofisticadas – meditações e visualizações cujo objetivo parecia ser o de construir dentro da nossa imaginação uma espécie de atlas holográfico do universo. Ele passara a vida inteira imerso no estudo e na prática dessas meditações budistas. Foi com isso em mente, com conhecimento da monumental abrangência dos seus esforços, que lhe fiz a seguinte pergunta.

– O senhor poderia descrever o benefício ou impacto palpável que essas práticas espirituais tiveram no dia-a-dia da sua vida?

◆

O Dalai-Lama permaneceu calado por alguns momentos e depois respondeu, em voz baixa.

– Apesar de minha experiência poder ser ínfima, uma afirmação que posso fazer com segurança é que, em decorrência do treinamento budista, eu sinto que minha mente se tornou muito mais calma. Isso é inquestionável. Embora a mudança tenha ocorrido aos poucos, talvez de centímetro em centímetro – deu uma risada – creio que houve uma transformação na minha atitude diante de mim mesmo e de outros. É difícil identificar as causas precisas dessa mudança, mas creio que ela tenha sido influenciada por uma percepção, não uma percepção plena, mas um certo sentimento ou noção da natureza fundamental e oculta da realidade, e também por meio da contemplação de temas tais como a impermanência, nossa natureza sofredora e o valor da compaixão e do altruísmo.

"Portanto, por exemplo, mesmo quando penso nos comunistas chineses que infligiram um mal enorme a alguns tibetanos, em virtude da minha formação budista, sinto uma certa compaixão até mesmo pelo torturador, porque compreendo que o torturador foi de fato coagido por outras forças negativas. Por causa desses fatores e dos meus votos e compromissos de Bodhisattva, mesmo que uma pessoa tenha cometido atrocidades, eu simplesmente não consigo sentir ou pensar que, em decorrência dessas atrocidades, ela deva passar por acontecimentos negativos ou não deva ter um instante de felicidade*. O voto de Bodhisattva

---

* No voto do Bodhisattva, a pessoa que se submete ao treinamento espiritual afirma sua intenção de se tornar Bodhisattva. Um Bodhisattva,

me ajudou a desenvolver essa atitude. Foi muito útil, e naturalmente eu amo esse voto.

"Isso me lembra um dos nossos principais mestres de canto que está no mosteiro Namgyal. Ele esteve em prisões chinesas como prisioneiro político e campos de trabalhos forçados durante vinte anos. Uma vez eu lhe perguntei qual havia sido a situação mais difícil que ele enfrentou quando estava preso. Surpreendentemente, ele disse que para ele o maior perigo era o de perder a compaixão pelos chineses!

"E são muitas as histórias semelhantes. Por exemplo, há três dias conheci um monge que passou muitos anos em prisões chinesas. Ele me disse que estava com vinte e quatro anos na época da insurreição tibetana de 1959. Naquela época, ele se juntou às forças tibetanas em Norbulinga. Foi capturado pelos chineses e encarcerado com três irmãos que foram mortos lá. Outros dois irmãos também foram mortos. Depois, seus pais morreram num campo de trabalhos forçados. No entanto, ele me disse que, na prisão, refletiu sobre sua vida até a ocasião e concluiu que, muito embora tivesse passado a vida inteira como monge no Mosteiro Drepung, até aquele instante sua impressão era a de que não era um bom monge. Sentia que havia sido um monge obtuso. Naquele momento, fez um voto de que, agora que estava preso, tentaria ser um monge realmente

---

traduzido literalmente como o "guerreiro que desperta", é alguém que, por amor e compaixão, alcançou uma percepção de *Bodhicitta*, um estado mental caracterizado pela aspiração espontânea e genuína de alcançar a plena Iluminação a fim de poder beneficiar todos os seres.

bom. Assim, em conseqüência das suas práticas budistas, em virtude do treinamento da mente, ele conseguiu permanecer muito feliz em termos mentais, mesmo quando sofria dor física. Mesmo quando foi submetido a torturas e graves espancamentos, ele pôde sobreviver e ainda se sentir feliz por encarar a provação como uma purificação do seu carma negativo.

"Portanto, com esses exemplos, podemos realmente apreciar o valor de incorporar práticas espirituais à nossa vida diária."

Foi assim que o Dalai-Lama apresentou o último ingrediente de uma vida mais feliz – a dimensão espiritual. Através dos ensinamentos do Buda, o Dalai-Lama e muitos outros encontraram uma estrutura significativa que lhes permite suportar e até superar a dor e o sofrimento que a vida às vezes traz. E, como sugere o Dalai-Lama, cada uma das principais tradições religiosas do mundo pode oferecer as mesmas oportunidades para ajudar a pessoa a alcançar uma vida mais feliz. O poder da fé, gerada em enorme escala por essas tradições religiosas, está entremeado na vida de milhões. Essa profunda fé religiosa foi o sustento de uma infinidade de pessoas durante tempos difíceis. Às vezes, ela atua com discrição, em pequenas realizações; às vezes, em profundas experiências transformadoras. Cada um de nós, em algum ponto na nossa vida, sem dúvida testemunhou a atuação desse poder em algum membro da família, algum amigo ou conhecido. De vez em quando, exemplos do poder de sustentação da fé acabam nas primeiras páginas dos jornais. Muitos estão a par, por exemplo, da provação de

Terry Anderson, um homem comum que de repente foi seqüestrado de uma rua de Beirute numa manhã em 1985. Jogaram um cobertor por cima dele; empurraram-no para dentro de um carro; e ao longo dos sete anos seguintes ele foi refém do Hezbollah, um grupo de extremistas fundamentalistas islâmicos. Até 1991, ele ficou preso em pequenas celas e porões úmidos e imundos; passou longos períodos acorrentado e de olhos vendados; suportou espancamentos constantes e condições terríveis. Quando finalmente foi libertado, o mundo voltou os olhos para ele e encontrou um homem felicíssimo por ser devolvido à família e à vida, mas com um ódio e um rancor surpreendentemente baixos pelos seus seqüestradores. Quando os repórteres lhe perguntaram qual era a fonte da sua força extraordinária, ele identificou a fé e a oração como fatores significativos que o ajudaram a suportar aquela provação.

O mundo está cheio de exemplos semelhantes de como a fé religiosa proporciona ajuda concreta em tempos difíceis. E extensas pesquisas recentes parecem confirmar o fato de que a fé religiosa pode contribuir substancialmente para uma vida mais feliz. As pesquisas realizadas por pesquisadores independentes e por organizações especializadas (como o Gallup) concluíram que as pessoas religiosas relatam sentir felicidade e satisfação com a vida com freqüência muito maior do que as pessoas não-religiosas. Estudos revelaram que a fé não só é um indicador de que as pessoas vão relatar sentimentos de bem-estar, mas também que uma forte fé religiosa parece ajudar indivíduos a lidar com maior eficácia com questões tais como o envelhecimento, a atitude diante de crises pessoais e acontecimentos traumáticos. Além disso, estatísticas revelam que famílias daquelas pessoas com forte crença religiosa costumam apresentar índices mais baixos de delinqüência, de abuso do álcool e drogas, e de casamentos desfeitos. Existem algumas provas que sugeririam que a fé pode ser benéfica para a saúde física das pessoas – mesmo daquelas com enfermidades graves. Houve, com efeito, literalmente centenas de estudos científicos e epidemiológicos que estabeleceram uma ligação entre a forte fé religiosa, menores índices de mortalidade e melhor saúde. Num estudo, mulheres idosas com firmes crenças religiosas conseguiram caminhar uma distância maior depois de cirurgia para corrigir a fratura da bacia do que aquelas com menos convicção religiosa; e também ficaram menos deprimidas depois da cirurgia. Um estudo realizado por Ronna Casar Harris e Mary Amanda Dew no Medical Center da University of Pittsburgh concluiu que pacientes de transplante de coração com firmes crenças religiosas apresentam menor dificuldade para lidar com as prescrições médicas pós-operatórias e revelam melhor saúde emocional e física a longo prazo. Em outro estudo, realizado pelo dr. Thomas Oxman e seus colaboradores na Dartmouth Medical School, descobriu-se que os pacientes com mais de cinqüenta e cinco anos de idade submetidos a cirurgia de coração para corrigir doença coronariana ou algum problema com as válvulas do coração que haviam procurado amparo nas suas crenças religiosas tinham uma probabilidade três vezes maior de sobreviver do que os que não procuraram esse amparo.

As vantagens de uma forte fé religiosa às vezes se manifestam como um produto direto de certas doutrinas e crenças específicas a uma tradição em especial. Muitos budistas, por exemplo, encontram ajuda para suportar seu sofrimento em decorrência da sua firme crença na doutrina do carma. Da mesma forma, aqueles que têm uma fé inabalável em Deus costumam conseguir resistir a severas provações graças à sua crença num Deus amoroso e onisciente – um Deus cujos desígnios podem nos ser obscuros no momento, mas que, na Sua sabedoria, acabará revelando Seu amor por nós. Com fé nos ensinamentos da Bíblia, essas pessoas podem extrair conforto de versos tais como Romanos 8:28: "E sabemos que todas as coisas contribuem juntas para o bem daqueles que amam a Deus, daqueles que são chamados por Seu decreto."

Embora algumas das recompensas da fé possam ser baseadas em doutrinas específicas, exclusivas a uma única tradição religiosa, existem outras características fortalecedoras na vida espiritual que são comuns a todas as religiões. O envolvimento com *qualquer* grupo religioso pode gerar uma sensação de identificação com os pares, de laços de comunidade, um vínculo de interesse pelos companheiros de fé. Ele oferece um espaço significativo no qual podemos entrar em contato e nos relacionar com os outros. E nos proporciona um sentimento de aceitação. Crenças religiosas firmemente enraizadas podem nos dar um profundo sentido de objetivo, conferindo significado à nossa vida. Essas crenças podem fornecer esperança diante da adversidade, do sofrimento e da morte. Podem nos ajudar a adotar uma perspectiva eterna que nos permita sair de dentro de nós mesmos quando estivermos dominados pelos problemas diários da vida.

◆

Apesar de todos esses benefícios em potencial estarem disponíveis para aqueles que resolvam praticar os ensinamentos de uma religião estabelecida, está claro que ter uma crença religiosa por si só não é nenhuma garantia de felicidade e paz. Por exemplo, no mesmo instante em que Terry Anderson estava sentado acorrentado numa cela, demonstrando as melhores qualidades da fé religiosa, bem do lado de fora da cela imperavam a violência e o ódio em massa, numa demonstração das piores facetas da fé religiosa. Durante anos no Líbano, várias seitas de muçulmanos estiveram em guerra com os cristãos e os judeus, guerra alimentada pelo ódio violento de todas as partes e que resultou em atrocidades inomináveis cometidas em nome da fé. É uma velha história, que infelizmente já se repetiu muitas vezes ao longo dos tempos e que lamentavelmente continua a se repetir no mundo moderno.

Em conseqüência desse potencial para gerar a dissensão e o ódio, é fácil perder a fé nas instituições religiosas. Isso levou algumas figuras religiosas, tais como o Dalai-Lama, a tentar isolar aqueles elementos de uma vida espiritual que possam ser universalmente aplicados a qualquer indivíduo a fim de propiciar sua felicidade, não importa qual seja sua tradição religiosa ou mesmo se essa pessoa acredita em religião.

Desse modo, com um tom de total convicção, o Dalai-Lama concluiu sua análise com sua visão de uma vida verdadeiramente espiritual.

– Portanto, quando falamos em ter na nossa vida uma dimensão espiritual, já identificamos nossas crenças religiosas como um nível de espiritualidade. Agora, com relação à religião, se acreditarmos em qualquer religião, isso é bom. Porém, mesmo sem uma crença religiosa, ainda podemos nos arranjar. Em alguns casos, podemos nos sair ainda melhor. Mas esse é nosso próprio direito individual. Se quisermos acreditar, ótimo! Se não quisermos, tudo bem. É que existe um outro nível de espiritualidade. É o que chamo de *espiritualidade básica* – qualidades humanas fundamentais de bondade, benevolência, compaixão, interesse pelo outro. Quer sejamos crentes, quer não sejamos, esse tipo de espiritualidade é essencial. Eu particularmente considero esse segundo nível de espiritualidade mais importante do que o primeiro, porque, por mais maravilhosa que seja uma religião específica, ainda assim ela só será aceita por um número limitado de seres humanos, somente uma parte da humanidade. No entanto, enquanto formos seres humanos, enquanto formos membros da família humana, *todos nós* precisamos desses valores espirituais básicos. Sem eles, a existência humana é difícil, é muito árida. Resultado, nenhum de nós consegue ser uma pessoa feliz, toda a nossa família sofre com isso e a sociedade acaba ficando mais perturbada. Logo, torna-se claro que cultivar valores espirituais básicos dessa natureza passa a ser crucial.

"No esforço para cultivar esses valores espirituais básicos, creio que precisamos nos lembrar de que, dos talvez cinco bilhões de seres humanos no planeta, pode ser que um bilhão ou dois acreditem em religião de modo sincero e genuíno. Naturalmente, quando me refiro a crentes sinceros, não estou incluindo aquelas pessoas que simplesmente dizem, por exemplo, que são cristãs principalmente porque seus antecedentes familiares são cristãos, mas que no dia-a-dia podem não levar muito em consideração a fé cristã ou mesmo praticá-la. Portanto, excluídas essas pessoas, creio que talvez haja apenas por volta de um bilhão que sinceramente praticam sua religião. Isso quer dizer que quatro bilhões, a maioria das pessoas na terra, não são crentes. Logo, devemos descobrir um modo de tentar melhorar a vida para essa maioria, os quatro bilhões que não estão envolvidos com alguma religião específica – modos para ajudá-los a ser bons seres humanos, providos de moral, sem recorrer a nenhuma religião. Sob esse aspecto, creio que a educação é de importância crucial: ela pode instilar nas pessoas uma idéia de que a compaixão e a benevolência entre outras são as qualidades positivas básicas dos seres humanos, não apenas temas religiosos. Creio que anteriormente falamos em detalhe sobre a extrema importância do calor humano, do afeto e da compaixão para a saúde física, a felicidade e a paz de espírito das pessoas. Esta é uma questão muito prática. Não se trata de teoria religiosa, nem de especulação filosófica. É um tema importantíssimo. E para mim ele é na realidade a essência de todos os ensinamentos religiosos das diversas tradições. No entanto, ele continua tendo a mesma importância crucial para aqueles que preferem não seguir nenhuma religião específica. Quanto a essas pessoas, creio que podemos treiná-las e ressaltar para elas que não há problema em não ter religião, mas que é preciso ser um bom ser humano, um ser humano sensível, com uma noção de responsabilidade e compromisso por um mundo melhor e mais feliz.

"Em geral, é possível indicar nosso estilo de vida religioso ou espiritual através de meios exteriores, tais como

◆

o uso de certos trajes, a construção de um altar ou santuário na nossa casa, o hábito de recitar ou entoar orações e assim por diante. Há meios para demonstrar isso externamente. Porém, essas práticas ou atividades são secundárias à nossa condução de um modo de vida realmente espiritual, sustentado por valores espirituais básicos, porque é possível que todas essas atividades religiosas exteriores ainda coexistam numa pessoa que abriga um estado mental muito negativo. Já a verdadeira espiritualidade torna a pessoa mais calma, mais feliz, mais tranqüila.

"Todos os estados mentais virtuosos – a compaixão, a tolerância, o perdão, o interesse pelo outro e assim por diante –, todas essas qualidades mentais são o autêntico darma, ou genuínas qualidades espirituais, porque todas essas qualidades mentais internas não conseguem coexistir com rancores ou estados mentais negativos.

"Ora, dedicar-se ao treinamento ou a um método de produzir disciplina interior na nossa mente é a essência da vida religiosa, uma disciplina interior que tem o propósito de cultivar esses estados mentais positivos. Assim, o fato de levarmos ou não uma vida espiritual depende de termos tido sucesso em produzir esse estado mental disciplinado e suavizado, e de termos expressado esse estado mental nos nossos atos diários."

O Dalai-Lama deveria comparecer a uma pequena recepção oferecida em homenagem a um grupo de patrocinadores que tinham dado forte apoio à causa tibetana. Do lado de fora do salão da recepção, formara-se uma grande multidão na expectativa do seu aparecimento. Na hora em que ele chegou, as pessoas já estavam apinhadas. Entre os presentes, vi um homem que havia percebido umas duas ou três vezes durante a semana. Era difícil determinar sua idade, mas eu teria calculado que ele teria seus vinte e poucos ou talvez trinta e poucos anos. Era alto e muito magro. Embora sua aparência desgrenhada fosse extraordinária, ele havia chamado minha atenção pela sua expressão: uma expressão que eu via com freqüência entre os meus pacientes – ansiedade, depressão profunda, dor. E achei ter percebido leves movimentos repetitivos involuntários na musculatura em volta da sua boca. "Discinesia tardia", diagnostiquei em silêncio, uma condição neurológica provocada pela ingestão crônica de medicação antipsicótica. "Pobre coitado", pensei na hora, e logo me esqueci dele.

Quando o Dalai-Lama chegou, a multidão se adensou, num movimento para cumprimentá-lo. O pessoal da segurança, a maioria de voluntários, fazia enorme esforço para conter o avanço da massa de pessoas e abrir caminho até o recinto da recepção. O homem transtornado que eu tinha visto antes, agora com uma expressão meio perplexa, foi empurrado pela multidão e forçado até a beira da clareira aberta pela equipe de segurança. Quando ia passando, o Dalai-Lama percebeu sua presença, livrou-se da proteção dos guarda-costas e parou para falar com ele. O homem de início ficou espantado e começou a falar muito rápido com o Dalai-Lama, que lhe respondeu com algumas palavras. Não pude ouvir o que diziam, mas vi que, à medida que ia falando, o homem começou a parecer cada vez mais agitado. Ele disse alguma coisa, mas o Dalai-Lama, em vez de responder, segurou a mão do homem entre as suas, num gesto espontâneo, afagou-a com delicadeza e por alguns instantes ficou simplesmente ali parado, em silêncio, movendo a cabeça num gesto conciliador. Enquanto segurava firme a mão do homem e olhava direto nos seus olhos, a impressão era que ele não tomava conhecimento da multidão ao seu redor. A expressão de dor e agitação de repente pareceu esvair-se do rosto do homem, e lágrimas lhe escorreram dos olhos. Embora o sorriso que brotou e lentamente se espalhou pelas suas feições fosse discreto, um ar de alívio e alegria apareceu nos seus olhos.

*O Dalai-Lama salientou repetidas vezes que a discipli-
na interior é a base de uma vida espiritual. É o método fundamental para se alcançar a felicidade. Como ele explicou
ao longo deste livro inteiro, a partir da sua perspectiva, a
disciplina interior envolve o combate aos estados mentais
negativos, tais como a raiva, o ódio e a ganância, e o cultivo de estados mentais positivos, tais como a benevolência, a
compaixão e a tolerância. Ele também ressaltou que uma
vida feliz é construída sobre um alicerce propiciado por um
estado mental estável e tranqüilo. A prática da disciplina interior pode incluir técnicas formais de meditação que se des-
tinam a ajudar a estabilizar a mente e atingir esse estado de
serenidade. A maioria das tradições espirituais inclui práticas que procuram acalmar a mente, que procuram nos pôr
em maior contato com nossa natureza espiritual mais profunda. Na conclusão da série de palestras abertas ao público
do Dalai-Lama em Tucson, ele transmitiu instruções sobre
uma meditação criada para nos ajudar a começar a acalmar nossos pensamentos, a observar a natureza oculta da
mente e, assim, a desenvolver uma "serenidade mental".*

*Com o olhar voltado para a platéia, ele começou a fa-
lar no seu estilo característico; como se, em vez de estar se
dirigindo a um grupo numeroso, ele estivesse instruindo cada
indivíduo ali presente. Às vezes, estava imóvel e concentrado;
às vezes mais animado, coreografando seus ensinamentos
com sutis inclinações da cabeça, gestos das mãos e suaves
bamboleios.*

◆

## MEDITAÇÃO SOBRE A NATUREZA DA MENTE

– O objetivo deste exercício é começar a reconhecer a natureza da nossa mente e a ganhar familiaridade com ela, pelo menos num nível convencional. Geralmente, quando nos referimos à nossa "mente", estamos falando sobre um conceito abstrato. Sem ter uma experiência direta da nossa mente, por exemplo, se nos pedirem que identifiquemos a mente, podemos ser levados a apontar meramente para o cérebro. Ou, se nos pedirem uma definição da mente, podemos dizer que é algo que tem a capacidade de "saber", algo que é "lúcido" e "cognitivo". Porém, sem que tenhamos captado o que é a mente em termos diretos através de práticas de meditação, essas definições não passam de palavras. É importante poder identificar a mente por meio da experiência direta, não apenas como um conceito abstrato. Portanto, o objetivo deste exercício consiste na capacidade de sentir ou captar *de modo direto* a natureza convencional da mente, de modo tal que, quando dissermos que ela possui qualidades de "lucidez" e "cognição", possamos distingui-la pela experiência, não simplesmente como um conceito abstrato.

"Este exercício nos ajuda a interromper deliberadamente os pensamentos discursivos e, aos poucos, a permanecer nesse estado por um período cada vez mais longo. Com a prática deste exercício, acabaremos chegando a uma impressão de que não existe nada, uma sensação de vacuidade. No entanto, se avançarmos, chegaremos a começar a reconhecer a natureza oculta da mente, as qualidades de "lucidez" e "conhecimento". É como ter um copo de puro

◆

cristal, cheio de água. Se a água for pura, podemos ver o fundo do copo, mas ainda reconhecemos que a água está ali.

"Por isso, hoje vamos meditar sobre a não-conceitua-lidade. Não se trata de um mero embotamento, ou de um estado mental de alheamento. Pelo contrário, em primeiro lugar o que deveríamos fazer é gerar a determinação de 'conseguir manter um estado desprovido de pensamentos conceituais'. É o seguinte o procedimento para conseguir isso.

"Em geral, nossa mente é em grande parte direcionada para os objetos externos. Nossa atenção acompanha as experiências sensoriais. Ela permanece num nível predominantemente sensorial e conceitual. Em outras palavras, normalmente nossa consciência está voltada para experiências sensoriais físicas e para conceitos mentais. Neste exercício, porém, o que deveríamos fazer é recolher nossa mente para nosso íntimo. Não vamos permitir que ela saia em busca de objetos sensoriais, nem que preste atenção a eles. Ao mesmo tempo, não permitamos que ela se recolha de modo tão extremo que surja uma espécie de embotamento ou ausência de atenção. Deveríamos manter um pleno estado de alerta e atenção, e depois tentar ver o estado natural da nossa consciência – estado no qual nossa consciência não é atormentada por pensamentos do passado, aquilo que já aconteceu, nossas lembranças e recordações; nem é atormentada por pensamentos do futuro, como nossas esperanças, medos, expectativas e planos para o futuro. Mas, sim, procuremos nos manter num estado neutro e natural.

"É um pouco como um rio com uma correnteza muito forte, no qual não conseguimos ver o leito com clareza. Se houvesse, porém, uma forma de parar a correnteza nos dois

◆

sentidos, de onde ela está vindo e para onde está indo, então seria possível manter a água parada. Isso nos permitiria ver o leito do rio com perfeita nitidez. Da mesma forma, quando conseguimos impedir que nossa mente corra atrás de objetos sensoriais, que pense no passado ou no futuro, e assim por diante, e quando também conseguimos livrar nossa mente do estado de 'alheamento' total, então começaremos a enxergar através da turbulência dos processos de pensamento. Existe uma serenidade subjacente, uma lucidez oculta na mente. Deveríamos tentar observar ou vivenciar isso...

"Pode ser muito difícil no estágio inicial. Por isso, vamos começar a praticar a partir desta sessão mesmo. No início, quando começamos a vivenciar esse estado natural latente da consciência, pode ser que o experimentemos na forma de algum tipo de 'ausência'. Isso acontece porque estamos muito habituados a entender nossa mente em termos de objetos externos; temos a tendência a encarar o mundo através dos nossos conceitos, imagens e assim por diante. Por isso, quando afastamos nossa mente de objetos externos, é quase como se não reconhecêssemos nossa mente. Ocorre uma espécie de ausência, um tipo de vazio. No entanto, à medida que formos avançando lentamente e que nos acostumarmos com isso, começaremos a perceber uma lucidez subjacente, uma luminosidade. É nesse momento que começamos a apreciar e a perceber o estado natural da mente.

"Muitas das experiências de meditação verdadeiramente profundas precisam ter como base esse tipo de serenidade da mente... Ah" (o Dalai-Lama deu uma risada) "eu deveria avisar que nesse tipo de meditação, como não há um objeto específico no qual concentrar nossa atenção, existe o perigo de adormecermos.

"E agora vamos meditar...

"Para começar, vamos primeiro cumprir três ciclos de respiração e concentrar nossa atenção simplesmente na respiração. Vamos só nos conscientizar de inspirar, expirar e depois inspirar, expirar... três vezes. Depois, iniciemos a meditação."

O Dalai-Lama tirou os óculos, uniu as mãos no colo e permaneceu imóvel em meditação. Um silêncio total encheu o recinto, enquanto mil e quinhentas pessoas se voltavam para dentro, na solidão de mil e quinhentos mundos pessoais, procurando acalmar seus pensamentos e talvez ter um vislumbre da verdadeira natureza da sua própria mente. Depois de cinco minutos, o silêncio foi rompido mas não destruído quando o Dalai-Lama começou a cantar baixinho, com a voz grave e melódica, conduzindo delicadamente os ouvintes para que saíssem da meditação.

Ao final da sessão daquele dia, como sempre, o Dalai-Lama uniu as mãos, fez uma reverência para a platéia numa demonstração de afeto e respeito, levantou-se e abriu caminho entre as pessoas que o cercavam. Suas mãos permaneciam unidas e ele continuava a inclinar a cabeça enquanto saía do salão. Quando ia passando em meio à multidão, sua cabeça ia tão baixa que, para qualquer um que estivesse a pouco mais de um metro de distância, era impossível vê-lo. Ele parecia perdido num mar de cabeças.

◆

De longe, entretanto, ainda se conseguia calcular seu trajeto pela sutil modificação no movimento das pessoas enquanto ele passava. Era como se ele tivesse deixado de ser um objeto visível para se tornar simplesmente a sensação de uma presença.

# AGRADECIMENTOS

Este livro não existiria sem os esforços e a benevolência de muitas pessoas. Em primeiro lugar, eu gostaria de expressar meus sinceros agradecimentos a Tenzin Gyatso, o décimo quarto Dalai-Lama, com profunda gratidão por sua infinita gentileza, generosidade, inspiração e amizade. E aos meus queridos pais, James e Bettie Cutler, já falecidos, por terem preparado o terreno para meu próprio caminho até a felicidade na vida.

Estendo meus sinceros agradecimentos a muitos outros.

Ao dr. Thupten Jinpa, por sua amizade, por sua ajuda na organização dos trechos do Dalai-Lama neste livro e por

seu papel crucial como intérprete para as palestras do Dalai-Lama ao público bem como para muitas das nossas conversas particulares. Também a Lobsang Jordhen, o venerá-
vel Lhakdor, por atuar como intérprete para uma série das
minhas conversas com o Dalai-Lama na Índia.

A Tenzin Geyche Tethong, Rinchen Dharlo e Dawa
Tsering, por seu apoio e auxílio por diversos meios ao longo dos anos.

Às muitas pessoas que trabalharam com tanto afinco
para garantir que a visita do Dalai-Lama ao Arizona em 1993
fosse uma experiência gratificante para tantos outros: Claude
d'Estree, Ken Bacher, bem como a diretoria e o pessoal da
Arizona Teachings, Inc.; a Peggy Hitchcock e à diretoria
da Arizona Friends of Tibet; à dra. Pam Wilson e todos os
que ajudaram a organizar a apresentação do Dalai-Lama
na Arizona State University; além das dezenas de voluntários
por seus esforços incansáveis em prol dos que assistiram
aos ensinamentos do Dalai-Lama no Arizona.

Aos meus fantásticos agentes, Sharon Friedman e Ralph
Vicinanza, bem como à sua equipe maravilhosa, por seu
estímulo, gentileza, dedicação, ajuda em muitas facetas
deste projeto e pelos esforços muito superiores às exigências das suas funções. Tenho uma dívida especial de gratidão para com eles.

A todos os que me forneceram inestimável conhecimentos, *insight* e assessoria editorial, além de apoio pessoal
durante o prolongado processo de criação do livro: a Ruth
Hapgood por seu trabalho talentoso na revisão das primeiras versões do original; a Barbara Gates e à dra. Ronna Ka-
batznick por sua ajuda indispensável na difícil leitura do

material extensíssimo, e pela sua concentração e organização desse material numa estrutura coerente; à minha talentosa editora na Riverhead, Amy Hertz, por acreditar no projeto e ajudar a definir a forma definitiva do livro. Também a Jennifer Repo e aos dedicados revisores e funcionários da Riverhead Books. Gostaria também de expressar meu agradecimento carinhoso àqueles que ajudaram a transcrever as palestras do Dalai-Lama ao público no Arizona, que datilografaram as transcrições das minhas conversas com o Dalai-Lama e que datilografaram partes das versões iniciais do original.

Para concluir, minha profunda gratidão

Aos meus professores.

À minha família e aos muitos amigos que enriqueceram minha vida mais do que eu poderia expressar: Gina Beckwith Eckel, dr. David Weiss e Daphne Atkeson, dra. Gillian Hamilton, Helen Mitsios, David Greenwalt, Dale Brozosky, Kristi Ingham Espinasse, dr. David Klebanoff, Henrietta Bernstein, Tom Minor, Ellen Wyatt Gothe, dra. Gail McDonald, Larry Cutler, Randy Cutler, Lori Warren; meu agradecimento especial com profunda admiração a Candee e Scott Brierley; e aos outros amigos que posso ter deixado de mencionar aqui pelo nome, mas que sempre trago no meu coração com respeito, gratidão e amor.

◆

# OBRAS SELECIONADAS DE
# AUTORIA DE SUA SANTIDADE,
# O DALAI-LAMA

As seguintes obras estão relacionadas em ordem alfabética, pelo título.

*The Dalai-Lama: A Policy of Kindness*, compilado e organizado por Sidney Piburn. Ithaca: Snow Lion Publications, 1990.

*A Flash of Lightning in the Dark of Night – A Guide to the Bodhisattva's Way of Life*, de S.S. o Dalai-Lama. Boston: Shambhala Publications, 1994.

*The Four Noble Truths*, de S.S. o Dalai-Lama. Tradução de dr. Thupten Jinpa, organização de Dominique Side. Londres: Thorsons, 1998.

*Freedom in Exile – The Autobiography of the Dalai-Lama*, de S.S. o Dalai-Lama. Nova York: HarperCollins, 1991.

*The Good Heart – A Buddhist Perspective on the Teachings of Jesus*, de S.S. o Dalai-Lama. Boston: Wisdom Publications, 1996.

*Kindness, Clarity, and Insight*, de S.S. o Dalai-Lama. Jeffrey Hopkins, trad. e organizador; Elizabeth Napper, co-organizadora. Ithaca: Snow Lion Publications, 1984.

*The World of Tibetan Buddhism*, de S.S. o Dalai-Lama. Tradução, organização e comentários de dr. Thupten Jinpa. Boston: Wisdom Publications, 1995.

Impressão e acabamento

**Cromosete**
GRÁFICA E EDITORA LTDA.
Rua Uhland, 307 - Vila Ema
Cep: 03283-000 - São Paulo - SP
Tel/Fax: 011 6104-1176